HUMAN RESOURCES IN TOURISM: TOWARDS A NEW PARADIGM

RECURSOS HUMANOS EN TURISMO: UN NUEVO PARADIGMA

HUMAN RESOURCES IN TOURISM: TOWARDS A NEW PARADIGM

RECURSOS HUMANOS EN TURISMO: UN NUEVO PARADIGMA

II Conferencia Internacional de Profesiones Turísticas
II International Conference of Tourism Professions
Parque Ferial Juan Carlos I
Madrid, España
26 - 27 enero 1998

Organizada por:
Asociación Española de Directores de Hotel
Feria Internacional de Turismo, Fitur 98
Organización Mundial del Turismo

Índice • Contents

Comité científico / Scientific Commitée 9

Los Autores / The Authors 11

Acto inaugural / Official Inauguration 21

    Jesús Felipe Gallego 23

    Francesco Frangialli 29

    Margareta Winberg 33

    M. Fernanda Valencia Fálquez 37

    Manuel Pimentel Siles 39

Conferencias magistrales / Key Lectures 43

    El recurso humano: clave para el desarrollo turístico
    Mª Fernanda Valencia 45

    Competencies in Travel and Tourism:
    Meeting the Challenges of Change in the Global Market Place
    Martin Brackenbury 53

    Virtual Support for Workplace Learning in Hospitality & Tourism
    Richard Teare 57

    Tourism Employment Issues: the PATA Viewpoint
    Chuck Y. Gee 71

    Emerging Information Technologies: Implications for Tourism and Human Resources
    Donald E. Hawkins 79

    Standard Creation in Tourism Education and Training-GTAT
    Chris Cooper 89

    La transformación en las empresas turísticas
    Joan Payeras 99

    A Case Study in Developing Human Resources in Tourism:
    the Canadian and Province of Quebec Experience
    François Bédard 105

    Las estadísticas del empleo turístico
    Manuel Figuerola Palomo 113

Cuestiones teóricas / Methodological Issues

PANEL A 125

La empresa turística: formación y empleo.
Acciones de la Secretaría de Estado de Comercio, Turismo y PYME
Reyes Feito 127

La gestión de la formación en AAVV
Gonzalo Pascual 133

Análisis de los planes de formación en las empresas del sector turístico
Amparo Sancho Pérez 145

The Impact of New Technology in Training for Tourism
Alan J. Parker 151

Estudio de casos / Case Studies

PANEL B 157

The Hospitality Education and Training Program of the Nashville,
Tennesse Convention and Visitors Bureau
Elyse Wander 159

La formación de los recursos humanos en el turismo. El caso de México
Miguel Torruco Marqués 167

Atención al cliente y formación profesional: un camino sin final
Ramón Pajares 173

Motivación y cualificación de los empleados de la hostelería
Pedro Galindo 177

Creación de empleo en 15 regiones europeas como consecuencia de la actividad ferial:
El caso de Madrid
Juan Carlos Gómez 183

Creación de empleo en 15 regiones europeas como consecuencia de la actividad ferial:
El caso de Madrid
Juan Carlos Gómez 183

Los recursos humanos en el subsector de las agencias de viajes
Juan Careaga 189

El papel de los recursos humanos como apoyo a la estrategia de expansión
Javier Alonso Cases 195

Talleres / Workshops 199

Turismo y tecnología de la información
Richard Teare 200

Information Technology and Tourism
Richard Teare 202

Educación y formación en turismo
Donald Hawkins 204

Education and Training in Tourism
Donald Hawkins 206

El turismo y la globalización de la economía
Amparo Sancho 208

Organización y ejercicio laboral intercultural
M. Teresa Gonzalo y Chuck Y. Gee 210

Organization and Workplace Cross-Cultural Exercise
M. Teresa Gonzalo and Chuck Y. Gee 212

Conclusiones / Conclusions 215

El empleo en el turismo: hacia un nuevo paradigma
Eduardo Fayos Solà 217

Tourism Employment: Towards a New Paradigm
Eduardo Fayos Solà 223

Comités • Committees

Comité científico/Scientific Commitée
Presidente/Chairman: Eduardo Fayos Solà
Miembros/Members: Jafar Jafari
Donald Hawkins
Chuck Y. Gee
Chris Cooper
Amparo Fernández
Enrique de Mulder
François Bédard

los autores

the authors

JAVIER ALONSO CASES

Javier Alonso Cases es Licenciado por la Universidad Complutense de Madrid en la especialidad de Psicología Industrial. Cursó la especialidad de Recursos Humanos en el Bentley College así como un curso de Postgrado de Administración de Empresas en Harvard. Su carrera como profesional comenzó en la compañía Pony Express y posteriormente en SHL como consultor internacional. En el sector turístico, tras trabajar en el Departamento de Recursos Humanos de Riu Hotels, pasó a formar parte de la compañia Sol Meliá como Director de Selección y Desarrollo.

Javier Alonso Cases holds a degree in Industrial Psychology from Madrid's Universidad Complutense. He specialized in Human Resources at Bentley College and followed a postgraduate course in Business Administration at Harvard University. His professional career began in the company Pony Express, and he was subsequently employed by SHL as an international consultant. In the tourism sector, after working in the Human Resource Department of Riu Hotels, he joined the company Sol Meliá as Director of Selection and Development.

FRANÇOIS BÉDARD

François Bédard cuenta con veinte años de experiencia en turismo. Desde 1993, ha sido Profesor en la Universidad de Québec, en Montreal (UQAM), una de las 14 universidades miembros de la Red de Centros de Educación de la Organización Mundial del Turismo. Coordinador asociado del international Centre for Education and Research y responsable de enlace entre la UQAM y la Organización Mundial del Turismo, François Bédard tiene un master en administración de empresas (MBA) de la Ecole des Hautes Etudes Commerciales, de Montreal. Está inscrito en el programa de Ph.D en la Universidad de La Sorbonne (París) en gestión del turismo.

François Bédard has twenty years of experience in tourism. Since 1993, Mr. Bédard has been Professor at the Université du Québec à Montréal (UQAM), one the 14 universities members of the World Tourism Organization education network. He specializes in tourism marketing and new technologies in tourism. He is also associate coordinator of the International Centre for Education and Research and

responsible for liaison between UQAM and the World Tourism Organization. François Bédard holds a master in Business Administration degree (MBA) from Ecole des Hautes Etudes Commerciales, Montreal. He is enrolled in Ph.D. program at Université La Sorbonne (Paris) in Management of Tourism.

MARTIN BRACKENBURY

Martin Brackenbury, anterior Director del Thomson Travel Group, es en la actualidad Presidente del Panorama Holiday Group LTD. Es también Presidente de la International Federation of Tour Operators, Presidente del Consejo Empresarial de la Organización Mundial del Turismo y Presidente de la Federation of Tour Operators (Reino Unido).

Martin Brackenbury was formerly Director of the Thomson Travel Group and is now Chairman of Panorama Holiday Group Ltd. He is President of the International Federation of Tour Operators, Chairman of the World Tourism Organization Business Council and Chairman of the Federation of Tour Operators (UK).

JUAN CAREAGA

Licenciado en Derecho por las Universidades de Deusto y Valladolid, Juan Careaga es Presidente de la Asociación Empresarial de Agencias de Viajes Españolas (AEDAVE). En el año 1991 fue Presidente de la Federación Universal de las Asociaciones de Agencias de Viajes (FUAVV), de la que en la actualidad es Presidente Honorario. Está en posesión de la Medalla de Oro al Mérito Turístico, del ABC de Oro y es Caballero de la Orden del Mérito de la República Francesa.

A holder of law degrees from the Universities of Deusto and Valladolid, Juan Careaga is President of the Asociación Empresarial de Agencias de Viajes Españolas (AEDAVE). In 1991 he was appointed President of the Universal Federation of Travel Agents' Associations (UFTAA), of which he is currently Honorary President. He has been awarded the Medalla de Oro al Mérito Turístico, the ABC de Oro and is a chevalier of the Legion of Honour of the French Republic.

CHRIS COOPER

Chris Cooper es director de investigación y profesor de gestión turística en el International Centre for Tourism and Hospitality Reserarch, de la Universidead de Borunemouth (Reino Unido). Especialista en geografía, Ph.D por el University College, Londres, los estudios en el campo de la investigación de Chris Cooper se centran en la educación y formación turísticas y en la evolución de los destinos.

Chris Cooper is director of research and professor of tourism management in the International Centre for Tourism and Hospitality Research, Bournemouth University, UK. He is a geographer by background with a Ph.D from University College London. Chris Cooper's research interests focus on tourism education and training and destination evolution.

EDUARDO FAYOS-SOLÁ

Eduardo Fayos-Solà es Director de Desarrollo de Recursos Humanos en la Organización Mundial del Turismo (OMT). En los años 1991 a 1994 fue Director General de Política Turística de España, en el Ministerio de Industria, Comercio y Turismo, y ha sido profesor de Economía Aplicada y Economía del Turismo en la Universidad de Valencia desde 1977 y profesor ayudante en la Universidad de Estocolmo previamente. Así mismo, fue Director General del Institut Turístic Valencià (ITVA) durante seis años, desde su fundación en 1985, desarrollando la Política Turística de la Generalitat Valenciana.

El profesor Fayos-Solà ha sido Vicepresidente de la Escuela Oficial de Turismo de España (1991-94), con responsabilidades sobre el conjunto del sistema de educación turística español. Fue también director de la Revista de Estudios Turísticos y de Papers de Turisme, y lo es, en la actualidad, del Consejo Editorial de *Annals of Tourism Research*. Es autor de numerosos libros, artículos y trabajos de investigación, en castellano e inglés, sobre temas de economía del turismo. Eduardo Fayos-Solà es Doctor en Economía por la Universidad de Valencia y Master en Economía por la Universidad de Estocolmo. Ha sido miembro del Consejo de Administración de empresas como Trasmediterránea, Banco Hipotecario y la Sociedad Estatal Quinto Centenario y es en la actualidad Miembro del Consejo Rector de la Fundación Antonio de Nebrija (Universitas Nebrissensis). Entre

las condecoraciones recibidas cabe destacar la de Comendador de la Orden del Mérito Civil de España.

Dr. Eduardo Fayos-Solà is Director of Human Resource Development at the World Tourism Organization (WTO) since 1997. Before, he has been Director of Education and Training at the WTO since 1994. From 1991 to 1994 he was the Director General of Tourism Policy for Spain, in the Ministry of Industry, Commerce and Tourism, and has been Professor of Applied Economics and Economics of Tourism at the University of Valencia since 1977 and previously was Assistant Professor of Economics of Development at the University of Stockholm. He was Director General of the Valencian Tourist Board (ITVA) for six years, from its foundation in 1985 where he developed tourism policy for the Government of the Land of Valencia.

Professor Fayos-Solà was Vice-President of the Official Tourism School of Spain from 1991 to 1994 with responsibility for the Spanish tourism education system. He was also Director of Tourism Studies and Tourism Papers professional journals and, at present, serves on the Editorial Board of Annals of Tourism Research. He is the author of numerous books, articles and research studies in Spanish and English, on subjects concerning tourism economics. Eduardo Fayos-Solà received a Doctorate in Economics from the University of Valencia and a Master in Economics from the University of Stockholm. He has been a member of the Board of Directors of firms such as Transmediterránea, Banco Hipotecario and the Sociedad Estatal Quinto Centenario. Among the awards he has received is the Knight of the Order of Civil Merit of Spain.

REYES FEITO

Reyes Feito Castellano, nacida en Madrid en 1965, es licenciada en Derecho por la Universidad Autónoma de Madrid. Pertenece al Cuerpo Superior de Inspección de Trabajo y Seguridad Social desde 1992. Desde 1995, ocupa el cargo de Jefa del Área de Planes de Formación Empresarial, en la Dirección General de Turismo del Ministerio de Economía y Hacienda.

Reyes Feito Castellano, born at Madrid in 1965, holds a Law Degree from Madrid's Universidad Autónoma.

She has belonged to the Cuerpo Superior de Inspección de Trabajo y Seguridad Social since 1992. She has held the post of Chief of the Área de Planes de Formación Empresarial at the Directorate General for Tourism of the Ministry of Economic and Financial Affairs since 1995.

MANUEL FIGUEROLA PALOMO

Es Director de la Escuela Oficial de Turismo de Madrid, consultor de la OMT, OEA, JUNAC, ONU y BID. Asimismo, es Vocal de la Asociación Española de Expertos Científicos en Turismo (AECIT). Doctor en Ciencias Económicas por la Universidad Complutense de Madrid, Manuel Figuerola Palomo es autor de numerosos libros, artículos y trabajos de investigación entre los que cabe destacar *Teoría Económica del Turismo* (1985), *Economía Turística* (1979), *Elementos para el estudio de la economía de la empresa turística* (1990), *Tablas Input-Output de la Economía Turística Española* (1970, 1974, 1978, 1982 y 1992) y *Previsión Matemática del Desarrollo Turístico Español* (19...), entre otros.

Manuel Figuerola Palomo is Director of the Official Tourism School of Madrid and a consultant of WTO, OAS, JUNAC, UN and IDB. He is a Director of the Spanish Association of Scientific Experts in Tourism (AECIT). A Doctor of Economics of Madrid's Universidad Complutense, Manuel Figuerola Palomo is the author of many books, articles and research work, among which special mention should be made of Teoría Económica del Turismo *(1985),* Economía Turística *(1979),* Elementos para el estudio de la economía de la empresa turística *(1990),* Tablas Input-Output de la Economía Turística Española *(1970, 1974, 1978, 1982 and 1992) and* Previsión Matemática del Desarrollo Turístico Español *(19...)*

PEDRO GALINDO

Abogado, con una dedicación profesional centrada en la hostelería, destaca sobre todo su dedicación a la promoción del asociacionismo empresarial hostelero y su obra en el ámbito de la información especializada de este sector. Fue asesor jurídico y secretario general del Sindicato Nacional de Hostelería y Actividades Turísticas. En 1967 promovió la Asociación Nacional de Cafeterías y en 1972 hizo igual con la Asociación Española de Directores de Hotel, ocupando el cargo de Secretario General en ambas organizaciones. En 1977 promovió la creación de la Federación Española de Restauración (FER) y la Federación Española de Hoteles (FEH). En 1991 fue nombrado Vicepresidente Ejecutivo de la FER y en 1992 fue elegido Presidente de esta Federación, habiendo sido reelegido para este mismo cargo el 25 de febrero de 1997. Es, asimismo, Presidente de EPESA, sociedad editora del semanario *IH*, publicación de carácter eminentemente empresarial que se ha situado a la cabeza de la información especializada de la hostelería y el turismo.

A lawyer, with a professional career centred on the hotel industry, Pedro Galindo is particularly noted for his dedication to the promotion of hotel business associations and his work in the sphere of specialized information on this sector He has been a legal adviser to and general secretary of the National Union of Hotels and Tourism Activities. In 1967 he pioneered the Asociación Nacional de Cafeterías and in 1972 the Asociación Española de Directores de Hotel, occupying the post of Secretary-General in both associations. In 1977 he promoted the establishment of the Federación Española de Restauración (FER) and the Federación Española de Hoteles (FEH). In 1991 he was appointed Executive Vice-President of FER and in 1992 was elected President of the Federation and re-elected to this post on 25 February 1997. He is also President of EPESA, the publishing company of the weekly IH, a fundamentally business-oriented review which has attained pre-eminence in specialized information on the hotel and tourism trades.

CHUCK Y. GEE

Decano de la School of Travel Industry Management en la Universidad de Hawaii desde 1976, es una autoridad internacionalmente reconocida en turismo e industrias conexas, así como en formación e investigación. Ejerce actividades en numerosas entidades relacionadas con el turismo, entre ellas la Organización Mundial del Turismo, en su Red de Centros de Educación, y la Pacificic Asia Travel Association (PATA), ha recibido numerosas distinciones, como el Premio en educación turística de la Administración nacional de turismo de China (1992), el Doctorado honorífico en servicios públicos de la Universidad de Denver (1991), el Gran Premio como miembro permanente de la PATA (1990), el Premio presidencial de la PATA (1986) y el Premio de la Industria Turística de la Travel industry Association of America (1988). Su actividad en consultoría abarca una amplia gama de instituciones mundiales, cadenas hoteleras internacionales, restaurantes, clubes, líneas aéreas y varias administraciones nacionales de turismo.

Dean of the School of Travel Industry Management at the University of Hawaii since 1976, he is an internationally recognized authority in tourism and hospitality education and research. Active in many tourism-related groups including the World Toursim Organization's Network of Educational Centres and the Pacific Asia Travel Association (PATA), he has received numerous honors including the China National Tourism Administration's Tourism Education Award (1992), as Honorary Doctorate in Public Service from the University of Denver (1991), the PATA Life Member Award (1990), PATA Presidential Award (1986) and the Travel Industry Hall of Leaders Award from the Travel Industry Association of America (1988). His consultancy work encompasses a range of global institutions, international hotel chains, restaurants, clubs, air carriers and various national tourism administrations.

JUAN CARLOS GÓMEZ

Juan Carlos Gomez ocupa el cargo de Secretario General de IFEMA, Feria de Madrid, desde 1993. Licenciado en Derecho, es diplomado en Estudios Internacionales por la Escuela Diplomática y diplomado en Comunidades Europeas por el Ministerio de Asuntos Exteriores. Juan Carlos Gómez es responsable de la red de Delegaciones de IFEMA en el extranjero y ante organismos feriales internacionales como la European Major Exhibition Centres Association, la Union des Foires Internationales y la Asociación de Ferias Internacionales de América. Asimismo, ejerce como consultor de proyectos internacionales.

Juan Carlos Gómez has occupied the post of Secretary-General of IFEMA, Feria de Madrid, since 1993. A law graduate, he was awarded a diploma in International Studies by the Diplomatic School and a further diploma in European Communities by the Ministry for Foreign Affairs. Juan Carlos Gómez is manager of the network of IFEMA branches abroad and of international fair organizations like the European Major Exhibition Centres Association, the Union des Foires internationales and the Asociación de Ferias Internacionales de América. He also acts as a consultant on international projects.

DONALD E. HAWKINS

Donald E. Hawkins es profesor de política y estudios turísticos en la cátedra Dwight D. Eisenhower y profesor de medicina en la School of Business and Public Management de la Universidad George Washington (Washington,DC, EE.UU). El Dr. Hawkins es fundador del programa de estudios turísticos de 1971 de la Universidad George Washington y Director del Instituto Internacional de Estudios Turísticos, primera institución universitaria miembro del Centro de Educación de la Organización Mundial del Turismo. Es autor o revisor de más de 95 artículos y de obras como: *Tourism in Contemporary Society, Ecotourism Planning and Management, Ecoligic Development* y *Turismo Venezuela.* Es también director fundador del *Journal of Leisure Research.*

Donald E. Hawkins is the Dwight D. Eisenhower Professor of Tourism Policy and Research Professor of Medicine in the School of Business and Public Management at The George Washington University in Washington, DC, USA. Dr. Hawkins is the founder of the Tourism Studies Program in 1971 at The George Washington University and Director of the International Institute of Tourism Studies —the first university-based world tourism organization education center. He is the author or editor of more than 95 articles and books including Tourism in Contemporary Society, Ecotourism Planning and Management, Ecologic Development *and* Turismo Venezuela. *He is also de founding editor of the* Journal of Leiuse Research.

ALAN PARKER

El Dr. Parker obtuvo su licenciatura de ciencias en Ingeniería en la Brown University, y se graduó seguidamente en la Columbia Universty, donde obtuvo los titulos de MBA y PhD de la Business School. En la actualidad, el Dr. Parker es profesor de gestión de sistemas informáticos y Director del Center for Tourism and Technology en la School of Hospitality Management, en la Universidad Internacional de Florida. Ejerce actividades como consultor en informática, tema sobre el que imparte seminarios en todo el mundo, habiendo participado como testigo experto en numerosos juicios relacionados con esa actividad. Su contribución incluye numerosos artículos en publicaciones profesionales, así como una serie de dieciséis obras sobre programación. Su actividad actual en el campo de la investigación se centra en la formación informática, la transferencia de tecnología y las aplicaciones al turismo de la nueva tecnología de la información.

Dr. Parker received his Bachelor of Science Degree in Engineering from Brown University. He went on to Graduate School at Columbia University where he received an MBA and PhD. from the Business School. Dr. Parker is currently Professor of Information Systems Management and Director of The Center for Tourism and Technology in the School of Hospitality Management at Florida International University. He is engaged as a computer consultant, gives seminars around the world on computers and has served as an expert witness in many computer trials. His contributions include numerous articles in professional journals as well as a series of sixteen books on programming. His current research interest include executive computer education, technology transfer and tourism applications of new information technology.

GONZALO PASCUAL

Fundador de diversas empresas dedicadas al transporte de viajeros, en la actualidad Gonzalo Pascual es Presidente de la Comisión de Turismo de CEOE, Vicepresidente de CEIM (Confederación Empresarial Independiente de Madrid), Presidente de la Comisión de Transportes de la Cámara de Comercio de Industria de Madrid, Vicepresidente de la Federación Española Empresarial de Transporte de Viajeros y Presidente de Spanair. Asimismo, es Presidente de Viajes Marsans, Trapsatur, Travel Bus y Publibus. Desempeña la función de Vicepresidente en las compañías Viajes Internacional Espreso, Autobuses Urbanos del Sur, Transportes de Cercanías, GDF Autobuses Urbanos y Hotetur Club, y es consejero delegado de otras sociedades de turismo como Club de Vacaciones, Pullmantur, Club Tiempo Libre y Mundicolor.

The founder of various companies devoted to passenger transport, Gonzalo Pascual is currently President of the CEOE Tourism Commission, Vice-President of CEIM (Confederación Empresarial Independiente de Madrid), President of the Transport Commission of the

Chamber of Commerce and Industry of Madrid, Vice-President of the Federación Española Empresarial de Transporte de Viajeros and President of Spanair. He is also President of Viajes Marsans, Trapsatur, Travel Bus and Publibus. He performs the duties of Vice-President in the companies Viajes Internacional Espreso, Autobuses Urbanos del Sur, Transportes de Cercanías, GDF Autobuses Urbanos and Hotetur Club and is managing director of other tourism bodies, such as Club de Vacaciones, Pullmantur, Club Tiempo Libre and Mundicolor.

RAMÓN PAJARES

Ramón Pajares fue invitado en 1994 por la compañía Savoy para hacerse cargo del Grupo y se incorporó como Presidente en noviembre de aquel año. En 1980 le fue concedida la Cruz de Oficial de la Orden del Mérito Civil y en 1989 recibió la medalla de la orden de Isabel la Católica. Desde 1988 Ramón Pajares es un *Freeman of the City of London.* Delegado para Gran Bretaña de la Asociación de Hoteleros Europeos, es miembro de varias sociedades gastronómicas europeas y comités relacionados con el comercio, la hostelería y el turismo. Es miembro del Comité Ejecutivo de Leading Hotels of the World y representa a los hoteles de esta organización en el Reuno Unido, Irlanda y Escandinavia. Ramón Pajares ganó en 1984 el premio al Hotelero del Año en el Reino Unido, otorgado por la famosa revista *Caterer & Hotelkeeper* y su hotel fue nombrado como el mejor hotel del Reino Unido durante cuatro años consecutivos. En 1987 ganó el premio *Catey* al ser elegido su hotel como Hotel del Año y en 1989 ganó otro *Catey* por sus conocimientos de vinos. Fue nombrado Personalidad del Año en 1987 para la industria hotelera en el Reino Unido. En el año 1997 ha sido premiado con el *Special Catey Award* por su trabajo en el Grupo Savoy.

Ramón Pajares was invited in 1994 by the company Savoy to take charge of the Group and was appointed President in November the same year. In 1980 he was awarded the Official Cross of the Order of Civil Merit and in 1989 received the medal of the Order of Isabel la Católica. Ramón Pajares has been a Freeman of the City of London since 1988. A representative for Great Britain on the European Hoteliers' Association, he is a member of various European dining clubs and of committees concerned with trade, hotels and tourism. He serves on the Executive Board of Leading Hotels of the World and represents the hotels of this organization in the United Kingdom, Ireland and Scandinavia. In 1984 he was awarded the Hotelkeeper of the Year prize in the United Kingdom by the famous journal Caterer & Hotelkeeper, and his hotel was voted the best in the United Kingdom for four consecutive years. In 1987 he won the Catey prize, his hotel having been selected as Hotel of the Year, and in 1989 he was awarded another Catey for his knowledge of wines. He was named Personality of the Year in 1987 by the hotel industry in the United Kingdom. In 1997 he received the Special Catey Award for his work in the Savoy Group.

JOAN PAYERAS

Licenciado en Filosofia y Letras, en las especialidades de Filosofía y de Psicología. También es diplomado en Desarrollo Organizacional. En la actualidad es socio en Hay Management Consultants, empresa a la que se incorporó en 1997. De su amplia experiencia profesional destacan sus 20 años como Director de Recursos Humanos en El Corte Inglés así como su participación y/o dirección en diversos proyectos de transformación, como los desarrollados en Laboratorios Astra España, Hiserv y Tioxide España. Durante cuatro años ejerció como consultor independiente asociado a Brosa Consultors, siempre en el ámbito de proyectos de cambio.

Joan Payeras holds a degree in Philosophy and Arts, specializing in philosophy and psychology. He also has a diploma in Organizational Development. At present he is partner at Hay Management Consultants which he joined in 1997. Of his broad professional experience, special reference should be made to his twenty years as Human Resource Director of El Corte Inglés, as well as his participation in and /or management of various conversion projects, such as those carried out in Laboratorios Astra España, Hiserv and Tioxide España. For four years he was an independent consultant associated with Brosa Consultors, always in the field of conversion projects.

AMPARO SANCHO PÉREZ

Doctora en Economía, Empresariales y Comercial por la Universidad de Valencia, realizó cursos de postgrado en el departamento de Economía de la University College de Londres. Actualmente es profesora en la Universidad de Valencia, *visiting fellow* en el departa-

mento de Gestión de la Universidad de Surrey y jefe técnico del Curso Internacional de Postgrado en Turismo de la Universidad Politécnica de Valencia. Asimismo, colabora como asistente de la OMT en el área de educación. La profesora Amparo Sancho forma parte de la comisión de diseño de conocimientos curriculares en turismo de la Universidad de Valencia y ha ejercido como jefa de diversos proyectos en el ámbito del turismo como R&D applied to tourism training, Educando a Educadores (OMT), Cursos a Distancia en Turismo, Educación Integral para los Estudios de Turismo y Formación en el trabajo: sus efectos sobre la competitividad en el sector turístico en el área de Valencia. Entre sus últimas publicaciones cabe destacar *Educating educators in Tourism* (1995), *Turismo y desarrollo sostenible* (1996), *Is vocational training important to achieve sustainable development in tourism sector?* (1997) y *The Input Output analysis in the tourism sector* (1997).

A doctor of Business and Commercial Economics from the University of Valencia, Amparo Sancho Pérez followed postgraduate courses in the Economics Department of University College London. She is at present a professor at the University of Valencia, a visiting fellow in the Management Department of the University of Surrey and technical chief of the International Postgraduate Tourism Course of the Universidad Politécnica of Valencia. She also cooperates with WTO as an assistant in the area of education. Professor Amparo Sancho is a member of the commission for the design of tourism curricular contents of the University of Valencia and has served as the chief of various tourism projects, such as R&D applied to tourism training, Educating the Educators (WTO), Distance Courses in Tourism, Educación Integral para los Estudios de Turismo y Formación en el Trabajo: its effects on competitiveness in the tourism sector of the Valencia area. Among her most recent publications special mention should be made of Educating Educators in Tourism (1995), Tourism and Sustainable Development (1996), Is vocational training important to achieve sustainable development in the tourism sector? (1997) and The Input-Output analysis in the tourism sector (1997).

RICHARD TEARE

Richartd Teare, titulado Phd Dlitt FHCIMA, ocupa la cátedra Revans en el International Management Centre y es Director de la University for Industry,

Oxford Brookes University (Reino Unido). Es tambien Presidente de la National Society for Quality trought Teamwork (Reino Unido), Director fundador del International Journal of Contemporary Hospitality Management, Director asociado del Journal of Workplace Learning y miembro de los consejos de asesoramiento editorial de seis diarios internacionales. Desde 1994 se ha ocupado de la dirección del proyecto mundial de tendencias en los campos del turismo e industrias conexas de la Hotel and Catering International Management Association, que tiene centros de investigación en Reino Unido, Portugal, América del Norte y Australia. Director consultor de la editoria Cassel Plc., es coatuor y coeditor de 18 obras y de más de 80 artículos y capítulos de libros.

Richard Teare Phd Dlitt FHCIMA is Revans' Professor & Academic Chair at the International Management Centres and Director of the University for Industry, Oxford Brookes University, UK. He is also Chairman of the National Society for Quality through Teamwork, UK. He is the founding Editor of the Internatonal Journal of Contemporary Hospitality Management and Associate Editor of the Journal of Workplace Learning and a member of the Editorial Advisory Boards of six international journals. Since 1994, he has directed the Hotel and Catering International Management Association's Worldwide Hospitality and Tourism Trends project with research centres in the UK, Portugal, North America and Australia. He is a consultant editor for publishers Cassell Plc., and his publications include 18 co-authored and co-edited books and more than 80 articles and book chapter.

MIGUEL TORRUCO MARQUÉS

Miguel Torruco es Vicepresidente de Turismo de la Confederación Nacional de Cámaras de Comercio, Servicios y Turismo de la República Mexicana y Presidente del Patronato de la Escuela Panamericana de Hotelería. Asimismo, ocupa la vicepresidencia de relaciones institucionales de la Cámara Nacional de la Industria de Restaurantes y es Tesorero Nacional de la Asociación Mexicana de Hoteles y Moteles de la República. Con 26 años de experiencia en el turismo, ha ocupado puestos de gran relevancia tanto en el sector público como en el privado. Miguel Torruco ha sido fundador y presidente de numerosas asociaciones como la Asociación Nacional de Egresados de Escuelas de Turismo, la Asociación Mexicana de Escuelas de Turismo y la Confederación Panamericana de Escuelas de Hotelería y Turismo. Es Egresado de la Escuela Mexicana de Turismo en Administración Hotelera con Postgrado en Comercialización Turística por el Centro Interamericano de Capacitación Turística de la OEA. Diplomado en Didáctica a nivel superior por la Secretaría de Educación Pública y en Administración por el Instituto Nacional de Administración Pública. Es autor de varios libros de turismo y diagnósticos turísticos para el Gobierno de México.

Miguel Torruco is Vice-President for Tourism of the National Confederation of Chambers of Commerce, Services and Tourism of Mexico and President of the Patronato de la Escuela Panamericana de Hotelería. He is Vice-President of institutional relations of the National Chamber of the Catering Industry and is National Treasurer of the Asociación Mexicana de Hoteles y Moteles. With twenty-six years' experience in tourism, he has held prominent posts in both the public and private sectors. Miguel Torruco has been founder and president of numerous associations, such as the National Association of Tourism School Graduates, the Mexican Association of Tourism Schools and the Pan-American Confederation of Hotel and Tourism Schools. He is a graduate of the Escuela Mexicana de Turismo in Hotel Administration and holds a postgraduate degree in Tourism Marketing from the Centro Interamericano de Capacitación Turística de la OEA. He also gained a higher Educational Diploma from the Secretariat for Public Education and a diploma in Administration from the National Civil Service Institute. He is the author of various tourism books and tourism analyses carried out for the Mexican Government.

MARIA FERNANDA VALENCIA VÁLQUEZ

María Fernanda Valencia Válquez nació en Cartagena de Indias, donde cursó sus estudios primarios y secundarios. Estudió posteriormente Ciencias Jurídicas y Socioeconómicas en Bogotá, en la Pontificia Universidad Javeriana y se especializó en Relaciones Internacionales en la Universidad de Harvard en Boston. Finalmente, realizó un Master en ciencias Políticas en La Pontificia Universidad Javeriana.

Fue asesora del alcalde Mayor de Cartagena de Indias para el Programa de Naciones Unidas para el

Desarrollo, PNUD y Consejera del Gabinete del Presidente del Parlamento Andino. El actual Gobierno Nacional la nombra Viceministra de Turismo, desde donde tuvo oportunidad de iniciar la reorientación del sector hacia niveles de calidad y competitividad. En la actualidad es asesora de proyectos especiales en una empresa de producción audiovisual interactiva.

Maria Fernanda Valencia Fálquez was born in Cartagena de Indias where she carried out her primary and secondary studies. She later studied judicial and socio-economic sciences in Bogota in the Javeriana Pontifical University and International Relations at Harvard University in Boston. She received her masters in political scince from the Javeriana Pontifical University.

She served as advisor to the mayor of Cartagena de ndias for the United Nations Development Programme and counselor to the cabinet of the chairman of the Andean Parliament. She was nominated as vice-minister of tourism by the Government of Colombia where she had the opportunity to initate a re-orientation of the towards quality and competitiveness.

At present Mrs. Valencia Fálquez is advisor on special projects in an interactive audivisual production enterprise.

ELYSE WANDER
Elyse Wander es Presidenta de planificación y asuntos públicos en la Travel Industry Association of America. Está encargada de la planificación estratégica, asuntos gubernamentales, relaciones públicas, recursos humanos y asuntos jurídicos. Antes de ingresar en la TIA, la Sra. Wander ejerció sus actividades en la National Railroad Passenger Corporation, red ferroviaria de los Estados Unidos, en la que ocupó diversos cargos.

Elyse Wander is the Sr. Vice President Planning and Public Affairs for the Travel Industry Association of America. She is responsible for strategic planning, government affairs, public relations, human resources and legal affairs. Before joining TIA, Ms. Wander worked for the National Railroad Passenger Corporation, the United States' passenger railroad where she held a variety of positions.

MARGARETA WINBERG
Ministra de Trabajo de Suecia desde 1996, Margareta Winberg es egresada por la Escuela Normal de Magisterio de Karlstad. En el periodo comprendido entre 1970-79, ejerció funciones políticas a nivel municipal y desde 1973 hasta 1976 fue Presidenta de la Asociación de Mujeres Socialdemócratas de Viplan, de la Asociación Local del Partido Socialdemócrata de Krokom y de la Federación de Mujeres Socialdemócratas de Jämtland. En el año 1981 es designada miembro de la Comisión Permanente de Agricultura del Parlamento, cargó que ostentó hasta el año 1991. También ha sido Presidenta de la Federación de Mujeres Socialdemócratas desde 1990 hasta 1995 y Presidenta de la Comisión Permanente de Agricultura del Parlamento desde el año 1992 hasta 1994, momento en el que fue nombrada Ministra de Agricultura hasta el año 1996.

Minister of Labour of Sweden since 1996, Margareta Winberg is a graduate of the teachers' training college of Karlstad. During the period 1970-1979, she performed political duties at municipal level and from 1973 to 1976 was President of the Social Democratic Women's Association of Viplan, of the Local Association of the Social Democratic Party of Krokom and of the Federation of Social Democratic Women of Jämtland. In 1981 she was appointed a member of the Standing Parliamentary Committee on Agriculture, a post she held until 1991. She was also President of the Federation of Social Democratic Women from 1990 to 1995 and President of the Standing Parliamentary Committee on Agriculture from 1992 to 1994, when she was appointed Minister of Agriculture, which post she occupied until 1996.

JESÚS FELIPE GALLEGO
Es Presidente de la Asociación Española de Directores de Hotel (AEDH) desde 1982. Es, asimismo, Consultor Turístico, Director General de ASEHS (Asesoría y Gestión de Empresas de Hostelería, S.L.) y Asesor de diversos organismos de carácter público y privado –tales como la Agencia Española de Cooperación, la Organización Mundial del Turismo, SELA, el Ministerio de Trabajo, el Ministerio de Educación y Ciencia, la UE, etc. Viene desarrollando su actividad profesional en diversos países iberoamericanos, tales como México, Guatemala, Costa Rica, Venezuela, Panamá, Cuba, Chile, etc. Es además

■

Director del Curso Superior de Administración y Gestión Hotelera a Distancia avalado por la Universidad Politécnica de Madrid, así como Director de Área y Profesor del Curso Superior de Gerencia y Dirección Hotelera. Autor de quince libros y numerosos artículos en los medios de comunicación del sector turístico, ha sido el creador de productos como Confortel o Las Cocinas del Mediterráneo, y del label ITQ 2000 para la certificación de la calidad hotelera. Durante sus 35 años de carrera profesional en el sector turístico, cabe destacar su cargo de Jefe de Formación de Hoteles Meliá, de Director de Operaciones de la Red de Paradores de Turismo, de Director General de Catertren o de Director General de Confortel, entre otros.

Jesús Felipe Gallego has been President of the Spanish Association of Hotel Managers (AEDH) since 1982. He is also a Tourism Consultant, Director General of ASEHS (Asesoría y Gestión de Empresas de Hostelería, S.L.) and a consultant to various public and private bodies, such as the Spanish Cooperation Agency, the World Tourism Organization, SELA, the Ministry of Labour, the Ministry of Education and Science and the EU. He has carried out his professional activities in various Latin American countries such as Mexico, Guatemala, Costa Rica, Venezuela, Panama, Cuba and chile. He is also Director of the distance-learning Advanced Hotel Administration and Management Course sponsored by the Polytechnic University of Madrid, as well as Director of Department and Professor of the Advanced Hotel Administration and Management Course. He is the author of fifteen books and many articles in the travel trade press. He has developed productors, such as Confortel, Las Cocinas del Mediterráneo and the ITQ 2000 label for the certification of hotel quality. Of his thirty-five year career in the tourism sector, special mention should be made of his post as Chiel of Training of Meliá Hotels, Director of Operations of the Network of Tourism Paradors, Director General of Catertren, and Director General of Confortel.

FRANCESCO FRANGIALLI

Francesco Frangialli es Secretario General de la Organización Mundial del Turismo. Fue Secretario General Adjunto desde 1990 hasta septiembre de 1996, en que asumió el cargo de Secretario General en funciones. La Asamblea General le confirmó en la máxima jefatura de la Organización en 1997, para el período 1998-2001. El Sr. Frangialli tiene un extenso historial en la administración pública, y ocupó el puesto de Director de la Industria Turística en el Ministerio encargado del Turismo en Francia entre 1986 y 1990. Es licenciado en Ciencias Económicas por la Escuela de Derecho y Ciencias Económicas de París, cursó estudios en la Escuela Nacional de Administración (ENA) de Francia y está graduado por el Instituto de Estudios Políticos de París, donde fue profesor desde 1972 hasta 1989.

Francesco Frangialli is Secretary-General of the World Tourism Organization. He served as Deputy Secretary-General from January 1990 to September 1996, when he assumed the top post WTO ad interim. He was confirmed in that post by the General Assembly in 1997 for the period 1998-2001. Mr. Frangialli has an extensive background in public administration and served from 1986 to 1990 as Director of the Tourism Industry in the French ministry responsible for Tourism. He has a degree in economics from the Paris School of Law and Economics, studied at the National School of Administration (ENA) and is a graduate of the Paris Institute of Political Studies, where he was a lecturer from 1972 to 1989.

acto inaugural

official inauguration

- **Jesús Felipe Gallego**
  Presidente de la Asociación Española de Directores de Hotel

- **Francesco Frangialli**
  Secretario General de la Organización Mundial del Turismo

- **Margareta Winberg**
  Minister of Labour, Sweden

- **M. Fernanda Valencia**
  Vice-Ministra de Turismo de Colombia

- **Manuel Pimentel Siles**
  Secretario General de Empleo, Ministerio de Trabajo y Asuntos Sociales, España

Jesús Felipe Gallego

Presidente de la Asociación Española de Directores de Hotel

Excelentísimas e Ilustrísimas Autoridades, señoras y señores:

En primer lugar quisiera transmitirles, en nombre de la Asociación Española de Directores de Hotel, una cordial y calurosa bienvenida a esta II Conferencia Internacional de Profesiones Turísticas cuyo tema global va a ser El Empleo en el Turismo: hacia un nuevo Paradigma.

Aunque quizá no fuera necesario recordar lo que representa hoy día en esta sociedad de finales del siglo XX la gran batalla por el logro del empleo, sí conviene que empecemos reafirmando la necesidad, cada vez más urgente, de crear una verdadera conciencia ciudadana del derecho de las personas a tener un puesto de trabajo que les permita disfrutar de una vida, básicamente, digna y decorosa.

Este año que se celebra el Cincuenta Aniversario de la Declaración Universal de Derechos Humanos, aprobada en la Asamblea General de las Naciones Unidas de 10 de diciembre de 1948, nos sirve también para reflexionar sobre lo que dice su Artículo 23:

"Toda persona tiene derecho al trabajo, a la libre elección de su trabajo, a condiciones equitativas y satisfactorias de trabajo y a la protección contra el desempleo..."

Cincuenta años después, la realidad del mundo actual nos indica que, en muchos países, se alcanzan cifras escandalosas de desempleo y, en otros, se enmascaran a través de economías sumergidas que no permiten saber con exactitud la situación de millones de personas que se debaten entre la miseria y la supervivencia.

Da la impresión de que la proyección del próximo tercer milenio busca su imagen, única y exclusivamente, a través de una fiebre liberalizadora de las empresas de capitales que hacen olvidarnos de la impotencia e imposibilidad que tienen grandes colectivos de la población mundial para elegir y/o conseguir un empleo.

No podemos ni debemos por nuestro propio interés pensar que el derecho al trabajo es solo consecuencia del mercado, de la competitividad o de los programas políticos de uno u otro signo.

No debe ser, tampoco, resultado exclusivo de modelos como el de la Europa social o el del Japón, que hoy se debate en una profunda crisis, y donde la empresa es madre y padre del ciudadano, o el de los Estados Unidos que, como alguien dijo, "el mejor contrato de trabajo es el que no existe".

Sabiendo de antemano que las otras referencias en la creación de empleo no han servido, llámase colectivismo, burocratización de los sistemas o empleo público a go-gó, la pregunta sería si esta nueva sociedad del año 2000 será capaz de encontrar una cuarta o quinta vía donde el devenir laboral no se convierta en un túnel oscuro, donde la luz no aparece y son solo sombras las que permiten concebir una esperanza.

En un mundo donde el marketing diversifica la oferta, ofreciendo productos y servicios para todos los gustos, mercados o culturas, el paro también se ha supersegmentado.

Ya son colectivos diversos los que lo integran. Pueden ser jóvenes, gentes de edad media u otros que lo llamamos eufemísticamente "parados de larga duración", sin contar con el de las mujeres, que siguen soportando barreras de toda naturaleza.

El sociólogo francés Alain Touraine hace poco decía que "la realidad actual del mundo del trabajo se mueve entre la lógica financiera y las demandas sociales, distancia que amenaza el buen funcionamiento de la economía misma".

Nuestro catedrático de Derecho de Trabajo en la Universidad Complutense de Madrid D. Juan Antonio Sargadoy escribía hace poco en un artículo en el que se preguntaba: "¿Hay un lugar para el derecho del trabajo bajo el sol?" y, apuntaba entre otras cosas, las siguientes:

• "Los economistas han entrado a saco en el mundo de las relaciones laborales.

• No apretemos siempre lo laboral porque también lo económico, lo comercial, lo industrial y lo organizativo tienen posibilidades de mejora.

• En el proyecto de empresa lo laboral no ha de mirarse como una carga, sino como una palanca que puede, sobre todo las empresas de servicios, ser el motor de la eficiencia de la empresa".

Se nos plantea —y lo estamos viendo en los últimos tiempos— un escenario de tensiones como consecuencia del paro o la precariedad del trabajo en muchos países.

El mundo de la globalización y de la comunicación, el de la estación Alfa o el de los grandes desafíos a este universo, no puede ser incapaz de avanzar en la solidaridad social o en la distribución de la riqueza que permita responder no ya al principio universal de que todos somos iguales, sino de que todos necesitamos el trabajo como un bien imprescindible que nos puede llevar a un mejor desarrollo humano.

El paradigma del empleo en las últimas cuatro décadas de desarrollo turístico ha tenido notables cambios según se ha ido avanzando en la competitividad. De una mano de obra con escasa formación, poco tecnificada y proveniente de sectores en declive, estamos pasando a recursos humanos con mayores posibilidades de formación, más responsabilidades y con objetivos concretos de productividad y de calidad.

Atravesamos por una psicosis reductora de plantillas en muchos establecimientos turísticos, fruto de crisis y coyunturas económicas desfavorables y queremos dar un salto cualitativo en la mejora de los servicios... y esto solo se puede hacer con personas formadas y capacitadas que tienen en el trabajo su proyección como personas y que han pasado el umbral del paradigma del conocimiento.

Las actividades turísticas presentes y futuras deberían convertirse en dinamizadoras del empleo y para ello es necesario romper todas aquellas barreras que impidan su creación. Hace falta una verdadera disposición e imaginación para perfilar las nuevas empresas del siglo XXI y, al mismo tiempo, hace falta también remover el espíritu laboral para definir nuevos recursos humanos que se integren al dinamismo de una nueva sociedad que será, definitivamente, diferente en lo que respecta al binomio capital-trabajo.

El hombre de hoy, el ser humano de estas postrimerías del siglo XX, no puede seguir viviendo del conflicto "mundo del capital" y "mundo del trabajo". Nadie puede creer a estas alturas, y en los escenarios que estamos viviendo y en los que se prevén, que el derecho al trabajo va a estar marcado única y exclusivamente por las normas monetarias.

Hay que introducir la ética y la justicia social para que sean posibles las palabras de Juan Pablo II en su *Tercera Carta Encíclica Laborem Exercens - El Trabajo Humano*: "El hombre debe trabajar por respeto al prójimo, especialmente, por respeto a la propia familia, pero también a la sociedad a la que pertenece, a la nación de la que es hijo o hija, a la entera familia humana de la que es miembro, ya que es heredero del trabajo de generaciones y al mismo tiempo co-artífice del futuro de aquellos que vendrán después de él con el sucederse de la historia."

No podemos defraudar a una juventud que tiene más que nunca acceso a la educación y a la formación impidiendo su desarrollo. Tampoco es solución seguir creando bolsas de paro con aquellos que en determinadas edades pierden sus empleos o se les empuja a un paro o jubilación forzosa, contradicción con una esperanza de vida cada vez más amplia. No podemos negar a las mujeres compatibilizar su vida familiar con su vida laboral.

El turismo, que representa el gran descubrimiento del siglo XX y quizá el logro social más importante de toda la Humanidad, pues permite disfrutar, conocer y acercarnos a otras personas, otras culturas y otros lugares, sean cercanos o lejanos, también sirve para crear puestos de trabajo, dada la naturaleza de su efecto multiplicador, sobre todo si somos capaces de flexibilizar y facilitar la generación de empresas a través de condiciones sencillas, simples, rápidas y estimulantes.

La Ministra de Desarrollo Internacional británica Clare Short hace poco expresaba: "La historia solo avanza cuando la gente aspira a algo mejor." Desde esta perspectiva los hombres y mujeres del turismo tenemos la obligación de crear posibilidades laborales para éstas y las próximas generaciones. Sería mejor hablar de sociedad de personas que de sociedad de capitales.

La solución al problema del empleo requiere el concurso de todos. El nuevo paradigma, el más digno, será el que logre dar la oportunidad de trabajo al ser humano.

Con los paradigmas del pasado no podemos entrar en el futuro. Hay que asumir nuevos retos que nos sirvan par perfilar otros modelos de empresas, nuevos modelos en las relaciones sociales y laborales, reutilización más activa de los beneficios en relación con el empleo y, sobre todo, nuevas políticas que no se cimenten en paradigmas del ayer que ya forman parte de otras épocas.

Los nuevos paradigmas que ya afectan y afectarán al empleo en el turismo, tienen su referencia en tres pilares básicos.

1.- La nueva Sociedad del Conocimiento, que como dice Alvin Toffer en su libro *El cambio del poder*, clasifica las compañías de hoy y del mañana en muy cultas, cultas y poco cultas, dependiendo de lo intensivas en conocimiento que sean.

   El empleo del presente y del futuro tendrá y necesitará, cada vez más, un perfil de conocimiento amplio, diverso, innovador y multicultural.

2.- El empleo dependerá de la flexibilidad de la sociedad y de su capacidad para reducir normativas y barreras que estrangulan la creación de puestos de trabajo o minimizan el ánimo de aquellos que podrían aventurarse como empleadores.

3.- Las actividades turísticas deben abrir nuevos campos de actuación que permitan desarrollar el ocio en todas sus dimensiones pues, sin duda, ésta será la gran base creadora de empleo en el siglo XXI.

La historia nos demuestra que el mundo ha ido superando referencias políticas, sociales, culturales o económicas que no hace mucho parecía imposible transformar

Cada paso hacia adelante representa cambios paradigmáticos que surgen de la creatividad, valentía, disciplina, visión o entrega total a nuevos objetivos que, generalmente, al principio no son asumidos por quienes están habituados a la continuidad e inercia del modelo imperante.

El turismo y sus actividades pueden y deben producir paradigmas activos que permitan crear empleo de acuerdo a las necesidades de esta nueva sociedad que tiene que encontrar, perentoriamente, caminos de bienestar mínima para todos, de lo contrario difícilmente seremos herederos de aquellas palabras que se recogen en el preámbulo del Tratado de Roma o de la CEE firmado hace cuatro décadas:

"Decididos a asegurar, mediante una acción común, el progreso económico y social de sus respectivos países, eliminando las barreras que dividen Europa. Fijando como fin esencial de sus esfuerzos la constante mejora de las condiciones de vida y trabajo de sus pueblos".

Hemos avanzado, sin duda, en el tema del empleo, pero estoy convencido de que en los años venideros múltiples respuestas nos esperan para disfrutar de un mundo más justo y solidario.

Como dice el proverbio indú: "Siempre hay mil soles más allá de las nubes". Este es para nosotros, el nuevo Paradigma del Empleo en el Turismo y hacia él nos encaminamos, si queremos una sociedad digna para la mayoría y no una sociedad rica para unos pocos.

Jesús Felipe Gallego
Presidente de la Asociación Española de Directores de Hotel

Francesco Frangialli

Secretario General de la Organización Mundial del Turismo

Exma. Sra. Ministra de Trabajo de Suecia, Exma. Sra. Viceministra de Turismo de Colombia, Exmo. Secretario General de Empleo de España, Ilmo. Sr. Director General de Turismo de España, Sr. Presidente de la AEDH, Exmas. e Ilmas. autoridades, Sras. y Sres.:

El desarrollo de los recursos humanos es un factor clave en la industria turística contemporánea. Lo ha sido en realidad siempre, por cuanto la nuestra es una industria de servicios, que pone en contacto personas con personas; pero lo es ahora más que nunca, porque son los recursos humanos de alto nivel profesional los que confieren valor añadido a la información y a las tecnologías de vanguardia que están redefiniendo el turismo.

Quisiera desde luego manifestar mi satisfacción por compartir hoy estos momentos con Vds. y poder inaugurar esta conferencia sobre *Recursos Humanos en Turismo: Un Nuevo Paradigma* que hemos organizado conjuntamente con la Asociación Española de Directores de Hotel y llevado a cabo con el inestimable apoyo de la Institución Ferial Madrileña en el contexto de Fitur. Satisfacción por el tema y contenidos de la conferencia, por su importancia y oportunidad. Satisfacción por cuanto nos honran con su presencia altos representantes de la Administración Pública, de la Universidad, del sector privado y de las profesiones turísticas, cuya participación en los trabajos de este foro es buen presagio de excelentes resultados (¡y descubrimiento fructuoso del paradigma deseado!).

Sras. y Sres.: El estudio del empleo en el turismo es algo importante; central en nuestra labor de profesionales del sector, imprescindible en el logro de calidad para nuestros clientes, tarea prioritaria para la Organización Mundial del Turismo y tema vital en muchos países, donde la creación de puestos de trabajo es el problema socioeconómico por antonomasia.

El turismo está demostrando ser una de las pocas actividades dinámicas en la creación de empleo, tanto en países que atraviesan momentos de profundo cambio en sus estructuras —caso de las regiones en vías de desarrollo o de las recientemente incorporadas a la economía de mercado— como en otros con altos niveles de renta y riqueza. En estos últimos el problema del desempleo es quizás más paradójico, por cuanto es más difícil aceptar la marginación —y a veces la pobreza— en un entorno de mayor prosperidad y elevadas expectativas.

Yo creo sinceramente que el desarrollo de las industrias del turismo y el ocio puede contribuir muy significativamente a mejorar estas situaciones. Creo que el acortamiento del tiempo de trabajo —polémico a veces— y los mayores niveles de renta disponible, unidos a la caída, siquiera psicológica, de fronteras y distancias, van a propiciar un enorme crecimiento cuantitativo de nuestro sector. La OMT ha elaborado un estudio de prospectiva —que denominamos *Visión 2020*— donde se prevén crecimientos anuales del turismo superiores al 4%, es decir, dos veces mayores que las tasas medias de aumento del Producto Mundial Bruto. Las cifras de 1.600 millones de viajes y 2 billones de dólares de facturación —sólo para el turismo internacional— en el año 2020 son suficientemente significativas en sí mismas, y suponen un muy positivo augurio para el desarrollo del empleo en el sector. En todo caso, no es aventurado afirmar que el turismo creará y mantendrá en las dos próximas décadas varias decenas de millones de puestos de trabajo, sumando efectos directos e indirectos.

Sin embargo, no conviene sentarse en una playa para ver cómo todo esto ocurre de forma automática. El turismo es una actividad crecientemente compleja que se desarrolla en entornos turbulentos. En estas circunstancias, sólo una eficaz acción en partenariado de los actores privados y públicos del turismo nos permitirá mantener escenarios de desarrollo favorables —y optimistas extrapolaciones de las tasas de crecimiento actuales.

Así, por lo que respecta al desarrollo de los recursos humanos, quizá convenga reconocer que nos encontramos en una encrucijada. Es obvio que la competitividad del sector depende de la acertada formación y gestión de su capital humano —más aún que de su capital financiero. Pero hay que admitir también que nos hemos quedado algo a la zaga en cuanto a la calidad y eficiencia de la educación y formación turísticas, y también en lo que respecta a fundamentales aspectos organizativos de los equipos humanos en nuestras empresas e instituciones.

Hay que resolver esta situación. Hay que encontrar nuevas formas de funcionamiento de los mercados laborales. Hay que eliminar trabas y obstáculos burocráticos a la creación y valoración del empleo. Hay que mejorar la información sobre la ubicación y contenidos de los puestos de trabajo —tradicionales y de nueva tipología. Hay que redefinir los procesos productivos para lograr elevados valores añadidos y mayor satisfacción de los hombres y mujeres profesionales del turismo. Hay que dar rienda suelta a nuevos valores en el lugar de trabajo; mayor fluidez de ideas y propuestas creativas, participación en las decisiones a varios niveles, formación y educación para el cambio y para el fortalecimiento de las habilidades estratégicas de nuestras organizaciones.

Ninguno de nosotros puede considerarse ajeno a esta tarea que es esencial para nuestro futuro, y es inaplazable la búsqueda colectiva de soluciones. En un mundo crecientemente globalizado, la OMT va a asumir también su rol: en la creación y diseminación de *know-how* sobre desarrollo de recursos humanos; en la especificación de estándares de calidad para la educación y formación turística y para los procesos de producción y prestación de servicios en el turismo; en la generación de recomendaciones y acreditaciones para prácticas de excelencia empresariales e institucionales. Hemos de reconocer que nuestra organización se encuentra en una situación privilegiada para desarrollar estas iniciativas de política turística, por cuanto contamos con 138 países y otros 350 miembros en nuestro consejo empresarial; con su participación y ayuda podemos ejercer lo que esperamos sea una influencia profunda en cuestiones claves para el desarrollo de los recursos humanos en turismo.

Sras. Ministra y Viceministra, Sres. Secretario y Director General, Sr. Presidente, Sras. y Sres.: Edward Heath anunció una vez que no estaba dispuesto a perder el control de la situación a manos del desempleo o la inflación. Parafraseándolo diré que no debemos permitir un insuficiente o incorrecto desarrollo de los recursos humanos en la industria turística. Esforcémonos en adecuar nuestro funcionamiento a las altas cotas que nuestro sector puede lograr. Haciendolo así podremos contribuir a un mundo más próspero y más justo. Espero que esta conferencia sea un paso importante en esa dirección.

Muchas gracias.

Francesco Frangialli
Secretario General de la OMT

Margareta Winberg

Minister of Labour, Sweden

Tourism and employment: the Swedish experience

I am very happy to be here today. The topic of this conference is very important, for the well-being of people, for the economy and for work opportunities for women and men.

It is also very inspiring to be in Spain to discuss these matters. Spain has a long and very useful experience of tourism.

Since my area of responsibility is employment in the Swedish government, I am very much concerned about the possibilities of creating jobs —good jobs.

In Sweden about 200,000 persons work in tourism. About 20,000 enterprises are active in the tourism sector. Tourism represents about 3% of the GDP. It is one of the growing sectors when it comes to employment.

This shows that international exchange of experience is very much called for. This conference is a helpful example of that. Today there are representatives from Europe, South America and other parts of the world here, and I am sure we have a lot to learn from each other.

All member states of the European Union have agreed to fight unemployment as one their main goals. Guidelines for employment were accepted by the European Council in November last year. The Member States agreed on giving priority to some important issues, like fighting long-term and youth unemployment and promoting education and training.

The guidelines consist of four pillars. One of the pillars highlights the importance of promoting employment growth in the private service sector and entrepreneurship. I welcome that very much.

Tourism is an area where employment is created for both women and men. To me and the Swedish government, equality between women and men is fundamental when discussing conditions in society. Therefore we are very pleased about the fact that another one of the four pillars in the European guidelines concerns the need of increasing womens' employment rate and reaching equality in the labour market.

In the area of tourism, we need to be aware of the rapid development of temporary jobs and part-time employment. In most European countries, women are in a majority among workers in these categories. The labour market needs to be able to adapt to changes. At the same time we must defend both womens' and mens' rights to support themselves and to equal conditions on the labour market.

In the area of tourism I have seen many innovative examples of how to explore new possibilities and business ideas. To Swedish people the sun has always been very attractive, and we go far away to look for good warm weather. I think it will stay that way. At the same time, in my country —as in others —people look for other kinds of experiences and knowledge.

I am thinking about rural tourism, historical tourism, or other forms of leisure where you combine time off with your interests in life. A lot of people want to learn new languages, experience adventures and get to know foreign customs and cultures. Many tourists come to Sweden to find forests, clear water or the archipelago. Some of them want to meet the Sami culture and of course to go skiing or trekking. Another reason for stressed people from big cities to go to the Swedish countryside is enjoying silence.

There is also a dark side of tourism. We, who are actors in different levels, must be aware and cautious. Pollution, too harsh exploitation of territories, of people and animals, and abuse of common natural resources are real threats to future society and ecology.

Tourism is a global business. This creates possibilities and responsibilities. In my country it is very popular to go far away outside Europe and to other continents. Especially young women and men are attracted by this. I think this is very good and healthy. It creates understanding among people and satisfies useful curiosity.

Therefore I decided to create a possibility for young unemployed persons to go abroad to practice. Long-term unemployed young women and men can now apply for an international scholarship —within the framework of the Swedish labour market programs. I believe Sweden needs a generation with international experience.

However, we must make sure that also global tourism and travelling is actually carried out with understanding and respect. It is also our responsibility to see that jobs created outside Europe in hotels, in transport, in cleaning and so on are good jobs. They must not include child labour and other forms of exploiting of cheap labour.

The challenge today and in future will be to find a balance between providing good services and products for the costumers and quality jobs for the workers. There should be acceptable conditions for those who want to open their own businesses and at the same time we must use human, capital and natural resources in a respectful and wise way. A group of Swedish ministers have been working on a plan to create conditions for an ecological society, where the balance between job creation and the environment is very much in focus.

I have already mentioned the importance of entrepreneurship in tourism and in a lot of other sectors. In this context I believe that networking is crucial. Networking can take place among small firms, authorities, educational institutions on local, regional and national level.

I come from a part of Sweden called Jämtland, in the north of the country. A lot of people go there to go skiing, fishing in the lakes and for walks in the mountains in the summer time. That is a region where networking to find creative solutions between different actors takes place —not least in the area of rural tourism.

I also believe strongly in networking in the international level. The European guidelines for employment I mentioned earlier are to be followed up by the EU Member States through national action plans. A great deal of networking between the countries is already taking place. We are exchanging ideas and results to fight unemployment. This is a very creative and dynamic process.

Another form of international networking has brought me to Spain a couple of times. Swedish and Spanish female entrepreneurs -—some of them in the tourist sector— have started an exchange of contacts and ideas. This is done at a yearly "Feria" in Madrid and is perfectly possible despite differences in culture and language.

Women are in the minority among entrepreneurs, but are a majority among the unemployed in most European and Latin American countries. Therefore sometimes special supportive measures are called for to promote women who want to set up small firms.

The Swedish government has decided to fight unemployment as it´s number one priority. The main objective is to get unemployment down to 4% in the year 2000. The figures are already much better than earlier in the 1990s. The unemployment has now gone down to about 6% for women and 7% for men.

Supporting the tourism sector, will be one very important area to achieve higher employment rates. Therefore the government decided to spend one billion Swedish crowns on measures for promoting all kinds of entrepreneurship last year. Of that amount 90 million crowns were dedicated to the area of tourism exclusively.

We believe very much in this sector's possibilities for the future, and therefore I wish you all good luck with your work during this conference and for the future.

Thank you.

Margareta Winberg
Minister of Labour, Sweden

M. Fernanda Valencia Fálquez

Vice-Ministra de Turismo de Colombia

Muy buenos días, señores compañeros de la Mesa Directiva, amigos, señoras y señores:

Quiero ante todo agradecer la invitación que me ha formulado el Dr. Fayos a este importante evento de un tema de la importancia que en realidad se merece.

Con frecuencia se ha pensado que la administración de empresas prestadoras de servicios turísticos es algo que se puede improvisar, que no requiere una cualificación específica, que todas las personas nacen con una especie de dotación genética que las hace incursionar en este sector. Si bien el objeto de los prestadores turísticos es lograr que el turista disfrute al máximo de sus desplazamientos y consumos, esto implica que entre ellos debe existir una gran capacidad de coordinación, una visión global de todos los campos de la actividad humana, un conocimiento profundo de las expectativas y necesidades del viajero, una plena dedicación para satisfacer las demandas del visitante y ante todo una verdadera vocación de servicio.

Cuando se empiezan a conocer los hilos que se tejen detrás de la prestación de servicios turísticos, se comprende la complejidad de la industria. El alojamiento, el transporte, el comercio y la alimentación, entre otros, deben hablar un mismo lenguaje siempre: la satisfacción del turista, esa es ante todo la razón fundamental. Ello implica que el nivel de exigencia para quienes orientan la actividad es mucho más alto que en los demás sectores de la economía.

Si se acepta que la sociedad del futuro será la sociedad del conocimiento y que todas las estructuras de poder, los esquemas administrativos y el mundo de los negocios girarán en torno a la adquisición, renovación y difusión del saber en el turismo, se deben multiplicar los esfuerzos para que quienes se vinculen a él tengan la más alta cualificación humana y profesional. La permanente exigencia de mejorar la competitividad y la velocidad de los cambios de nuestra sociedad exigen al individuo una constante actualización de sus conocimientos si se quiere mantener vigente en el mercado laboral y busca insertarse positivamente en el entorno social en el cual se desenvuelve. Por eso es tan importante la iniciativa de la Asociación Española de Directores de Hotel, de la Organización Mundial del Turismo y de IFEMA al convocar esta conferencia que congrega a personas tan cualificadas de los sectores públicos y privados, para reflexionar sobre temas de la trascendencia de la gestión del talento humano como eje fundamental para lograr la excelencia de los servicios turísticos. El intercambio de experiencias, las reflexiones de expertos y las soluciones planteadas a problemas específicos, van a permitir el diseño de criterios para que los países concurrentes al evento, y los que por algún motivo no estén presentes, pero que compartan las mismas preocupaciones, puedan dedicar sus esfuerzos a cualificar el talento humano con la seguridad de que están haciendo la mejor inversión para ganar competitividad en el servicio.

Doy la bienvenida a los participantes en el evento y deseo que su paso por el mismo sea altamente productivo.

Muchas gracias.

M. Fernanda Valencia
Vice-Ministra de Turismo de Colombia

Manuel Pimentel Siles
*Secretario de Estado de Empleo, Ministerio de Trabajo y
Asuntos Sociales*

Muchas gracias por su presencia Sra. Ministra de Trabajo de Suecia.
Bienvenida Sra. Vice-Ministra de Colombia, un país tan hermoso y
tan querido para nosotros. Muchas gracias querido Secretario General y
responsable de la Organización Mundial del Turismo y muchas gracias
tambien Sr. Director General de la Feria de Madrid, "casa" de todos los
que estamos aquí en este momento.

Desde la hospitalidad de una sociedad históricamente hospitalaria como
es España en su conjunto y Madrid en particular, quiero darles la mejor de
las bienvenidas y mis mejores deseos de que pasen unos días en Madrid
que sean muy útiles a nivel profesional y muy satisfactorios también a
nivel personal. La hospitalidad quizás sea el sentimiento más primitivo y
elemental del turismo, esto es, el atender correctamente a la gente que
viene de fuera. Quizás, hace mucho tiempo comenzó germinándose y
desarrollándose lo que hoy ya, en una sociedad global, son los grandes
movimientos de masas, es decir, el gran turismo globalizado.

Doy gracias muy sinceras por invitar a este acto al Ministerio de Trabajo,
Secretaría General de Empleo. Se ha dicho en esta conferencia que el
turismo es un sector que va a generar mucho empleo, si bien hablar de
turismo en nuestro país es hablar ya de empleo. España es una potencia
turística: prácticamente el 10% de los ocupados en nuestro país trabajan
en el sector turístico y un 10% de nuestro PIB se cimenta en el desarrollo
de la actividad turística.

Además, y creo que es el enfoque extraordinariamente original y positivo
de esta conferencia, se vincula al turismo con el desarrollo profesional,
con la especialización profesional y con la consecución de nuevas cualificaciones. Por tanto, como responsable de la formación profesional ocupacional en este país, agradezco muchísimo, que se vincule turismo —que
es hablar de empleo— y profesionalización y estudio —que también es
hablar de empleo. Y hablar de empleo, no tan sólo como futuro en nuestro país, sino como presente.

También quisiera destacar que el turismo, el gran turismo, comienza en
España en los años 60. Desde este momento, el turismo comienza desarrollando una red muy amplia de pequeñas empresas, de muy pequeñas
empresas, de medianas empresas y también hoy podemos decir con orgu-
llo que tenemos grandes empresas. España dispone de algunas grandes

empresas en el sector turístico que incluso han extendido su saber hacer y su profesionalidad a muchos y remotos lugares del mundo.

España es un país que tiene una importante industria turística, pero yo querría añadir que es una industria, y esto es importante, que no se hace con máquinas, que se hace con personas. Cuando se habla de una industria con alta calidad, estamos hablando de una industria que está muy mecanizada, muy automatizada y donde las máquinas lo hacen casi todo. Cuando hablamos de un establecimiento hotelero o de unos servicios turísticos de calidad, lo asociamos directamente a una presencia en algún lugar o en alguna circunstancia donde estamos muy bien atendidos. Por tanto, la industria del turismo no es una industria mecanizada, es una industria humanizada. Nuestra gente, el hombre y la mujer, es el corazón de esa industria. Para desarrollar esa industria hay que formar, preparar, motivar a la gente que son el auténtico alma del turismo, alma del desarrollo de la atención a las personas.

El turismo es una actividad intensa en mano de obra, ahora y lo va a ser en el futuro porque no hay alternativa. No nos gusta, a mí no me gusta y creo que a nadie le gusta, que nos sirvan las máquinas. Nos gusta que nos atiendan correctamente personas que sepan ejercer bien su profesión.

En nuestro país el desarrollo turístico inicial fue un desarrollo muy basado en el producto sol y playa. Ahora bien, todavía tenemos una gran capacidad de desarrollo, mejorando nuestro medio ambiente y cuidándolo. Afortunadamente se está abriendo el espacio turístico, basado en fórmulas de patrimonio cultural y arquitectónico. Creo que dentro de muy poco el patrimonio natural, los parques nacionales, las posibilidades de caza, de pesca, de naturaleza y todo lo vinculado al mundo de la culturavan a ir también rindiendo.

Pero en una economía global, donde ya tiene mucho que ver también el producto de los medios de comunicación e información, nosotros tenemos algo más que aportar al concierto de atracciones mundiales: no tan sólo sol, no tan sólo monumentos, no tan sólo cultura, no tan sólo naturaleza. Yo creo que cada día más, en una sociedad abierta, hay un modo de vida, una cultura, que viene a llamarse "cultura latina" que tiene mucho que aportar en un mundo globalizado de competitividad y de competencia extrema. En nuestra cultura, aparte del debido respeto que tenemos a la profesión, al trabajo, a hacer las cosas bien y a ser eficaces, combinamos y equilibramos con una carga de amor, de una cultura de respeto, a lo que entendemos como vida. Queremos trabajar y queremos vivir y esa mezcla, que viene a denominarse "cultura latina", tiene cada día más peso dentro de un progreso que tiende y que va a pasar sin duda hacia una cultura de ocio. Por tanto, estamos en unos momentos donde el turismo en España es ya una realidad.

Por otra parte, es bueno los españoles salgan a conocer países vecinos, lejanos, remotos, algunos que nos son muy cercanos por cultura o lengua y otros que nos son muy exóticos a nosotros, como es Suecia. Para ellos, a lo mejor, el sol en esta época es exótico mientras que para nosotros es exótico el norte de Europa y Suecia. También es bueno que los españoles colaboremos en el desarrollo del turismo en otras zonas del mundo.

Decía la Ministra de Suecia, y creo que lo dice con acierto, que el empleo en el turismo debe producir empleo y buen empleo, y creo que esto es muy importante. Dado que tenemos unas magníficas posibilidades de desarrollo, hagámoslo y hagámoslo bien. No tan sólo que nuestros trabajadores y nuestros empresarios, los pequeños sobre todo, estén bien formados, sino que tengan buenos empleos, empleos dignos, empleos que en lo posible sean estables —la estabilidad del empleo en el turismo irá lógicamente muy vinculada a la estabilidad de la oferta turística y hagamos también que uno de los pilares en la Cumbre de Luxemburgo sea una realidad: que haya igualdad de oportunidades entre hombre y mujer, también en este sector, donde todavía España tiene mucho campo por desarrollar y es bueno que en cualquier sector, en cualquier actividad, tengamos claro que al igual que hay que perseguir que haya más empleo es igual de justo, igual de noble, que haya empleo para todos.

Desde el Gobierno de España, entendiendo que el empleo es una prioridad española y europea, y entendiendo que el turismo es un sector que puede mover y arrastrar el empleo en nuestro país y en nuestro continente, entiende que este desarrollo no va a venir por casualidad, sino que va a venir porque muchas y muy buenas personas, muy bien preparadas, se esfuercen en su día a día profesional en hacer este sector una realidad. Por tanto, a los que ya son profesionales de este sector, a los que están estudiando para llegar a ser profesionales del turismo, les deseo el mayor de los éxitos en estas jornadas y en el día a día profesional porque, sin duda alguna, su éxito será el éxito del empleo en España y en toda Europa. Muchas gracias.

Manuel Pimentel Siles
Secretario General de Empleo
Ministerio de Trabajo y Asuntos Sociales

■ Introducción

key lectures

■ El recurso humano: clave para el desarrollo turístico
Mª Fernanda Valencia
Vice-Ministra de Turismo de Colombia

■ Competencies in travel and tourism: meeting the challenges of change in the global market
Martin Brackenbury
President International Federation of Tour Operators, IFTO

■ Virtual support for workplace learning in hospitality & Tourism
Richard Teare
Forte Chain in Hotel Management, School of Management Studies for the Service Sector, University of Surrey

■ Tourism employment issues: the PATA viewpoint
Chuck Y. Gee
Dean, School of Travel Industry Management, University of Hawaii at Manoa, USA

■ Tourism employment and the new technologies
Donald E. Hawkins
Director, International Institute of Tourism Studies, The George Washington University

key conferencias magistrales

■ Standard creation in tourism education and training: GTAT
Chris Cooper
The International Centre for Tourism and Hospitality Research, Bournemouth University, UK

■ La transformación en las organizaciones hoteleras
Joan Payeras
Hay Management Consultants, S.A.

■ Human resource development in tourism. The province of Québec. Case study
François Bédard
Professeur et Coordinateur Adjoint du Cifort. Dpt. D'etudies urbaines et touristiques, Ecole des Sciences de la Gestion, Université du Québec à Montreal

■ Las estadísticas del empleo turístico
Manuel Figuerola Palomo
Director de la Escuela Oficial de Turismo de Madrid

EL RECURSO HUMANO: CLAVE PARA EL DESARROLLO TURÍSTICO

Mª Fernanda Valencia

1. Tendencias organizativas
2. Los recursos humanos en el sector turístico
3. Evolución de la formación turística en Colombia
4. Marco legal que rige a la formación del turismo en Colombia
5. Retos para la formación en el próximo milenio.

Para la autora, el verdadero eje generador de riqueza es el individuo; el trabajador es el eje fundamental en la empresa. Por este motivo, el manejo de talento humano debe dar prioridad a la formación de los profesionales con el fin de conseguir la eficiencia total en los procesos.
En Colombia, el turismo es el tercer generador de empleo. De la capacidad de concertación en materia de formación entre los empresarios, la administración y la universidad va a depender en gran medida el aumento de la competitividad del turismo y la inserción con éxito de Colombia en los mercados internacionales.
Palabras clave: talento humano, formación tecnológica, eficiencia profesional, concertación entre el sector empresarial, la academia y el Estado.

For the author, the individual is the pivot which generates wealth and the worker the fundamental pivot of the enterprise. Consequently, when it comes to managing human talent, priority should be given to training professionals with a view to achieving total efficiency in processes.
In Columbia, tourism is the third-biggest generator of employment. The capacity of entrepreneurs, the administration and universities to harmonize training will broadly determine increased competition in the field of tourism and Columbia's successful introduction in international markets.
Key words: human talent, technological training, professional efficiency, harmonization between the entrepreneurial sector, academia and the State.

Selon l'auteur, le véritable axe générateur de richesse est l'individu ; le travailleur est l'axe fondamental de l'entreprise. Aussi l'utilisation des ressources humaines doit-elle donner la priorité à la formation des professionnels afin de parvenir à une efficacité totale.
En Colombie, le tourisme est le troisième créateur d'emplois. L'augmentation de la compétitivité du tourisme et l'insertion réussie de la Colombie sur les marchés internationaux dépendront en grande partie de la capacité de concertation en matière de formation entre les chefs d'entreprise, l'administration et l'université.
Mots-clés : ressources humaines, formation technologique, efficacité professionnelle, concertation entre le patronat, l'enseignement et l'État.

EL RECURSO HUMANO: CLAVE PARA EL DESARROLLO TURÍSTICO

Mª Fernanda Valencia
· Vice-Ministra de Turismo de Colombia

1. Tendencias organizativas

La época moderna de globalización de los mercados y apertura de las economías requiere modelos más flexibles, en los cuales la inteligencia, la creatividad, la tecnología y la productividad son determinantes en el establecimiento de las nuevas relaciones.

Los nuevos modelos empresariales manejan estructuras más horizontales, caracterizadas por el predominio de la innovación y el estímulo a la creatividad. Propugnan por el desarrollo integral del individuo y por lograr su compromiso total con la organización.

La empresa exige que sus empleados sean multifuncionales y que estén preparados para el trabajo productivo en grupo. Pero también se compromete a ejercer un liderazgo compartido, a la delegación de responsabilidades y a la eliminación de barreras.

Para responder a los nuevos esquemas organizacionales y al entorno cambiante, el manejo del talento humano en la actualidad debe dar prioridad a aspectos como la capacitación para asimilar nuevas tecnologías y la eficiencia total en los procesos.

La industria turística, por su parte, ha venido evolucionando de tal forma que se ha convertido hoy en un fenómeno económico y social representativo de la sociedad contemporánea. De hecho, las jornadas laborales se han reducido en la mayoría de los paises, generando con esto mayor tiempo libre para los trabajadores. De igual forma, el turista es más experimentado, se manifiesta más exigente, cuenta con nuevas motivaciones de viaje. Los viajeros hoy en día exigen tener experiencias diferentes, más espontáneas, actividades sean menos planeadas y acceso a la realidad de las diferentes culturas. En resumen, lo que pretende el turista hoy en día es ser partícipe de la vida cotidiana de los sitios que visita.

El verdadero generador de riqueza es el individuo; el trabajador es el eje fundamental y la razón de ser de la organización. Las empresas visionarias concentran su atención en el desarrollo de su talento humano.

Dichas tendencias están dando lugar a formas especializadas de turismo como el ecoturismo, el agroturismo y el turismo cultural, entre otros, que sin duda exigen el desarrollo de nuevos servicios turísticos, con estructuras e instalaciones apropiadas, organizaciones empresariales adecuadas a la demanda y, sobre todo, un cambio en la mentalidad del talento humano que presta los servicios.

2. Los recursos humanos en el sector turístico

El sector turístico en Colombia es el tercer generador de empleo. Aproximadamente, unas 360.000 personas trabajan en la hostelería y la restauración. La mayor generación de empleo se da en los niveles operativos, que se sitúa en un 80%.

En el país el turismo es el tercer generador de empleo, después del comercio al por mayor y de la industria manufacturera. Se estima que el personal ocupado en el sector restaurantes y hoteles es de 360.000 personas de las cuales el 90% corresponde a empleos permanentes y el 10% a empleos temporales. De estos empleos, más del 70% corresponde a micro, pequeñas y medianas empresas.

GENERACIÓN DE EMPLEO POR SECTORES

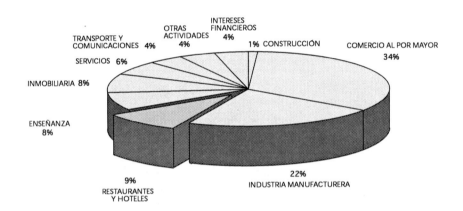

Fuente: DANE-CNT

Estudios realizados en Colombia revelan que la mayor generación de empleo directo en las empresas del sector turístico se da en los niveles operativos. El 80% de los empleos corresponden a cargos como botones, camareras y auxiliares administrativos. Le siguen en importancia los mandos medios como jefaturas de área, supervisión y control, con una participación en el empleo entre 5% y 9%; los cargos gerenciales son los que tienen la menor participación en la generación de empleo y van de un 3% hasta menos del 9%.

Cerca del 50% de los trabajadores del sector tiene formación, bien sea a nivel básico, técnico, universitario o de postgrado. El 32% de estos tiene al menos una formación a nivel de educación superior. Estos porcentajes son superiores al promedio que se encuentra en otros sectores productivos colombianos.

NIVEL EDUCATIVO

ENTRENAMIENTO BÁSICO
18%

32%
FORMACIÓN TÉCNICA
ESPECIALIZADA

50%
ENTRENADA PARA
EL CARGO

El talento humano vinculado a las empresas del sector turístico colombiano posee un nivel de formación o entrenamiento adecuado para el desempeño de sus funciones.

3. Evolución de la formación turística en Colombia

Ya en el año 1931 el Estado promulgó una ley que hacía alusión a la formación de personas para la prestación de servicios turísticos con el objetivo de estimular y fomentar al sector. El propósito fundamental de dicha ley era obtener una serie de logros económicos que permitieran contribuir a la mejora de las condiciones socio-económicas del país.

En 1957 surgió el Servicio Nacional de Aprendizaje, institución que a su vez creó en 1968 el Centro Nacional de Hotelería, Turismo y Alimentos, organismo encargado de formar recurso humano a nivel básico y técnico con el fin contribuir a la mejora y la especialización del sector turístico.

La orientación de este tipo de educación en turismo se dirigía a desarrollar ciertas habilidades y destrezas en aquellas personas que tuvieran interés y disposición para laborar en las empresas de este sector. Se logró un perfil del personal caracterizado por una alta responsabilidad en el cumplimiento de sus deberes y un alto nivel de eficiencia y cualificación en las labores desarrolladas.

En 1968 la Ley de Turismo estableció que el turismo es la industria básica para el desarrollo económico del país, por la generación de empleos y divisas y por ser un mecanismo para la redistribución de los ingresos.

A mediados de los años 70 se originó un nuevo tipo de educación basado en la importancia que estaba tomando el sector turístico dentro del contexto económico, social, político y cultural de la sociedad colombiana, así como por la importancia de formar ciudadanos con un criterio amplio y universal del turismo.

Este tipo de formación hacía énfasis en los aspectos de tipo técnico. Por este motivo, se aportaron unos instrumentos científicos y de trabajo que permitieran a los educandos investigar, planear y proponer soluciones a los problemas del turismo.

El turismo se ha considerado un sector de gran importancia en la economía de Colombia. Desde que en el año 1931 se promulgara una ley para estimular y fomentar la actividad turística hasta la actualidad, se han sucedido numerosos planes y programas de formación.

La formación universitaria se consideró necesaria en el sector turístico. En este contexto, se crearon diversos programas de formación para la hostelería y el turismo a nivel universitario.

Es así como, en 1971, el Plan Nacional de Desarrollo Económico y Social *Las Cuatro Estrategias* planteó la necesidad de la formación a nivel universitario en las áreas turística y hotelera. Durante este período, el gobierno fijó como prioridad el desarrollo turístico de la Costa Atlántica y del Departamento Archipiélago de San Andrés, que buscaba generar cerca de 50.000 empleos entre 1976 y 1990.

La formación la asumió la Universidad Externado de Colombia con la creación en 1974 del Programa de Gerencia Hotelera y de Turismo. En los años siguientes también se estructuraron otros proyectos de hostelería y turismo tanto a nivel universitario, como profesional intermedio y básico.

Estos programas se han centrado en la formación de técnicos y universitarios con una autonomía en la estructuración de los contenidos curriculares.

A nivel regional existen algunas experiencias orientadas a cimentar una cultura turística en la comunidad receptora. Tal es el caso de la implantación del bachillerato turístico realizada en el Departamento Archipiélago de San Andrés, en algunos municipios del departamento de Antioquia y en ciudades como Neiva y Popayán, sin que hasta el momento exista una evaluación formal de los mismos.

Los programas de formación se ajustan a los requerimientos del sector, ofreciendo educación en los niveles operativos, técnicos y universitarios.

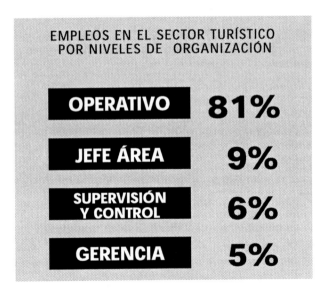

EMPLEOS EN EL SECTOR TURÍSTICO POR NIVELES DE ORGANIZACIÓN

OPERATIVO	81%
JEFE ÁREA	9%
SUPERVISIÓN Y CONTROL	6%
GERENCIA	5%

Actualmente Colombia cuenta con 27 instituciones que desarrollan 38 programas de turismo, de los cuales 16 corresponden a programas de formación tecnológica, 17 a programas de formación técnica y 5 a programas de formación universitaria. De estas instituciones el 85% son de carácter privado y el 15% son oficiales.

4. Marco legal que rige al turismo en Colombia

A partir de la Constitución de 1991 se promulgó la nueva Ley General de Educación que reconoce a la formación como un proceso permanente que se fundamenta en una concepción integral de la persona humana. Esta ley abre por primera vez espacios para la formación cualificada en servicios como el turismo.

La Ley General de Turismo o Ley 300 de 1996 y su reglamentación de 1997 creó el Comité de Capacitación Turística con la finalidad de analizar la correspondencia entre programas de formación turística y las necesidades del sector empresarial.

El Plan Nacional de Desarrollo "El Salto Social", del Presidente Samper, estableció que la educación debe ser el eje fundamental del desarrollo económico, político y social del país y la considera como factor determinante de la competitividad. Una de sus metas fundamentales es aumentar la cualificación de los profesionales del sector turístico.

Corresponde al Estado Colombiano definir el marco propicio y garantizar un capital humano bien preparado a través de una política educativa integral. Es responsabilidad de los empresarios dinamizar al sector a través de una gestión eficaz.

El marco normativo que rige al turismo en Colombia se sustenta en la Constitución, la Ley General de Educación, la Ley General de Turismo, el Plan Nacional de Desarrollo y el Plan Sectorial de Turismo.

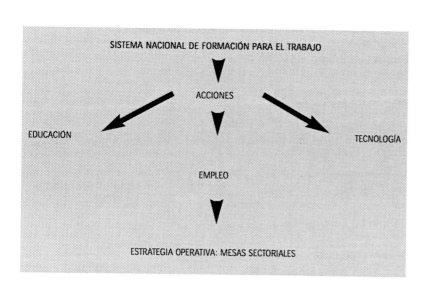

El mundo académico, por su parte, debe enfrentar dos grandes retos: formar los cuadros de dirección del nuevo sistema productivo del turismo y mejorar la cualificación global de los recursos humanos.

Conscientes de la importancia de generar espacios de concertación entre el sector público y privado se creó el Sistema Nacional de Formación para el Trabajo en Colombia. El objetivo de este sistema es el de mejorar la cualificación de los trabajadores del país y la modernización de la oferta de

El Sistema Nacional de Formación para el Trabajo en Colombia funciona mediante mesas sectoriales para la concertación de decisiones en materia de educación turística.

formación profesional y de educación técnica, partiendo del establecimiento y aplicación de normas de competencia laboral y de alianzas estratégicas entre los actores de la educación, las empresas y la tecnología.

El sistema opera mediante mesas sectoriales donde los diferentes sectores de la producción, la educación y el gobierno conciertan decisiones para fomentar la competitividad de los trabajadores, en este caso del sector turístico. La mesa sectorial de turismo se instaló a finales de 1997 y constituye una prueba piloto para poner en marcha los objetivos y los propósitos del sistema.

5. Retos de la formación turística en el próximo milenio

El nuevo profesional se caracteriza por su capacidad para asumir retos, su compromiso con el trabajo, su alta cualificación, creatividad y calidad humana.

El desarrollo del sector se encuentra condicionado a la adecuación de sus estructuras al nuevo contexto, de ahí que la formación del recurso humano y la modernización empresarial se constituyan como elementos fundamentales.

Los cambios en el entorno exigen que el profesional del turismo sea capaz de asumir nuevos retos, que pueda identificar necesidades y desarrollar nuevas destrezas que le permitan incursionar con éxito en el mercado laboral.

Las organizaciones deberán mejorar su gestión empresarial asimilando las más novedosas prácticas gerenciales, de tal forma que se permita la apertura y conquista de nuevos mercados, el desarrollo de productos competitivos y la transformación de los procesos, logrando la modernización empresarial y el incremento de las competitividad.

El reto de la modernización del sector turístico está condicionado al énfasis que se ponga en el desarrollo de las personas vinculadas al sector, consideradas en su esencia humana y como líderes de los procesos de cambio. Hoy día el turismo doméstico representa sólo el 10% del total de desplazamientos, de ahí que debamos asumir el reto de insertarnos positivamente en el mercado turístico internacional y esto, por supuesto, exige crear ventajas competitivas.

Para su construcción se requiere incrementar la productividad y generar responsabilidad en el sector educativo, dentro de su objetivo de formación de capital humano.

La evolución de los destinos está ligada al sistema educativo turístico en los siguientes aspectos:

• La competitividad de un destino depende directamente de la presencia y calidad del recurso humano.

• Los objetivos de formación y de capacitación deben responder a la estrategia competitiva del destino turístico.

Será básico el control y el dominio de las funciones gerenciales y de las diferentes áreas funcionales. Sin embargo, dicho profesional deberá comprometerse en una especialización progresiva; entendiendo dicha especialización como un énfasis en la formación del profesional en la empresa o en el área seleccionada.

Las instituciones de educación superior y el sistema de formación en turismo juegan un papel determinante.

Adicionalmente, se deben tener presentes las actividades que se desprenderán de las diferentes alternativas de uso del tiempo libre, fenómeno que requiere de la intervención de la Academia tanto como fenómeno social, económico y cultural, como en el nivel de las empresas que se crearán en torno a sus formas de uso.

PAPEL DE LAS INSTITUCIONES DE EDUCACIÓN SUPERIOR

PARA LA FORMACIÓN EN EL TURISMO

En el nivel profesional:	En el nivel técnico y tecnológico:
• Orientado a formar administradores integrales.	• Orientado hacia la formación de profesionales en ocupaciones.
• El eje central será el liderazgo, el dominio de las funciones gerenciales y la especialización progresiva.	• El eje central será el desarrollo de habilidade, destrezas y conocimientos de tipo operativo.

A nivel tecnológico y técnico, los programas deberán estar orientados hacia la formación ocupacional, en donde el eje central será desarrollar las habilidades y destrezas de los profesionales, así como impartirles conocimientos de tipo operativo.

Ahora bien, los retos hacia el futuro asignan tareas bien definidas a los responsables de la formación turística. De la capacidad de concertación entre los empresarios, el Estado y la Academia va a depender en gran parte el incremento de la competitividad del turismo y el éxito de Colombia en los mercados internacionales

COMPETENCIES IN TRAVEL AND TOURISM: MEETING THE CHALLENGES OF CHANGE IN THE GLOBAL MARKET PLACE

Martin Brackenbury

1. Tourism competitiveness
2. Interaction between public-private sectors
3. Conclusions

Los países se ven obligados a competir para atraer a los turistas internacionales. ¿Cömo deben establecer sus prioridades y asignar recursos al desarrollo del turismo? Uno de los aspectos clave de la competitividad de un destino es la capacidad de su personal para ofrecer lo que se requiere. Esta capacidad puede analizarse de forma que los recursos se asignen a los ámbitos de competencia que más beneficiosos sean para los turistas y la economía del turismo. En esta charla, Martin Brackenbury estudia los temas que deben tener en cuenta los países en relación con las prestaciones de su personal para ser competitivos.
Palabras clave: competitividad, elementos básicos, cambio, tecnología, e interacción de competencias.

Countries have to compete for international tourists. How should countries decide on priorities and allocate resources to the development of tourism? A key aspect of the competitiveness of a destination is the capability of its people to deliver what is required. This can be analysed so that resources can be dedicated to those areas of competence that will have the most beneficial consequences for the tourists and the tourism economy. In this talk, Martin Brackenbury discusses the issues that countries need to consider relating to the performance of people to create competitiveness.
Key words: competitiveness, fundamentals, change, technology and interaction of competencies.

Les pays se disputent les touristes internationaux. Comment ces pays doivent-ils décider des priorités et de l'affectation des ressources en vue du développement du tourisme ? Un aspect essentiel de la compétitivité d'une destination est la capacité qu'a sa population de fournir ce qui est nécessaire. Ceci peut être analysé de manière à ce que les ressources soient consacrées aux domaines de compétence qui auront les conséquences les plus bénéfiques pour les touristes et l'économie du tourisme. Martin Brackenbury parle ici des problèmes que les pays doivent étudier concernant l'action de la société pour créer la compétitivité.
Mots-clés : compétitivité, principes de base, mutation, technologie et interaction des compétences.

COMPETENCIES IN TRAVEL AND TOURISM: MEETING THE CHALLENGES OF CHANGE IN THE GLOBAL MARKET PLACE

Martin Brackenbury
President, International Federation of Tour Operators (IFTO)

1. Tourism competitiveness

I always find it slightly difficult talking in this highly technical area of education and training, but I believe that the area is extremely important and what I wanted to talk to you about today are the competencies required in travel and tourism to meet the challenge of change in the global market place.

Education and training to achieve levels of competence is rarely genuinely considered by countries as integrated and strategic. It is certainly true in the UK, where I come from, and it appears to be true in other countries as well. Countries talk about and conceptualize about education and training, but spend their resources on other things: on defence, on airlines, on roads, and so on.

But education and training is strategic for the 21st century. In the past, people traded in primary goods, more recently, they traded manufactured-goods and services and for the future will trade much more in services such as travel and tourism and in what lies in the heads of people. As before, some countries will be successful and some will not. So how should countries, organisations and people meet the challenge of change in the global market place? We always talk about change, change being normal, that it is accelerating, and we all know the *cliché* that the only thing that is constant is change itself. But that really is no help to us. What we need to do is to recognise that there are significant trends that can help and hinder us in travel and tourism. Recently in the Carnegie Institute´s report in preventing deadly conflict, it demonstrated that deadly conflicts are for the most part intra-state, not inter-state. There was, they say, not a single example of inter-state conflict in 1997. They also identified that deprivation coupled with discrimination can lead to conflict as does a lack of personal security, well-being and a sense of justice. Education and training for travel and tourism can contribute here. Education and training can be the inputs leading to out-puts for economic and social development that can change the prospects for a country. Embracing and managing technological change is an essential ingredient in the world of the 21st century. Technology gives us, for

Education and training in tourism are essential to manage change —especially technological change— in the 21st. century. If we want to be competitive, we have to identify the significant trends that can help us to develop travel and tourism.

example, better transportation, better environment, better information about customers, supplies, finance and so on, and that enables us to manage change and improve productivity and overall well-being.

To succeed in the global market, countries need to have the right levels of competence, education and training.

The authorities in many countries ask me "why are we not more successful in travel and tourism?" The answers may be many. There may be, for example, a lack of fundamentals. Is there any reason for people to travel to a particular country, is the climate, the geography, the built environment, art and heritage appropiate? If not, unless you can build a theme park, or casino, maybe like Sun City, South Africa, perhaps the advice should be, forget it. Of course if you are fortunate like Spain, like Italy, like Greece, like Turkey, like many other countries, then you have the fundamentals. But even if you have those fundamentals, a number of other things are critical. Accessibility is key. How convenient in terms of prices, direct flights and frequency is the destination? What about the ground transport arrangements to the destination and is the delivery of the product excellent? And here I have listed just a few aspects which seem to me to be very important and they all involve, in various ways, levels of competence, education and training.

2. Interaction between public-private sectors

If the fragmented parts of travel and tourism come together for a common strategy and shared values, then this can lead to competitive success.

We need to have always a very good link between public-private sectors. The tourism product is delivered by a combination between public and private sector interests, usually very fragmented on the private side. We need security, we need safety. We need levels of services. We need quality. Quality looked at from two different perspectives, one from the perception of quality, which is what customers think of whatever we provide, and the other is the objective quality of consistency of what we know we are trying to accomplish. We need to be looking at value. Value is what people pay and how they actually consider and perceive the delivery of what was promised. It is clear that to succeed, countries need to have the right attitudes, skills and knowledge, behaviour and standards. If they have those levels of competence they become more competitive. I am not talking about competencies in the abstract. I am talking about managing air traffic control, about managing ground handling, airports, about policing, about immigration, about managing hotels, about managing public services, beaches, roads, telephones, health, managing crises in tourism and travel. I turn on the radio every morning and I listen for whatever the problems are around the world because nearly always we will have clients in those places. So we have to manage crises, we have to manage all of these things that I have mentioned and the changes that occur within them and the interaction that occurs between those public sector elements and those private sector elements.

I am very concerned about the interaction and the effective interaction of competencies. Travel and tourism in a country is like managing a virtual organisation. It is highly fragmented, but the elements must work successfully together. There is a good example in Spain. In the public and private sector they discuss problems and difficulties but they manage it very successfully, one of the reasons for the very remarkable success overall of Spain. Customers need to know what to expect hence the need for consistency. People need levels of technical and professional competence to deliver excellent performance.

So why are competencies critical to success? It seems to me that they can be used to drive the values of the organisation and of the country. They need to be aligned and support the country or the destination and the strategy should deliver the capability required. It should enable accurate planning of future capability requirements of the organisation and of the country and it can be used to create and maintain competitive advantage. There is no doubt in my mind that where this is thought about seriously, competitive advantage follows. And if these competencies exist, it allows much greater flexibilty and mobility of labour.

3. Conclusions

In conclusion, many countries are less successful in tourism that they could be and we need to distinguish the reasons for that relative success. How much is due to performance of people and what levels of competence are really required? One needs to identify the competence areas that provide the greatest leverage. There is always a shortage of money and therefore one needs to focus on those areas which are going to make the biggest differen-ce. If, for example, there is a lack of repeat business and it is identified that the reason is that people get sick when they stay, the key area to concentra-te upon would be the management of food hygiene and the other aspects that could contribute to sickness. So my argument is that education and trai-ninig are strategic. The framework for establishing priorities for perfomance improvement is not difficult to establish and to use. The results could be really significant. WTO, and its partners, as Eduardo Fayos-Solá has already indicated in his presentation, should help lead the way.

Each country has to identify which competence areas will provide the greatest advantages from other tourism destinations. In any case, education and training are both strategic areas in tourism.

VIRTUAL SUPPORT FOR WORKPLACE LEARNING IN HOSPITALITY & TOURISM

Richard Teare

1. Introduction
2. Internet-based resource for workplace learning
3. Resourcing global forums
        3.1. Publishing forums
        3.2. Regional forums
        3.3. Functional forums
        3.4. Industry and professional forums
4. Implementing a university of hospitality and tourism
5. Summary: a vision for workplace learning

A medida que la formación continua se reconoce cada vez más como el medio de alcanzar la eficacia personal y, dentro de los mecanismos de estructuración del aprendizaje, la eficacia de las organizaciones, los nuevos modelos universitarios virtuales parecen ser la clave para su logro. El acceso mundial a los ámbitos del conocimiento es ahora una realidad, e Internet acerca más que nunca a los creadores, a los intermediarios y a los beneficiarios de los conocimientos. El objetivo consiste en especificar los componentes de un entorno de enseñanza basado en Internet para que los dirigentes puedan tener acceso a los recursos docentes y utilizarlos, y relacionarse mutuamente desde un ordenador de sobremesa. En el sentido empresarial, las organizaciones de turismo y servicios afines no son distintas de las de otras industrias de servicios: tienen que competir por los clientes y utilizar sus recursos cabalmente. En este artículo, se trata de definir cómo podría diseñarse, desarrollarse, ejecutarse y apoyarse a escala mundial una iniciativa de "Universidad para la industria" en el sector del turismo y de los servicios afines.
Palabras clave: universidad virtual por Internet, publicación electrónica, foros mundiales, aprendizaje en el empleo, democratización del conocimiento.

As lifelong learning is increasingly becoming recognized as the route to personal effectiveness and, within learning organization mechanisms, to organizational effectiveness, emerging virtual university models look set to be key to their delivery. Access to global domains of knowledge is now a reality and the internet brings the generators, brokers and users of knowledge closer together than ever before. The aim here is to specify the component parts of an internet-based learning environment so that managers can access and use learning resources and interact with each other from a desktop computer. In a business sense, hospitality and tourism organizations are no different from their counterparts in other service industries —they must compete for customers and use their resources wisely. Specifically, the article seeks to identify how a 'University for Industry' initiative in hospitality and tourism might be designed, developed, implemented and supported on a global basis.
Key words: virtual university, electronic publication, global forums, workplace learning and democratizing knowledge.

Alors que la formation continue est de plus en plus reconnue comme la voie de l'efficacité personnelle et, à l'intérieur des mécanismes d'organisation des études, de l'efficacité organisationnelle, les modèles naissants d'université virtuelle semblent devoir y jouer un rôle fondamental. L'accès à des domaines entiers de la connaissance est maintenant une réalité et Internet rapproche plus que jamais les générateurs, les intermédiaires et les utilisateurs de la connaissance. Le but est ici de préciser les éléments d'un environnement d'apprentissage reposant sur Internet, de façon que les dirigeants puissent avoir accès aux ressources de formation et les utiliser et qu'ils puissent dialoguer les uns avec les autres à partir d'un ordinateur de bureau. Dans le domaine commercial, les organisations d'accueil et de tourisme ne diffèrent pas des autres services : elles sont en concurrence pour les clients et doivent utiliser leurs ressources de façon raisonnable. Cette étude cherche en particulier à déterminer comment une initiative ' L'université au service de l'industrie ª dans le domaine de l'accueil et du tourisme pourrait être conçue, développée, mise en œuvre et soutenue globalement.
Mots-clés : université virtuelle via Internet, édition électronique, forums mondiaux, apprentissage sur le lieu de travail, démocratisation de la connaissance.

VIRTUAL SUPPORT FOR WORKPLACE LEARNING IN HOSPITALITY & TOURISM

Richard Teare
· Forte Chair in Hotel Management, School of Management Studies for the Service Sector, University of Surrey

1. Introduction

The aim of this article is to review the prospects and potential for meeting industry-specific learning and development needs with particular reference to a "University for Industry" initiative for hospitality and tourism. Its design and implementation draws on a global industry forum and its infrastructure provides: an access point for workplace learning programmes; a resource for addressing project and personal updating needs; a reference point for training and internal corporate communications (via intranet) and a means of interacting with "communities of interest" (e.g. industry-education linkages) via virtual conferencing on key issues and trends and future scenarios. To realize their potential, global industry forums will need to provide an array of real time "current awareness" material coupled with "archive" resources and it is thought that on-going development might be financed by member subscriptions, advertising and sponsorships. Beyond this, the wider role of knowledge generators and distributors (publishers, media and telecommunications owners) is considered in relation to the future of on-line business learning with interactive services such as "pay as you go" printing of database articles, textbooks and other learning resources. The next logical step will be to integrate internet-based resources and video-based media and so the concept of an interactive television channel for business learning is outlined. It is argued that fast, low cost access to on-line business knowledge using broadcast and telecommunications technologies offers unlimited scope and commercial potential for joint venture partners in workplace learning.

The article seeks to identify how a "University for Industry" initiative in hospitality and tourism might be designed, developed, implemented and supported on a global basis.

2. Internet-based resource for workplace learning

It is generally accepted that the dawning of an "information age" coincides with the phenomenal growth of personal computer access and ownership during the 1990s. Recent advances in information technology and its relatively low cost application to computing in the workplace and the home has reinforced the ownership trend. The means of distributing

Internet enables genuine, two-way-communication and it enables information resources to be acquired or projected relatively easily.

■

The services available to internet users include e-mail, list-serves, newsgroups and the WWW —that provides access to an endless array of web sites and on-line resources.

information has changed too —first came CD-ROM-based material, now established as the most cost-effective means of distributing software and archiving data and then, the Internet. It seems likely that electronic communications will revolutionize organizational behaviour during the late 1990s. Sandelands (1997) points out that the internet population has diversified in various ways during the past ten years or so: "What was once the preserve of the scientists and engineers is now being embraced by a plethora of providers and users."This in part, is due to the key characteristics of internet communications: it enables genuine, two-way communication and it enables information resources to be acquired or projected relatively easily. Sandelands lists the growing range of communication services available to internet users and these include:

- E-mail to transfer text and multimedia messages.

- List- serves to communicate with groups of internet users and update them on the latest information on specific topics.

- Newsgroups that support electronic conferencing and open information exchange.

- The World Wide Web that provides menu-driven access to an endless array of web sites and on-line resources.

Commenting on the changes that are occurring in the use of electronic media, Sandelands observes that CD-ROM-based electronic information is comparatively straightforward to deliver and easy to access and use. At best, archived material will have been reviewed, edited and classified to enable the user to optimize information retrieval using intuitive, menu driven options and reasonably precise search keywords. The information source is tangible and finite until superseded by the latest update. Further, there is no on-line time, so the cost of access is known beforehand and can be accurately predicted for budgeting purposes. A CD-ROM can also be networked within or even beyond a single organization and so the cost per user is low. However, CD-ROM-based technology has its limitations and like the paper-based materials it replaces, it is out of date even before it is installed on the user's system. Nor is it interactive in the sense that users can add their own contributions to the knowledge archive that it contains or access on-line services such as full text document ordering of archived literature abstracts. This lack of flexibility means that internet access to 'real time' information such as current awareness material (as well as archive material) and related hyper-links to supplier sites offers user options that were until quite recently, difficult or even impossible to provide.

In opposition to CD-ROM, communication via internet allows access to real time information, such as current awareness material and related hyper-links sites that were impossible before.

These and other considerations, led MCB University Press (MCB-UP), the world's largest publisher of management journals, to invest in a major electronic publishing initiative. Wills (1995) lists the three broad-ranging questions that MCB-UP set out to explore:

- What might be the formulation of mainstream knowledge and information electronic products and services in the future? Will it be articles *per se*, collections/issues or keyworded abstracts leading to full publication and interactive contact?

• What will be the channels of capture, transformation and dissemination through which the products and services will flow, that is, the future of publishing logistics?

• What will be the transformed framework and ownership of the incoming supply chain of knowledge and information from, and in interaction with, authors?

In pursuit of answers to these questions, Wills defines electronic publishing as: "Conceiving, creating, capturing, transforming, disseminating, archiving, searching and retrieving academic and professional knowledge and information". He foresees a number of scenarios and likely outcomes as the transition from paper-based to electronic publishing gathers pace. In market terms, the networking of offices and homes will extend market reach to the point whereby a dearth of knowledge and information products and services will occur. He sees parallels here with the advent of digital broadcasting and the consequent 'problem' of sourcing sufficient TV programme content to attract a viewing audience, now accustomed to a multiplicity of choice, throughout the day and night. The authors who generate materials for publication will inevitably want to make use of whatever medium or media mix optimizes their goals of publication to their chosen market. This will include options to access literature by searching and retrieval and to refine their own work through peer group processes, either by conferring or by review. Of prime importance to academic authors is that their work receives high level accreditation after it has been published and so on-line abstracting services such as Anbar Management Intelligence, owned by MCB-UP has responded by building accredited lists of the journals it abstracts. Sandelands (1997) lists the benefits of MCB-UP's internet access for authors and users of the on-line materials they produce and these are shown in Table 1.

Electronic publishing benefits both autHors and readers. Authors can publish their articles immediately —once they have been accepted by the editor—, the published work reaches a mass audience and assistance is available for academics to launch their own electronic journals.

Table 1
Benefits of author and reader internet access to on-line articles

Authors:

• Immediate access to a world library using customer-designed search criteria.

• The advice of fellow authors can be sought prior to publication via MCB-UP's Literati Club.

• Author support services are provided to help ensure that ideas and research findings are presented as effectively as possible.

• Electronic peer review procedures speed up the publication process allowing 'blind refereeing' at twice the normal speed.

• The continuous internet publishing initiative means immediate publication once the article has been accepted by the editor.

• The published work reaches a mass audience and can be purchased as a single article as well as within a journal collection.

■

- Information is networked across organizations, so that wider reach and "opportunities to see" the article occurs.

- Assistance is available for academics to launch their own electronic journals.

Readers:

- Immediate access to the latest literature is possible.

- Search criteria defined by the user enable precise targeting of individual articles and other information.

- Listserve updates are available to readers so that they are automatically informed of newly published articles in subscriber areas of interest.

- Readers can "talk" directly to academics and professionals worldwide via MCB journal sponsored electronic conferences.

- Knowledge forums in functional and industry-specific areas provide an array of services and links to professional associations.

- The body of knowledge is related to workplace learning so that readers can follow-up areas of interest and enrolL on practitioner qualification programmes (with IMC).

Source: adapted from Sandelands (1997) p. 9

Electronic publishing has also benefits for readers who can access immediately the latest literature; list-serve updates are also available so readers are automatically informed about news; they can talk directly to writers wia electronic conferences and they can follow up areas of interest.

The reality of internet capabilities and electronic publishing mean that the concept of a "virtual university" as a means of supporting life-long learning can be readily implemented. Sandelands and Wills (1996) and Sandelands (1997) list the main features of IMC's internet-based, action learning programmes as they relate to the procedures used by students (or associates) and their tutors:

- All faculty and course participants (associates) are required to have access to the internet at home and/or at work.

- Courseware is created, delivered, maintained and updated as an internet resource. The "open architecture" courseware design means that all topic areas use searchable keywords. All reading lists are updated at six monthly intervals (or sooner with automated updates) using the keywords from the Anbar thesaurus to pinpoint the latest relevant additions to the Anbar Management Intelligence database.

Internet capabilites make possible a virtual university which means supporting life-long learning can be implemented.

- All associates and tutors have access to an on-line library of current and archive published material. The Anbar Management Intelligence database provides categorized and star-rated abstracts of articles reviewed by subject specialists from a defined coverage list of more than 400 accredited academic and professional journals. Computer desk-top access to Anbar is provided by internet and full-text articles can be ordered electronically and supplied by fax or post from the British Library. Additionally, tutors and associates can access full text on-line, provided by MCB-UP (its full text product is called Emerald) and similar services provided by other publishers.

- Associates and tutors communicate with each other via dedicated newsgroups (known as set meeting places) and the meeting place enables tutors to brief the learning set prior to a meeting, provide feedback, receive and answer questions and for the course participants to share ideas and engage in structured group discussion. Further, associates in any given learning set can visit many other meeting places, each supporting a learning set in different parts of the world.

- Journal sponsored electronic conferences at MCB's virtual conference centre enable associates and tutors to join debates with academics and managers who themselves are participating in the virtual university network that exists at the periphery of the participants' course.

- The internet provides an ideal forum for keeping in touch with IMC's Alumni and for past associates to keep in touch with each other, wherever they happen to work.

With IMC learning programmes all associates and tutors have access to an on-line library of current and archive published material. Associates and tutors can communicate with each other via dedicated newsgroups and they can also join debates with academics and managers who are participating in the virtual university network too.

This combination of features provides a well structured and supportive learning environment for associates undertaking a formal programme of learning. In building on the notion of learner support, MCB University Press has sought to support the on-line needs of its customers by crafting a themed series of meeting points for specific interest groups. The next section profiles this development and considers the wider implications for workplace learners.

3. Resourcing global forums

The concept of a forum as a meeting place for associates undertaking workplace learning is outlined elsewhere with specific reference to the author's involvement with BAA Plc (Teare, 1998). The purpose here is to outline the developments in thinking and practice that have led to the definition of a standard set of design inputs and the routinization of procedures for implementing and maintaining forums at MCB University Press.

MCB University Press (at http://www.mcb.co.uk/mcbhome.htm) provide a one-stop destination for on-line information services and an access point to a world library of management literature and applications. The site includes on-line searchable databases (abstracts and articles) in management and other specialist areas (Anbar Electronic Intelligence); a detailed portfolio of 150 + journals in management, applied science and technology and 100 on-line journals (Emerald). The site includes tailored services and resources for MCB's subscribers and authors and for librarians, practitioners, academics and researchers and an array of global forums that draw on the full range of electronic resources to support categories (or communities of interest) in: publishing; geographical regions; functional disciplines and industry sector and professional areas.

Forum structure draws on publishing resources, principally journals, abstracts and articles to support interactive services such as virtual conferencing and on-line workshops run by subject specialists.

■

The MCB homepage invites visitors to use its open access interactive services (virtual conference centre, global forums):

> "...where you can participate in, and influence, discussion on key issues and innovative ideas. These international meeting places are sponsored by the world's leading management journals and provide a unique environment for academics and practitioners to come together for debate, current awareness and research. Share your experiences and views —learn from others (and share with)...management communities worldwide."

MCB University Press provides a number of resources that combine print and electronic publishing materials, searchable database and interactive services, and other activities via newsgroups inside each forum.

The general approach is to provide a cluster of category-related resources that combine print and electronic publishing materials, searchable database services (abstracts and articles) and interactive services and other activities via a newsgroup infrastructure inside each forum. While the sources differ, the services and means of resourcing them have been routinized with the aim of providing:

- Latest news and views from experts...

- Access to specific information on practices and procedures in the field of interest...

- Access to research data, analysis and interpretation (where practicable)...

- Views on latest publications in the field (including book reviews)...

- Access to journal publications in the field...

- Advice, guidance, support and practical solutions (via facilitated question/answer workshop sessions)...

- Worldwide advertising and recruitment services...

- Worldwide virtual conferencing...

- Advice and instant access (via hyper-text links) to other useful internet sites...

3.1. Publishing forums

MCB is the world's largest publisher of management journals for practitioners and academics and has sought over many years to build and maintain close links with the stakeholders in journals publishing. Its Literati Club offers a meeting point for authors and a means of focusing debates about writing and "getting published". The Club's author services are founded upon MCB's extensive database of authors and this can be searched and segmented in numerous ways. For example, the database can be used to identify development opportunities (such as new journal launches) and ways of implementing services for subscribers, librarians, authors and editorial teams —all of whom are customers with distinctive interests and needs. Similar forums have been established for librarians (the Library Link Forum and a regional Asian Libraries Forum). As customers use and subscribe to electronic publishing services, they become more interested in the range of possibilities for using the internet to publish and to communicate with others interested in a given subject or vocational area. MCB has responded by establishing two forums to enable interested parties to learn more about the internet and the opportunities it affords (Internet Free Press; Internet Research Forum). In part, the aim is to enable those who are sufficiently interested to publish and even establish their own electronic journals in association with MCB University Press.

MCB University Press site includes a wide array of electronic resources so support categories in publishing, geografical regions, functional forums and industry and professional areas.

3.2. Regional forums

As a multinational business with a substantial proportion of its journal subscriptions outside the UK, the evolving typology of forums includes an aspiration to reflect the distinctive needs and developments in geographical regions. The concept of a regional forum has been successfully prototyped in South East Asia and the Asia Pacific Management Forum (APMF) is a mature, critically acclaimed site. Regional forums not only provide a focal point for people living and working in a given region but a place where practitioners and academics from other parts of the world can learn more about a country (Japanese Management Today) or region (APMF). Further, a regional forum offers the prospect of enabling those engaged in workplace learning programmes in a given region to interact and network with people working in similar or different organizations in their own geographical area.

3.3. Functional forums

A key development in support of workplace learning and journal subscribers, authors and readers is the launch of a series of functional, discipline-based forums. This is a logical extension of MCB's journals portfolio as each forum draws upon a cluster of existing journals. In so doing, it draws in authors and readers who bring with them a corpus of expertise that can be harnessed so as to drive the interactive services and in particular, the virtual conferencing. The current suite of functional forums includes: financial management; human resources; information management; marketing and logistics; operations and production; property management; quality management and strategic management.

Management communities are open for business. MCB University Presse offers a wide range of global forums, providing the essential one-stop destination for busy managers, academics and researchers. Constantly updated with news, articles, lively debate and contributions from leading internet columnists, regular visitors find themselves at the forefront of current awareness within their area of interest.

3.4. Industry and professional forums

While industry-specific forums do relate to MCB's journals portfolio they also reflect the programmes run in conjunction with IMC. Here, the concept of a "themed" access point to generic workplace learning materials has been pioneered in partnership with BAA Plc (Airport Business Forum) and Fina Plc (Petrochemicals Forum).

In anticipation of further learning partnerships with organizations operating in different industry sectors, other forums have been established in hospitality and tourism, education and health care and environmental studies. A further logical step is to extend forum coverage to professional and vocational areas provided that overlaps with industry sector initiatives can be avoided and distinctive and appropriate resources can be identified and embedded. This category of forums may well help to "capture" aspects of "new" practitioner knowledge and expertise that has yet to be formalized and disseminated in literature form.

The interrelationships between functional and industry forums are depicted in Figure 1.

Industry and professional forums are related to electornic publishing resources and to the action learning coursware. The core courses are provided with learning material that can be automatically updated and selected depending on the learner interests.

Figure 1. Relating industry forums to workplace learning

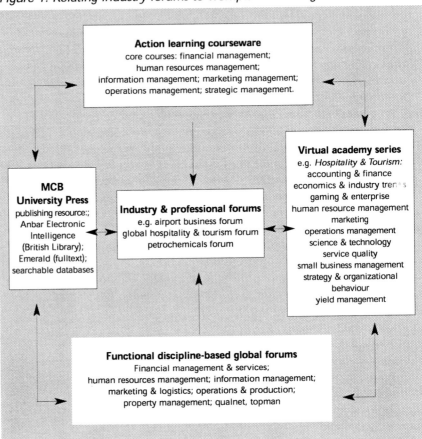

Relating forums to workplace learning: from courseware to learnerware
Electronic publishing resources fit naturally with on-line business learning and updating and so a progressive extension of the forum concept is to integrate their design with IMC's internet-based courseware resources. The current IMC courseware model uses abstracts and readings from the Anbar Electronic Intelligence databases and recent technological advances mean that embedded abstracts and readings can be automatically updated —revitalizing programmed knowledge on a weekly basis if need be, so that it is never outdated. This is a revolutionary breakthrough in resource-based learning materials. It utilizes the power of technology to ensure that "classic" works and "latest" theory and application can be selected, filtered and retained or replaced at any time, such that courseware becomes a dynamic resource, drawing on the best possible range of subject-specific readings and applications.

In this development context, courseware units are no longer viewed as free-standing resources but as a basis or platform for exploring internet connectivities with hyper-linked resources such as subject or industry-related "cool sites" (Anbar quality-rated and classified web sites) and other forums. Similarly, generic courseware units can be "themed" by adding links to industry-specific applications. Aspects of marketing promotion might be applied to a hospitality industry setting by embedding links to one or more hotel chain web sites so that the learner is able to explore familiar, web-based applications. In this way, courseware takes on an added dimension and becomes a starting point for wider exploration by following the embedded hyper-links. Assuming that the learner adopts a proactive (rather than a reactive) approach it is possible to glean an array of "added value" information and enrich the learning process by drawing on world wide web "signposting".

In essence, hyper-linked courseware enables the user to print material on demand, read and absorb subject overviews, pose questions and/or respond to them by visiting cross-referenced web sites that offer virtual case study illustrations and applications.

Figure 2. The learnerware cycle

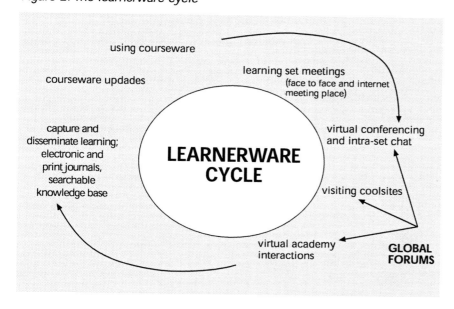

The relationships between programmed knowledge (P) and the questions that need answers (Q) provide a learnerware process that is an unbroken circle of information. Exploring internet connectivities, the learner can go from the core body of knowledgeto to the virtual conferencing or even to the chat; the learner, can also visit the cool sites and/or find management and applied science and technology journals.

At best, this approach enables workplace learners to travel from "Q" (questioning) to "P" (programmed knowledge) and back again via a cycle that involves capturing and disseminating real time knowledge from the forums. The cycle termed here a "learnerware" process is depicted as an unbroken circle of information shared dynamically via set meetings, on-line conferences and virtual academy workshops which in turn feed into print and electronic journals, Anbar, new cool site entries and from here, into courseware updates. These elements should not be seen in isolation either in virtual space or printed space, but as a whole, feeding mutually on each other. The airport business is a good example of a comparatively new, fast-paced, rapidly expanding and sophisticated industry. Managing an airport is rather similar to managing a town or in the case of Heathrow, a city and there are many communities of interest —some that overlap, some that converge and some that conflict. BAA Plc. is the UK's largest owner and operator of airports — the equivalent of the UK population (in passenger

The learnerware process is especially helpful in capturing and formalizing practitioner knowledge.

numbers) passes through Heathrow alone, every year. Yet, there are few text book or journal sources that deal with the complexities of managing airports in the late 1990s and beyond. The programmes with BAA therefore offer a significant opportunity to facilitate managerial and organizational learning and to capture and disseminate the considerable body of knowledge and expertise that exists inside the organization.

4. Implementing a university of hospitality and tourism

Establishing a Universtity for Industry Initiative hor Hospitality and Tourism would be the hub of a learning network extending to workplaces, homes and local learning centres.

"I was particularly interested to hear of your project to develop a workplace learning initiative for tourism and hospitality, using the Internet. This Government gives the highest priority to encouraging participation in learning through life and I welcome initiatives to widen access to education and training" (Chris Smith, Secretary of State, Department for Culture, Media and Sport, personal letter to the author, July, 1997).

The UK Government has been exploring the possibilities of establishing a "University for Industry'" (U*f*I) for some time. A recent report by the Institute for Public Policy Research (Hillman, 1996) presents the case for a "radical initiative" which would:

- be the hub of a national learning network extending to workplaces, homes and local learning centres;

- act as a cataloguer and broker of information, materials, courses and services;

- provide access to user-friendly services on the internet and create links with tutors, experts and other learners;

- commission new learning programmes in strategic areas;

- sustain an accessible system of support and guidance services; and

- stimulate mass-marketing of learning opportunities.

While ambitious, these goals are achievable but the sheer scale and complexity of responding to the opportunities for learning in "workplaces, homes and local learning centres" would suggest that the learning network infrastructure will be difficult to assemble, co-ordinate and direct —most certainly in the short term. It is however, viable and desirable to launch such an initiative by building on what has been achieved by MCB University, IMC and their joint venture partners in the form of a U *f* I for hospitality and tourism. Writing for Parliamentary Review magazine, Tom Clarke, Minister for Tourism, sets out his priorities for education:

"I want to discuss with colleagues in the Department for Education and Employment and the industry how the courses on offer may be better geared to produce people with the business skills and abilities which the industry so desperately needs... there is anecdotal evidence that most of the students who study tourism and leisure at university eventually find their way into another career. If that is true, I want to know the reasons why and how we can ensure that the courses are made more relevant to the industry's requirements (British Hospitality Association, 1997).

While the debate rages about the nature and delivery of college and uni-versity-based curricula, the vast majority of managers, supervisors and oper-atives working in hospitality and tourism jobs are excluded from the "just in time" development they so evidently need and deserve. The contention of this article has been that a prospectus for organizational learning in the workplace is long overdue and that the time is right and the delivery tech-nology is available to implement such an initiative. In so doing, there are principally two challenges:

Workplace learning is already possible since technology is available to implement a virtual University for Tourism and Hospitality.

• To enlist the active participation of the major industry and professional associations. Key roles are to accredit, endorse, promote and assist in administering the learning network for hospitality and tourism worldwide.

• To harness "state of the art" broadcast and communications technology. The aim being to ensure low cost, fast, reliable and stable access to inter-active on-line learning resources in the workplace and the home.

The initiative involves a number or related action lines which include the adoption of a "credit mapping" methodology (Davies, 1997) so that clear and actionable guidelines are provided for credit rating the outcomes of training courseware. In so doing, it becomes possible to 'connect' training and management development and create a framework for career-long learning in the workplace. This offers the prospect of 'just in time' develop-ment for all employees (prior to career moves and promotions) and the like-lihood of greatly enhanced employee retention rates. The rationale is simply that by developing people in an appropriate and timely way, they will acqui-re a career-long learning habit and actively seek to improve their portfolio of skills and competences, sponsored by their employer. The employer sees results in the form of actionable outcomes from project work and improved managerial effectiveness, while the employee improves his or her prospects of promotion or enhanced responsibility, gains a qualification and in many cases, the elusive professional status they are seeking.

5. Summary: a vision for workplace learning

In his forthcoming book *The Knowledge Business* Gordon Wills offers a vision of virtual learning in the information society (Wills, 1998). He does this by telling a fictional story about the experiences of an academic and a consultant on study leave in Internetica. Extracts from the electronic post-cards they send back to their colleagues at home ('E-postcards from the other side'). Whilst the full potential of the internet has yet to be exploited, its "newness" means that it is less than ideal as a vehicle for disseminating information. It is chaotic, unstructured and "clogged" with traffic and Wills

The key point is that workplace learning is no longer 'bounded' by the constraints of printed materials and that the internet offers unlimited potential for 'democratizing' knowledge and providing access to a world of learning opportunity and resources.

likens its current state of development to the "silent movie" era. The next step is to add sound, colour and much improved all round resolution. It would help too if access was cheap, fast, stable and as convenient as possible. In fact, television is the ideal medium for most people who own or rent and use their TVs everyday, in every country and on every continent. The concept of such a service is founded upon the considerable actual and latent demand for convenient, easily accessible and searchable forms of on-line business learning. In essence, the service would enable subscribers to search and print materials from Anbar Electronic Intelligence, Emerald full text service and interact via the Global Forums. The added benefits of being able to search, select and play video material and other broadcast resources in the same way means that a mass market potential for supporting 'real time' business updating and learning can be realized. Services might include: stock market and financial market news; project briefing guidelines using "latest" thinking and readings from the Forums and personal skills and knowledge updating using the on-line searchable databases. The collective resource also provides enhanced 'state of the art' programmed knowledge for workplace learning including the interactive facilities needed to pose, explore and find answers to business challenges and options.

In summary, the aim is to: (a) Harness the full potential of the U f l hospitality and tourism network (scope, global reach, participation) and explore the wider possibilities of on-line business learning by drawing on the full range of global forums and electronic publishing resources. (b) Achieve this by integrating internet-based resources and video-based media in a joint venture broadcast and telecommunications partnership. (c) Establish an interactive television channel for business learning (as soon as the technology to do so is more widely available) and fund its development by personal subscription, commercial advertising, sponsorship and "pay as you go" instant printing of database articles, textbooks and other non-subscription resources.

References

Anbar Management Intelligence (1997): *Evaluation of Anbar Cool-Sites: criteria* at URL: http://www.anbar.co.uk/coolsite/rating.htm

British Hospitality Association (1997) "Colleges face mounting criticism of academic drift'", *Education Matters*, special supplement of *Hospitality Matters*, 9 (August), pp. i-iv.

Davies, D. W. (1997): *Re-conceptualising lifelong learning: from closed to open systems of knowledge*, DPhil explication report, International Management Centres, Buckingham.

Hillman, J. (1996): *University for Industry: Creating a national learning network*. Institute for Public Policy Research, London.

Sandelands, E. (1997): "Utilizing the internet for marketing success", *Pricing strategy & Practice*, 5, 1, pp. 7-12.

Sandelands, E. & Wills, M. (1996): "Creating virtual support for lifelong learning", *The Learning Organization*, 3, 5, pp. 26-31.

Smith, C. (1997): personal correspondence, 22 July.

Teare, R. (1998): "Developing a curriculum for organizational learning", *Journal of Workplace Learning* (forthcoming).

Wills, G. (1995): "Embracing electronic publishing" *The Learning Organization*, 2, 4, pp 14-26.

Wills, G. (1998): "E-postcards from the other side", *The Knowledge Business*, MCB University Press and Cassell, London & Washington (forthcoming).

TOURISM EMPLOYMENT ISSUES: THE PATA VIEWPOINT

Chuck Y. Gee

1. Regional trends in labor supply and demand
2. Role of human resource development
3. The PATA perspective
4. PATA in the new millennium

En esta ponencia se examinan las cuestiones más importantes de los recursos humanos en turismo en la región de Asia-Pacífico y la función y contribución de la Pacific Asia Travel Association (PATA) para abordar estos retos. Con objeto de conservar su competitividad ante la nueva coyuntura económica de la región, para los destinos de Asia y el Pacífico será más importante que nunca mantener el legendario nivel de servicios por el que son conocidos. Para ello estos destinos deberán resolver problemas tales como los relativos al cambio demográfico y a la escasez de mano de obra, aumento de los costes laborales y necesidad de mejorar de manera continua la preparación profesional de los trabajadores. En el área de los recursos humanos, la PATA se ha centrado en los problemas relacionados con la escasez de recursos en educación y formación y ha encauzado sus esfuerzos hacia la mejora de la calidad de la educación turística y de los niveles de profesionalidad en las industrias de los viajes, turismo y servicios conexos.
Palabras clave: mercado mundial competitivo, legendario nivel de servicios, calidad y congruencia de la formación, conveniencia de modelos educacionales, sistemas normativos y de certificación, participación entre sectores público y privado.

This presentation reviews the major tourism-related human resources issues in the Asia-Pacific region and the role and contributions of the Pacific Asia Travel Association (PATA) in meeting these challenges. In order to remain competitive given the new economic realities of the region, Asian Pacific destinations will find it ever more important to maintain the legendary level of service for which they are renown by addressing such problems as changing demographics and labor shortages, rising labor costs, and the need to continuously improve the professional skills of workers. In the human resources area, PATA has focused on problems related to the scarcity of education and training resources and channeled its effort toward improving the quality of tourism education and the standards of professionalism in the travel, tourism, and hospitality industries.
Key words: competitive global market, legendary service standards, quality and consistency of training, appropiateness of educational models, standards and certification systems, private-public involvement.

Cette communication passe en revue les principaux problèmes de ressources humaines liés au tourisme dans la région Asie-Pacifique ainsi que le rôle et les contributions de la Pacific Asia Travel Association (PATA) pour relever ces défis. Afin de rester compétitives dans le contexte des nouvelles réalités économiques de la région, les destinations de l'Asie et du Pacifique constateront qu'il est de plus en plus important de maintenir le légendaire niveau de service qui les a rendues célèbres en abordant des problèmes tels que l'évolution démographique et la pénurie de ressources humaines, l'augmentation des coûts du travail et le besoin permanent d'améliorer les qualifications professionnelles des travailleurs. Dans le domaine des ressources humaines, la PATA a centré son action sur les problèmes liés au manque de ressources d'éducation et de formation et canalisé son effort vers l'amélioration, d'une part, de la qualité de l'éducation touristique et, d'autre part, du professionnalisme dans le secteur des voyages, du tourisme et de l'accueil.
Mots-clés : marché mondial compétitif, service légendaire, qualité et cohérence de la formation, adaptation des modèles d'éducation, systèmes de normes et de certification, rôle des secteurs privé et public.

TOURISM EMPLOYMENT ISSUES: THE PATA VIEWPOINT

Chuck Y. Gee

Dean of the School of Travel Industry Management
at the University of Hawaii

1. Regional trends in labor supply and demand

Despite the current turmoil of financial markets throughout the Asia-Pacific region and beyond, tourism is viewed as an advantageous export which will continue as a major economic driver in the region. Until recently, most Asia-Pacific Rim countries have focused on physical development and capital investment, rather than on human resources issues. However, investors, developers and operators of tourism enterprises in the region well understand that their ability to compete successfully in a highly competitive global market depends in part on their ability to maintain the legendary service standards that Asia is known for. This means providing superior service in the face of recurrent human resource problems such as finding and retaining highly qualified workers and executives, coping with rising labor costs, and the constant need to upgrade the skills of workers in order to provide visitors with memorable experiences.

Tourism, as a major economic driver in the Asia-Pacific region, needs qualified workers in order to compete successfully in a global market. The legendary service standard that Asia is known for has to be maintained if we want to provide visitors with memorable experiences.

Globally, the fastest tourism growth rate in the new millennium is projected for the Asia-Pacific region by the World Tourism Organization (WTO). Currently, the number of international tourism arrivals in the region is around 85 million. The projected annual average growth rate of 7,6 percent would result in 105 million international arrivals in the region by the year 2000, and reaching 220 million by 2010. Meanwhile, domestic tourism is growing at double the rate of international traffic. This tourism growth will have a profound impact on human resources in the area. The World Travel and Tourism Council (WTTC) estimates that the industry currently provides direct and indirect employment for over 134 million people in the Asia-Pacific region representing over 11 percent of the regional work force. By 2005, the travel and tourism industry is expected to employ 239 million workers in the region.

The effects of this labor demand vary by country. Labor short destinations such as Taiwan, Hong Kong, Malaysia, and Singapore have faced problems in meeting labor demands in tourism and other industries. In these countries, the use of imported labor, mostly foreign workers, has become an established pattern as workers from the region's developing nations move to newly industrialized and developed nations. The effects of the current

There is a lack of executives and workers with appropiate education and training in the region. This lack of trained personal could hinder the growth of tourism in the foreseeable future.

economic crisis in the region may mean some workers will be sent home as unemployment is expected to rise in the more developed nations. Highly industrialized nations like Japan, however, face a shifting demographic structure with fewer young entrants in the labor force to replace a rapidly aging work population. Countries such as China, the Philippines, Indonesia, Sri Lanka, India, and Bangladesh, in contrast, are currently unskilled labor surplus areas, and it is estimated that nearly two million workers in the region are involved in the cross-border labor movement. Small Pacific island nations, which have their own unique employment circumstances, typically experience chronic shortages of qualified management workers.

While labor supply and demand are continuing concerns of both the private and public sectors involved in the tourism industry, an equally serious issue is the lack of executives and workers with appropriate aptitude and functional skills for service enterprises in a highly competitive environment. For example, a new policy is evolving in some Asian countries which requires the phaseout or limitation of expatriates in senior positions over the next few years. Indonesia, for instance, will have a need for one thousand trained local hotel executives by the year 2000 in enacting such a policy. While many of the workers involved in the cross-border movements are unskilled workers, the lack of trained personnel, coupled with the labor shortage, will pose major barriers for the continued growth of tourism in the region in the foreseeable future.

2. Role of human resource development

PATA's main role has been to act as a catalyst by bringing together its government, industry and education members in order to identify needs and develop the education and training of tourism resources in the region.

Voluntary trade associations can and do play an important role in resolving some of the issues of labor supply and demand. In the case of PATA, its primary role has been to act as a catalyst by bringing together its government, industry, and education members who are able to consider approaches to respond to the scarcity of educational and training resources to tourism human resource development in the region. The challenges in this area are diverse including: availability of programs, access, instructional resources, quality and consistency of training, cultural appropriateness of educational models, program diversity, private-public involvement, and systemic approaches.

• Tourism education and training programs:
Despite the rapid growth of regional tourism, the number of tourism education programs and facilities is still very small in relation to the industry, and they vary with the state of tourism development with each country. In many areas, tourism education is provided by a few institutions concentrated in major urban areas making access difficult for students from outlying states or provinces. Moreover, in some countries, the population base may be too limited to support a tourism education and training institution, and the countries' resources may be so limited that educational priorities must be placed on other types of institutions.

• Qualified Instructors:
In many developing nations of the region, there is still a relatively low status accorded to tourism-related subjects of study within the higher education

system. This has further increased the difficulties in recruiting qualified instructors or trainers.

• **Standards and certification systems:**
Tourism education programs where they exist in the Asia-Pacific region vary widely in terms of design, content, teaching methods, examinations, evaluations, and the skills required by graduates. National and regional training standards have yet to be formalized, and accrediting bodies for institutions offering tourism-related education and training have not been established.

• **Education and training model:.**
Tourism-related education and training are still largely dominated by traditional European or North American education curricula. There remains a reluctance to modify these programs and seek alternative models more appropriate to individual countries, cultures, and their differing levels of tourism development.

• **Program diversity:**
Industry-related education and training place primary emphasis on preparing students for the hotel and restaurant sectors while neglecting other sectors such as travel agency and tour operations or air transportation. Institutions in the region have yet to adopt a broader-based model covering preparation for all major segments of the industry.

• **Management emphasis:**
A large share of resources is disporportionately devoted to management level institutions and programs in the region, although there has been little or no assessment of the quality or effectiveness of these programs. On the other hand, the vast majority of positions in the industry are skilled, semi-skilled, and unskilled jobs for which training is largely done through privately sponsored programs.

• **National tourism education and training strategie:**
Most countries lack a comprehensive national tourism education and training strategy which would involve systematic planning to meet existing and expected labor force needs.

These issues, then, pose formidable challenges to the region's tourism industry and PATA's response to these challenges will be discussed in the remainder of this presentation.

3. The PATA perspective

In understanding PATA's perspective and response to employment issues, it is important to understand the unique characteristics of PATA as an organization. Unlike the structure of the WTO, PATA has, since its inception in 1952, represented a partnership of both public and private sector members, now numbering over 2,200 organizations. In addition, PATA has a chapter network of 81 chapters with about 17,000 members worldwide.

Historically, the organization's major program thrust has been promotion and marketing. As specific human resource problems surfaced, PATA first

As PATA understood that quality service was essential for tourism in the Asia-Pacific region, the development of human resources was viewed as the key to our sustainability and competitiveness.

responded with no overall strategy in place. With the rapid growth of tourism in the region, the importance of human resource development quickly loomed to the fore, as the PATA membership began to understand that superior service was a critical factor which differentiated tourism in the Asia-Pacific region. As the extent of its involvement and the programs changed over the years, PATA's human resource development initiatives increasingly reflected a recognition of the organization's important role in education and training in the region.

The PATA perspective evolved as one in which the development of human resources and leadership was viewed as the key to the sustainability of tourism. Initiatives were then designed to support this perspective. Over the years, the organization has moved to nurture this tradition through programs of investment in human capital. As Lakshman Ratnapala, former President and CEO of PATA once commented:

> "Countries that invest most in human capital attract the most physical capital and countries that attract the most physical capital are far ahead of their rivals in the increasingly intensive global competition for visitors."

PATA initiatives include the following:

• Higher education:
PATA was instrumental in helping establish the region's first higher education degree program in travel industry management. It was at the 1960 annual conference at Christchurch, New Zealand, that a committee was assigned the task of devising a program and finding an accredited university in the region to institute a tourism-related curriculum to meet the anticipated shortage of professions at the management level of tourism. That eventually led to the establishment of the School of Travel Industry Management at the University of Hawaii (School of TIM). Through the use of special task forces, PATA also helped establish other regional institutions including the Asian Institute of Tourism at the University of the Philippines, and the University of East Asia in Macau.

• Education and training models:
One of the earliest models which linked training and education evolved from a PATA task force assisting the development of the Asian Institute of Tourism at the University of the Philippines. The PATA model provided a comprehensive education and training framework that encompassed education for the supervisory and managerial levels and training for the craft and technical levels showing their links to industry, government, other organizations, and non-institutional education and training programs. In suggesting a model, the task force was careful to emphasize that the value of any model to countries in the PATA region would vary depending on factors such as the rate of growth of visitor arrivals, the resulting human resource needs in the tourism industry, the importance of tourism to government policy, and the availability of indigenous management and staff personnel. The model continues to serve as a basis for programs in the region.

• Advanced management program:
PATA took the lead in developing a prototype for a training program to meet the need of national tourism organizations to provide effective and timely preparation for their officials. Executive development programs were established

in partnership with the School of TIM, now in its twentieth year, and more recently at Southern Cross University in Australia.

• Research studies:

Research has always played an important role in PATA. The first PATA Travel Research Seminar was held in 1967, becoming an annual event to keep researchers abreast of developments in tourism and travel research to improve the understanding and use of research within the context of the travel industry. Over the years, the seminars have gone beyond marketing research and have included research in human resources including a series of Tourism Manpower Studies in the region. More recently in 1994, PATA, with funding from the American Express Foundation, requested the School of TIM to conduct a study of human resources needs and concerns of travel industry firms of 27 countries in the region. The report was entitled "Gearing Up for Growth II: A Study of Human Resources Issues in Small to Medium-sized Enterprises in Asia-Pacific Travel and Tourism". The study was patterned after an earlier study of the largest employers in the Asia-Pacific travel industry entitled "Gearing Up for Growth I" done by the School of TIM for the World Travel and Tourism Council (WTTC).

Its initiatives have covered a wide range of activities and services including: facilitation of degree programs in higher education, development of education and training models, establishment of advanced management programs, conducting research studies, coordination of human resources conferences, and providing scholarships and financial aid.

• Education advisory bodies (task forces):

In its early years, PATA supported education and training programs but there was no advisory body separate from the membership. Instead, education and training issues were generally discussed in the Marketing Authority or the Research Authority, reflecting the association's origins and interest in promoting Pacific travel. In 1988 the PATA Annual Conference approved a resolution creating an independent Education Authority, later reorganized as the PATA Education Council, and currently operating as the PATA Human Resources Development Advisory Council. This body continues to provide direct input to the PATA Board.

• Human Resources Conferences:

To coordinate and facilitate communication among the membership, PATA has sponsored travel educators' forums and human resource development workshops, seminars and conferences throughout the region. In particular the PATA education forums have played a growing role in effecting a strong cooperative spirit among industry, academic institutions, and government in support of tourism-related education and training. PATA's first educational forum was convened in Sydney, Australia in 1981 and successively larger gatherings have been held in Macau, Singapore, Hong Kong, Bali and Vancouver, evolving into biennial human resources conferences. Attendees are largely from institutions of higher learning followed by delegates representing HRD departments in private companies, government officials with educational responsibilities, and trade associations with training interests such as the Educational Institute of the American Hotel and Motel Association (AHMA). Strategic alliances with other organizations such as WTO and the WTTC have widened the participation in recent conferences.

• The PATA Foundation, scholarships and financial aid:

Financial assistance from the PATA membership to support education and training has been provided continuously since the first scholarship was established by the organization in the mid-1960s. To continue this tradition, the PATA Foundation, an independent not-for-profit organization, was established in 1984 exclusively for charitable and educational purposes and fosters the development of education and training programs to enhance tourism to and within the PATA member countries. The foundation administers scholarships including executive development programs in Hawaii and Australia. Other scholarship funds include the Sam Mercer Education Fund, named for PATA's first executive director, and the Duncan-Sandys Scholarship which supports training in historic and cultural preservation in tourism.

• PATA chapter education programs:
As PATA's role has changed so has the level of responsibility taken on by the PATA chapters. Increasingly, the PATA chapters have initiated education programs in their own communities. Chapters support and guide local level activities by assessing the needs of their members and developing and presenting their own range of educational activities such as destination education courses and basic sales training courses developed by a PATA-affiliated institution. They are assisted in this effort by the PATA divisional offices which are responsible for assessing the educational needs of their areas and providing the requested educational assistance when necessary.

• PATA Youth Forum/Young Tourism Professionals:
Begun as an experiment to generate tourism career and environmental issues awareness among the youth of Asia and the Pacific, the first PATA Youth Forum was convened in Bali in 1995, followed by a second forum in Macau in 1997. The PATA Youth Forum has evolved into the Young Tourism Professionals (YTP) program with its next conference scheduled in Cairns, Australia in 1998. The YTP's main thrust is to further the development of the future leaders of the travel industry, while encouraging their involvement in PATA as active members. All 81 chapters of PATA are encouraged to support the YTP program by inducting young professionals into leadership roles at the chapter level at an earlier age.

4. PATA in the new millennium

Direction 2000 is a new program initiative tbat will lead PATA to become the leader of Pacific-Asia travel and spokesman on those strategic matters concerning to travel and tourism in the region. It serves as a clearing house for information and referrals, as well as a source of expertise and service for members who wish to develop their own human resources programs or to outsource these programs to qualified HRD providers.

One of the strong points of PATA as an organization is its willingness to adapt to meet new challenges. In 1989, a consultant study was commissioned to prepare PATA for the millennium and the resulting report entitled "PATA: A New Direction" identified five major areas PATA should focus on in the future. The results in order of priority were: supply/demand issues, human resource issues, environmental issues, governmental relations and technology. The concern expressed for human resources was the need to ensure that trained personnel would be available for the future growth of the industry in the region. Formalized in a new program initiative of action called "Direction 2000," the policy defines a new role for PATA to become the leader and authority of Pacific Asia travel and a spokesman on those strategic issues affecting travel and tourism in the region. In the human resources area, PATA will continue to work toward improving the quality of tourism education and the standards of professionalism in the travel, tourism and hospitality industries of the region. To carry out this mission, it will:

■

- Serve as a source of expertise and service for members who wish to develop their own educational programs

- Support fora to bring together education, government and private sectors in determining strategic issues and methods of cooperation in human resources development.

- Serve as a clearinghouse for information and referrals to assist members in locating programs that are being implemented by other providers of educational services.

As we move into the new millennium, PATA continues to search for a more definitive role as an organization. One of PATA's strengths is that as an organization, it has maintained a flexible and creative stance to accommodate its diverse membership which has enabled the organization to grow and change over time. PATA will continue to see itself as a catalytic force or involved broker in bringing about change and progress through its voluntary membership. It offers no programs of its own except through the expertise and professional services already available from its member organizations.

As a public and private organization, PATA's human resource development record has shown its ability to respond to challenges and adapt to change throughout its foundation.

. The results of PATA's catalytic role to influence education and training and facilitate cooperation between the academic and business sectors and government can be seen throughout the region today. PATA's human resource development record has indicated the organization's ability to respond to challenges and adapt to change, and there is no doubt that its commitment to the area of human resources development has strengthened the basis for the region's continuing success in the years to come.

EMERGING INFORMATION TECHNOLOGIES: IMPLICATIONS FOR TOURISM AND HUMAN RESOURCES

Donald E. Hawkins

1. Introduction
2. GW Forecast of Emerging Technologies
  2.1. Computer hardware
  2.2. Computer software
  2.3. Communications
  2.4. Information services
3. Tourism and human resources implications
  3.1. Technology's relationship to the visitor
  3.2.Technology's role in the hospitality industry
  3.3. The Internet's transforming effect on tourism
  3.4. Biometric applications
  3.5. Ticketless travel and other aviation innovations
  3.6. Database marketing
  3.7. Decision support systems
4. Future challenges

En este artículo se exponen las conclusiones de la Previsión de Nuevas Tecnologías de la Universidad George Washington para el periodo 2001 a 2030. Se recurrió a la exploración del medio y al análisis de tendencias para definir las nuevas tecnologías, y a un proceso Delphi para estimar el año en que surgiría cada una. Así se señalaron 85 nuevas tecnologías de importancia, y se presentan sus implicaciones para el turismo.
Palabras clave: innovaciones tecnológicas, edad de la información, cooperación.

This paper presents findings of the George Washington University Forecast of Emerging Technologies for the period 2001 to 2030. Environmental scanning and trend analysis were used to identify the emerging technologies (ETs) and a Delphi process to estimate the year each will occur. Eighty-five prominent ETs have been identified, Implications for tourism employment are presented.
Keywords: technological innovations, information age, cooperation.

Cette étude présente les résultats du George Washington University Forecast of Emerging Technologies pour la période 2001-2030. Il a été procédé à une exploration du cadre d'utilisation et à une analyse des tendances pour identifier les technologies en train de naître. La méthode Delphi a également été utilisée pour estimer l'année où elles feront leur apparition. Quatre-vingt-cinq grandes nouvelles technologies ont été identifiées. L'auteur en explique les conséquences pour l'emploi dans le secteur du tourisme.
Mots-clés : innovations technologiques, âge de l'information, coopération.

EMERGING INFORMATION TECHNOLOGIES: IMPLICATIONS FOR TOURISM AND HUMAN RESOURCES

· Donald E. Hawkins
Director, International Institute of Tourism Studies,
The George Washington University, USA

1. Introduction

The George Washington University's Forecast used environmental scanning and trend analysis to identify emerging technologies (ETs) and a Delphi process to estimate the year each will occur, the associated probability and the potential size of the market. Four iterations of extensive Delphi survey have been completed —in 1990, 1992, 1994 and 1996— providing a reasonably clear picture of ETs over the next three decades. The 1996 survey identified 85 prominent ETs. These were submitted to a panel of experts for their judgments as to the likelihood of the technological development entering the mainstream, its probability of occurrence, and its estimated market size.

The results indicate that a wave of major technological advances are likely to enter the marketplace over the next 30 years creating significant advances in the fields of energy, environment, farming and food production, information technology, manufacturing and robotics, materials, medicine, space, and transportation.

In terms of more immediate significance and potential impact on tourism and human resources, this paper will focus on the major technology leading the way into the new Millennium —information technology including computer hardware, computer software, communications and information services. The study director, Dr. William E. Halal, has concluded from this forecast that "information technology serves as the principle factor now driving the Technology Revolution."[1] Trend analyst John Naisbitt, author of *Megatrends* and *The Global Paradox*, confirms part of Halal's theory, except that he defines the paradigm industries that will drive the service-led economics of the 21st century as telecommunications and information technology driven by the "economic engine" of the travel and tourism industry.[2]

This paper describes The George Washington University's Forecast of Emerging Technologies, with particular attention given to the relationship between information technology advances and human resources in tourism in the 21st century.

---

[1] William E. Halal, Michael D. Kull and Ann Leffmann (1997): "Emerging Technologies: What's Ahead for 2001-2030, *The World Future Society*.

[2] John Naisbitt (1994): *Global Paradox*, William Morrow & Co. Inc., New York.

2. GW Forecast of Emerging Technologies

From 84 ETs identified, the GW Forecast has detected 12 emerging technologies focussed on information technology.

Of the 84 ETs identified in the latest forecast, 12 were in the information technology field and are summarized below. The year in which the innovation is expected to become part of the mainstream marketplace is listed in parentheses.

2.1. Computer hardware

• Computers include interactive television
Personal computers incorporate television, telephone and interactive video transmission. (2005)

• Entertainment center
An entertainment center combining interactive television, telephone, and computer capability is commercially available for home use. (2006)

• Advanced data storage
More advanced forms of data storage (optical, non-volatile semiconductor, magnetic memory, etc.) is standard on multimedia personal computers. (2006)

• Personal digital assistants
Hand-held microcomputers are used by the majority of people to manage their work and personal affairs. (2008)

2.2. Computer software

• Modular software
The majority of software is generated automatically using software modules (object-oriented programming, CASE tools, etc.). (2007)

• Computer sensory recognition
Voice, handwriting and optical recognition features allow ordinary personal computers to interact with humans. (2007)

Computer hardware and software will make our lives easier. Interactive entertainment centers will be available for home use, micro computers to manage with work, intelligent agents such as knowbots and navigators, expert systems to help decision making in management, medicine, etc.

• Intelligent agents
Knowbots, navigators and other intelligent software agents routinely filter and retrieve information for users. (2009)

• Ubiquitous computing environment
Embedded processors in common objects are integrated into the workplace and home. (2009)

• Expert systems
Routine use of expert systems helps decision making in management, medicine, engineering, and other fields. (2010)

• Computer translation
Computers are able to routinely translate languages in real-time with accuracy and speed necessary for effective communications. (2012)

2.3. Communications

• Personal communication systems
PCS has a significant (10%) share of the market for voice communications. (2006)

• Standard digital protocol
Most communications systems (80%) in industrialized countries adopt a standard digital protocol. (2006)

• Groupware systems
Groupware systems are routinely used for simultaneously working and learning together at multiple sites. (2007)

• Information superhighway
Most people (80%) in developed countries access an information super-highway. (2008)

• Broadband networks
ISDN, ATM, fiber optics, etc., connect the majority of homes and offices. (2009)s

By the year 2008, most people in developed countries will have access to an information superhighway and a broadband network will connect the majority of homes and offices.

2.4. Information services

• Entertainment-on-demand
A variety of movies, TV shows, sports and other forms of entertainment can be selected electronically at home on demand. (2003)

• Videoconferencing
Teleconferencing is routinely used in industrialized countries for business meetings. (2004)

• Distance learning
Schools and colleges commonly used computerized teaching programs and interactive television lectures and seminars, as well as traditional methods. (2006)

Information services like videoconferencing, distance learning and telecommuting will be commonly used in a few years.

• Online publishing
The majority of books and publications are published online. (2007)

• Electronic banking and cash
Electronic banking, including electronic cash, replaces paper, checks, and cash as the principle means of commerce. (2009)

• Telecommuting
Most employees (80%) perform their jobs, at least partially, from remote locations by telecommuting. (2019)

3. Tourism and human resources implications

Nowdays, the tourist industry requires qualified personnel with knowledge and skills in information technology and use ofcomputers. But high technology should be applied just to certain projects. Developers must evaluate whether these technological developments really add value to the visitor experience.

If there is a contemporary equivalent to the old real estate adage of "location, location, location" for tourism job requirements, it should be "computers, computers, computers!" In all regions of the world, according to the WTO/GW TEDQUAL study conducted in 1995, the most frequently mentioned job requirement at all occupation levels was knowledge and skills in information technology and use of computers.

3.1. Technology's relationship to the visitor experience

New technology is constantly being applied to many projects in the hotel, resort and attraction industry in order to increase entertainment value and customer satisfaction. It is important to recognize, however, that high technology is only appropriate in certain settings, and in many situations can be counter-productive. As Michael Lawry, Principal MRA International Inc., says: "The future of most successful resort and hotel operations is not the project with the most glittering, cutting edge technological entertainment, but the ones that provide the visitor with the value of experience that keeps them coming back long after the appeal of a static high tech attraction that has faded."[3]

3.2. Technology's role in the hospitality industry

The use of new technologies in the hospitality industry will improve the quality of the service and the comfort level

The hotel guest experience will continue to be impacted by video-conferencing, smart television, remote services, energy management systems, telecommunications innovations, guest history and other marketing services information systems. Mike Duffy, Director of Technology Consulting, HVS Technology Services, presents a future in which personal agents will make reservations, front desk procedures will be automated, guest rooms will be decorated to individual guest tastes, climate and lighting controls will be voice activated, and much more. Guests will be reached on their own private numbers and their personal communications devices; robots and self-cleaning rooms will do the bulk of housekeeping; smart buildings will control the internal climate and lighting when guests are not present, and the information superhighway will be accessed directly at hotels. All of these technological innovations will not only increase customer/guest satisfaction, they will improve the level and quality of service and improve the comfort level with technology. They will also impact staffing and most of all symbolize the coming of the information age.[4]

---

[3] — (1995): *Tourism, Information Technology, and Communications*, Office of Professional Development and Research and the International Institute of Tourism Studies, School of Business and Public Management, The George Washington University, p.1.

[4] — (1995): *Tourism, Information Technology, and Communications*, Office of Professional Development and Research and the International Institute of Tourism Studies, School of Business and Public Management, The George Washington University, 1995, p. 1.

3.3. The Internet's transforming effect on tourism

As the Internet continues to expand, more tourism industry stakeholders, including large and small businesses, destination management organizations and government entities are jumping on board to market their products and services on-line. For a modest cost, the marketing opportunity provided by these technologies are a great value for worldwide exposure. Whether as a source for information, or a place to make bookings, messages on the Internet can reach a wide audience. With web site over-saturation, however, it is important to spend time and money promoting your site. Print media, in-house sales tools (business cards, stationery, ads, etc.) and press releases can all be used to promote a home page.

Though there are conflicting views of exactly where the Internet is headed and what it will provide, there is no doubt that this worldwide information network will play a significant role in the future of communication. Tourism will not only benefit from the ability to focus marketing on a specific demographic segment, but it will also benefit from the ability to provide a marketing message to wide-spread consumers, a message that has the ability to be changed at a moment's notice.

There appears to be strong evidence that the Internet's potential to enhance learning is about to be realized. This will involve enhancement of traditional classroom teaching and delivery systems and the utilization of interactive multimedia to provide distance education alternatives.

Internet plays a significant role in launching tourist information worldwide. Private and public companies can offer their products in real time to wide-sepread consumers. Internet has also a great potential providing distance learning.

3.3. Biometric applications

Biometrics is the measurement of physical and behavioral characteristics in order to positively identify individuals based on stored records. Biometrics ensures positive identification of persons, reduces fraud and abuse, reduces costs and improves service delivery and utilization of resources. Future applications will include telecommunications, time and attendance, immigration/travel/passports, facility access, university cards, prisons/corrections, system access, banking/ATM/POS, medical and child care, benefits administration, home shopping, home banking, licenses, national ID cards, and voter registration.

Physiological biometrics technologies are measurements that do not change easily and are tied to one's physical characteristics. Some examples include fingerprints, hand geometry, iris, facial recognition, palm prints, ear patterns, retinal, DNA and body odor. Behavioral biometrics are easily changed and include signature recognition, voice recognition and dynamic keystroke. Errors can result in a false acceptance or false rejection. Other issues with biometrics include security, discrimination, fraud, privacy and intrusiveness. Despite the potential drawbacks, biometrics can play a role in the future of tourism where security and identity enter the discussion. Biometrics offers one technologically advanced solution for these situations —a "smart card" that can hold pertinent data for multiple uses within the industry.

Ticketless travel is possible thanks to the use of new tecnologies. It means a lower tickets cost as there is a personnel and delivery reduction.

3.4. Ticketless travel and other aviation innovations

Ticketless travel is less expensive than traditional ticketing because approximately 25% of distribution costs can be taken directly off the cost of the ticket. This reduction represents personnel and ticket delivery, both of which are no longer needed. Most major airlines will eventually use some variation of the ticketless distribution process. While some low-cost airlines will only sell directly to consumers, others will eventually use new technologies to set up credit card systems for direct phone purchase or through well-located kiosks. These will cut airline staffing and ticket distribution costs even further, and continue to lower the cost of travel for the consumer.

Other information technology applications will include seamless baggage/passenger match systems, global information systems for security clearance for passengers, on-board telemedicine services for emergency response to medical crises, among others.

3.5. Database marketing

Database marketing allows to influence more effectively and efficiently in a specific tourist market so it will increase business benefits.

One technological tool that increases productivity in the tourism industry is to utilize database systems which compile demographic profile information for research purposes and for marketing applications. This research is compiled by looking at readership/viewship, activity participation, buying habits, product usage/ownership, warranty cards, census data, bank/credit card/mortgages, consumer panels, vehicle type and heritage/culture.

Today's consumers are more sophisticated and more demanding. Database marketing can be used to more effectively and efficiently target specific markets. Demographic information such as age, status, income or occupation can be accessed. We also can determine psychographic (lifestyle, hobbies, politics, brand choices), behaviorist (recency, frequency, loyalty), media usage, and geographic statistics. Demographic information allows marketers to increase penetration in profitable areas, while increasing advertising and media effectiveness. Targeting prospective customers will raise response rates, lower marketing costs and enhance profits for tourism businesses.

Database marketing helps to increase effectiveness by improving customer relationships, customer profiles, market segmentation, customer cloning, cross-selling and up-selling, cooperative marketing, and customer retention histories.

3.6. Decision support systems

Another technological innovation applied to tourism is the use of decision support systems (DSS). Decision support systems are used for routine decision-making. Decisions can be spotted by user defined exception reporting —80% of which can be automated; 20% made by people using DSS. DSS parameters are user-defined and therefore allow people to focus on addressing unique problems and situations rather than spending time searching for them. Exceptions are identified and presented with the data needed for making a decision. Automatic decisions are made by DSS for routine pricing, booking, and marketing decisions based on how the system is programmed to do what the experts would do. People can do the thinking and machines can do the processing —assuring conformity. DSS also produce decisions with a basis in data and fact. Tasks can be identified, data-retrieved immediately, and records analyzed. This technological development will be an important decision-making tool, both inside and outside the tourism industry.

Yield management, for example, is a decision support system to assist in maintaining a balance between room occupancy and occupancy rate. Pricing and inventory schemes are important for maximizing revenue, monitoring demand, and developing effective pricing strategies and capitalizing on new opportunities. Technology will bridge the gap between traditions and yield management to forward the task of inventory management.

Decision Support Systems is used for routine decision-making. This innovation can be applied to tourism for routine pricing, booking and marketing decisions based on what the experts would do.

■

4. Future challenges

It is necessary for industry, government and academic organizations to cooperate in order to develop a technically skilled and motivated workforce prepared to meet the challenge of 21st century tourism.

Overall, technological innovations will benefit the entire tourism and education industry. As technology advances, however, it will be important to train the work force to adapt to these transformational changes. Most importantly, such advances produce opportunities for industry, government, and academic organizations to cooperate in working toward well defined human resource development goals. "Cooperation is essential to produce a technically skilled, service-oriented, and motivated work force that is adequately prepared to meet the rigorous demands and ever changing dynamics of 21st century travel and tourism", said Dr. David Edgell.[5]

Sociocultural forces will also shape the future of international travel. With increased contact between persons of different cultures, there will be greater exposure and sophistication to the world's diverse cultures. Thus, there will be greater cosmopolitanism and less provincialism, translating to fewer unknowns and greater possibilities for international understanding and cultural appreciation.

Technology can help us to open new markets, target new consumers and more effectively meet the needs and demands of travelers worldwide. Human resource development and training programs can provide the needed skill sets to address these challenges. We cannot lose sight of the importance of human contact amidst all the new technologies. As Francisco Javier Cimadevilla says, "You cannot shake hands with the Internet... The joy of human contact and shared experiences can never be replaced by technology."[6]

[5] — (1995): *Tourism, Information Technology, and Communications*, Office of Professional Development and Research and the International Institute of Tourism Studies, School of Business and Public Management, The George Washington University, p. 4.
[6] — (1995): *Tourism, Information Technology, and Communications*, Office of Professional Development and Research and the International Institute of Tourism Studies, School of Business and Public Management, The George Washington University, p. 4.

References

Halal William E., Kull Michael D. and Leffmann Ann (1997): "Emerging Technologies: What's Ahead for 2001-2030", *The World Future Society*, November-December, pp. 20-28.

Naisbitt, J. (1994): *Global Paradox*, William Morrow & Co. Inc., New York.

— (1995): *Tourism, Information Technology, and Communications*, Office of Professional Development and Research and the International Institute of Tourism Studies, School of Business and Public Management, The George Washington University, p.p.1-4.

STANDARD CREATION IN TOURISM EDUCATION AND TRAINING-GTAT

Chris Cooper

1. Introduction
2. Development stages of GTAT
      2.1.Stage one
      2.2. Stage Two
      2.3. Stage Three
3. Review of key issues
      3.1. Stakeholder needs
      3.2. The nature of the GTAT curriculum
      3.3. Assesment issues
            3.3.1. International comparison
            3.3.2. Assessment method, content & format
      3.4. Implementation issues
4. The future

La educación y la formación en turismo y servicios afines no han seguido el ritmo de los progresos en educación de calidad, y tampoco han atendido adecuadamente las necesidades del sector turístico. La Organización Mundial del Turismo (OMT) debatió por primera vez en 1993 la idea de crear una norma internacional de educación turística –el proyecto GTAT- como medio de contar con una referencia internacional y uniforme para comparar distintos sistemas de formación y educación. El propósito del presente artículo es, por tanto, indicar los principios en que se basa el examen GTAT que elaboró la OMT junto con la Universidad de Bournemouth (Reino Unido), describir su evolución en todo su proceso de desarrollo, y examinar algunas de sus consecuencias clave para la formación y la educación en turismo y servicios afines.
Palabras clave: programas de estudios internacionales, participantes, referencia uniforme, método de evaluación, ámbito de conocimientos amplio.

Tourism and hospitality education and training sector has neither kept pace with developments in quality education, nor adequately served the needs of the tourism sector. The concept of an international standard creation in tourism education –the GTAT project— was first discussed in 1993 by the World Tourism Organisation (WTO) as a mechanism to provide an international and uniform benchmark standard for comparison across differing systems of training and education. The purpose of this paper, therefore, is to introduce the philosophy of the GTAT as developed by the WTO in conjunction with Bournemouth University (UK), chart its evolution through the development process and review some of the key implications for tourism and hospitality training and education which have been generated by its development.
Key words: international curricula, stakeholders, uniform benchmark, assesment method, wide and broad knowledge domain.

Le secteur de l'éducation et de la formation dans les domaines du tourisme et de l'accueil n'a ni tenu le rythme de l'évolution de l'éducation de qualité ni suffisamment répondu aux besoins du secteur touristique. L'Organisation mondiale du tourisme (OMT) a discuté pour la première fois en 1993 du concept d'une création internationale de référence dans l'éducation touristique (projet GTAT), comme d'un mécanisme susceptible de fournir un modèle de référence international et uniforme pour la comparaison entre différents systèmes d'éducation et de formation. Aussi le but de ce rapport est-il de présenter la philosophie du GTAT telle qu'elle a été élaborée conjointement par l'OMT et l'Université de Bournemouth (Royaume-Uni), d'en montrer l'évolution au cours du processus de développement et de passer en revue quelques-unes des implications essentielles en découlant pour la formation et l'éducation en matière de tourisme et d'accueil.
Mots-clé : cursus internationaux, partenaires, référence uniforme, méthode d'évaluation, large domaine de connaissances.

STANDARD CREATION IN TOURISM EDUCATION AND TRAINING-GTAT

Chris Cooper

Director of the International Centre for Tourism and Hospitality Research, Bournemouth University

1. Introduction

There is an increasing view across the world that the tourism and hospitality education and training sector has neither kept pace with developments in quality education, nor adequately served the needs of the tourism sector. Indeed, some argue that tourism education and training has developed a confusing array of qualifications, and has been unable to harmonise either curricula or qualifications internationally. In part, this is because each country has developed their own system of tourism/hospitality qualifications and delivery mechanisms with a resultant loss of consistency in the curricula and a lack of mutual recognition of qualifications and competence. In addition, the tourism education and training sector has lagged behind developments in educational theory and concepts.

The GTAT arose with the support of the WTO and Bournemouth University as a mechanism to provide an international and uniform benchmark standard of training and education in tourism. GTAT means the definition of agreed levels of competence, skill, knowledge, understanding and experience.

It is against this background that the concept of an international standard creation in tourism education —the GTAT project— was first discussed in 1993 by the World Tourism Organisation (WTO) as a mechanism to provide an international and uniform benchmark standard for comparison across differing systems of training and education. One of the WTO's missions is the development of quality standards in tourism education. Standard creation is the definition of agreed and recognized levels of competence, skill, knowledge, understanding and experience. However in education circles, the assessment of individuals against such agreed standards is seen as controversial. Increasingly, education theorists argue that assessment should be diagnostic i.e. provide information on an individual's strengths and weaknesses and to provide a guide for future action. The WTO's standard creation in tourism education therefore assesses an individual's tourism competence at a particular point in time —i.e. a summative assessment. Of course, the WTO could have created standards against which individuals are tested and pass or fail —a norm-referenced approach to assessment. Educational opinion has moved against this concept, preferring instead a more supportive criterion-referenced approach where the individual is not competitively assessed against standards or peers, but rather is provided with a profile of their performance against the criterion, or standards, set. This represents a profiling exercise of an individual's competence in tourism to provide a panoramic representation of how an individual appears across a range of subject areas.

The purpose of this paper, therefore, is to introduce the philosophy of the GTAT as developed by the WTO in conjunction with Bournemouth University (UK), chart its evolution through the development process and review some of the key implications for tourism and hospitality training and education which have been generated by its development.

2. Development stages of GTAT

The GTAT development project involved testing its favourable reception and feasibility, the elaboration of test materials and knowledge domains and also include pilot testing.

The concept of the GTAT is as a transparent qualification designed to co-exist alongside existing structures of tourism education and training to provide the framework for a standard of achievement in tourism that is mutually recognized and universally understood.

The GTAT development project comprised three key stages:

• Testing the acceptability and feasibility of the GTAT;

• developing test materials and knowledge domains (curricula); and

• pilot testing.

The objective of the first stage of the GTAT development project was to assess the viability of evolving an integrated standardized profiling mechanism designed to interface with current educational regimes and to co-exist with a wide variety of international academic systems. The establishment of an international standard, it is argued, provides a number of benefits:

• It allows high-quality tourism training and education systems to be developed within regionally specific contexts;

• it provides the basis of a profiling device for use by tourism sector employers;

• it assists higher level educational institutions in their selection and recruitment procedures;

GTAT, as an international standard in tourism, provides a recognized qualification all over the world. and it is a useful device for employers in selection procedures.

• it encourages the mobilization of human resources in tourism internationally by providing an internationally recognized qualification to demonstrate an individual's competence to occupy certain professional posts, thus transcending educational frontiers; and

• it provides a snapshot of an individual's tourism knowledge. This in turn allows for remedial actions to be taken, not only at the level of the individual, but also the profiles can be summed to provide a panorama of a school, country or region's curricula and delivery methods.

Overall, therefore, the existence of such a standard —which also specifies curricular content— constitutes an extremely valuable guide for educational institutions as they strive for quality tourism education and training and greater alignment of their curricula. In addition, the philosophy of the GTAT emphasizes the notion of supplementing —and not replacing— existing qualifications: in short, it will co-exist with them to provide a uniform benchmark standard that is understood and recognized globally.

2.1. Stage one

The development of the GTAT has involved complex and groundbreaking research. In addition, securing agreement amongst the key and legitimate stakeholders in the tourism education and training sector has been an important part of the process. A questionnaire was produced and dispatched to approximately 250 potential respondents, predominantly industry practitioners, including carefully selected samples from the following categories:

To assess the acceptability of developing an international benchmark standard to all tourism stakeholders, a comprehensive consultation process was implemented.

- National and regional tourism offices and organizations;

- key public/quasi public sector bodies;

- WTO regional representatives;

- WTO education centres of excellence;

- key international organizations such as PATA, the European Commission, the WTTC;

- key educational establishments;

- selected sectors of the tourism industry; and

- tourism industry trade associations by sector.

The sample selection was based on the need to balance representation across the six WTO regions and within those regions, across the various industry sectors. In addition, the primary data generated by this research was supplemented by a comprehensive literature review of key secondary sources and reports published by leading training and education bodies in tourism and hospitality.

The questionnaire was based specifically on the need to elicit focused information from respondents on:

- The general level of interest in, and support for, a standard setting mechanism such as the GTAT;
- outline content and objectives of the GTAT curriculum, and in particular, the most appropriate breakdown of theoretical content and practical aptitudes and skills;
- identification of potential mechanisms for the test and subsequent quality control; and
- any further information relating to the concept or practical application of the GTAT which the respondent felt important, including the credibility of such a test.

A comprehensive questionnaire was filled out by a wide and representative range of companies and organizations in the tourism sector. The result of the surwey showed overwhelming support for the GTAT project.

Both representative training and education institutions and individuals were questioned about the GTAT. The results demonstrated a positive response to the project.

2.2. Stage Two

Overwhelming support for the concept of the GTAT approach, together with a wealth of valuable information relating to content and approach, was demonstrated in the responses received in Stage One. Consequently, Stage Two of the development process was implemented.

Three hundred individuals and institutions involved in tourism training and education were approached and questioned on their views as to the possible development of an international standard-setting mechanism and its content.

As with Stage One, the sample was carefully selected to ensure that:

• A balanced representation across the six WTO regions was achieved;

• key training and education institutions and individuals were included in the sample;

• all WTO education and training centers were incorporated in the survey; and

• as complete a response as possible was achieved by targeting organizations and individuals known to be active in tourism training and education.

To provide educators and trainers with the necessary information to participate fully in the development process, a summary of the results gained in Stage One was mailed out to them, together with a modified questionnaire. Respondents were asked to review the summary document before completing the questionnaire. In common with the results gained in Stage One, the returned questionnaires demonstrated a positive response to the GTAT.

2.3. Stage Three

The final stage of the GTAT involved a thorough review of the educational literature related to assessment, and the development of the test itself. The GTAT has been designed as a software-based test utilizing multiple choice questions and a scenario testing approach. All the assessment will be software-based to eliminate the need for examiners and manual marking of tests.

In addition, this stage of the research has involved the assembly of knowledge domains upon which the tests will be based. This stage involved the drawing together of a variety of sources in order to assemble the knowledge domains:

- Key tourism texts;

- key tourism curricula across the WTO's six regions; and

- questionnaire results from Stages One and Two.

The knowledge domains were then assembled and sent out to WTO education and training centers for comment.

The final implementation of the GTAT involves the drawing up of question banks, scenario-testing software and reporting mechanisms followed by a series of international pilot tests. The GTAT will run over a two-day period with individuals having opportunities to take both multiple choice tests of various knowledge domains, as well as the scenario tests. The GTAT is also being checked for cultural sensitivity and translated (both culturally and linguistically) for use in all the WTO regions.

The process also involved a complete review of the educational literature and the assembly of knowledge domains upon which the test will be based.

3. Review of key issues

3.1. Stakeholder needs

The stakeholder needs —which were considered essential in the project— highlight the wide array of requirements pertaining to the development of an international benchmark standard.

The consultation process, designed to elicit the diverse views of stakeholders was necessarily a thorough one that sought to canvas views across a wide variety of tourism industry and education sectors. Without such careful reference to the many key external stakeholders, the development project would have lacked the critical integrity and validity so crucial to its ultimate success.

Whilst the need to approach a cross-section of external stakeholders was paramount in the research project, this also served, via responses, to highlight one of the key difficulties in the development of an internationally transparent benchmark standard: the wide array of needs and requirements pertaining to development of the GTAT.

In order to overcome this problem, it was determined from the outset that the development of the GTAT international standard would be stakeholder-sensitive rather than stakeholder-dominated. There were several justifications for this stance:

- Firstly, the tourism sector is, by nature, extremely diverse, encompassing many industrial sectors and sub-sectors. Hence, it is impossible for the GTAT to satisfy the specific needs of every individual within every sector.

- Secondly, since the GTAT will be marketed as an internationally applicable standard setting mechanism, a consensus approach must be developed which emphasizes curriculum flexibility. In addition, the contradictory needs of academics and industry must also be assimilated.

As an international standard setting mechanism, GTAT should approach a curriculum based on a generic core in relevant disciplines and subject areas, supplemented by sector-specific add-ons to ensure the integration of diverse educational systems and different industrial contexts.

- Thirdly, the tourism sector is a dynamic and complicated entity and is the sum of many different parts. As a result of this dynamism, the needs of the tourism industry change rapidly and unpredictably, thus invalidating a curriculum that is too mechanistic and inflexible. The GTAT, therefore, must provide a strategic, rather than tactical approach to standards. It was considered essential that the short-term operational needs of the tourism sector must not take precedence over long-term strategic training and educational requirements essential to take the whole tourism sector into the next century.

As a result, to overcome the problems associated with GTAT's international approach, it became clear that the curriculum requires a generic core rooted in relevant disciplines and subject areas, supplemented by sector-specific add-ons, to ensure the integration of diverse educational systems and disparate industrial contexts.

3.2. The nature of the GTAT curriculum

It has been asserted already that the GTAT curriculum must meet a number of important criteria to balance stakeholder needs. In addition, research showed the GTAT curricula (or knowledge domains) must accommodate other important components:

- It must balance general tourism education with specific applications of generic subject areas such as marketing and finance;

- it must be broad enough to uphold claims of vocational and educational applicability;

- it must be flexible enough to embody change, especially with regard to new technology;

- it must provide a balanced approach to ensure the long-term and short-term needs of industry and education are met;

- it must recognize the diversity of the industry and ensure the complex needs at all levels are met;

- it must also reflect the current body of knowledge which is changing constantly and being updated and enhanced by research; and

- it must successfully incorporate a multidisciplinary approach to tourism training and education.

The GTAT knowledge domains have been structured into generic and sector-specific groups as a basis for the test itself, whereby multiple-choice questions are drawn randomly by the software and provided to the candidate for answering.

3.3. Assessment issues

There are a number of key issues rooted in educational theory which have been unveiled in the process of the GTAT research which must also be reviewed and addressed in the development of the GTAT.

GTAT knowledge domains must balance general tourism education with other specific applications such as marketing and finance; it must be flexible enough to embody changes; it must also adjust to the diversity of the tourism industry and it must incorporate a multidisciplinary approach to tourism training and education.

3.3.1. International comparison

To ensure that the GTAT fulfills its promise of providing an international benchmark for comparison, it is crucial that assessment methods and marking procedures are standardized.

Consequently, there is a need for:

- The test to be internationally applicable;

- responses to be machine readable as a result of anticipated volume and need for objectivity;

- the test to be both valid and reliable; and

- a one sit format which is clear and concise and which may be used simultaneously in any language in a variety of locations and cultural contexts.

The GTAT assessment method must provide consistency and objectivity as proof that a meaningful and verifiable scale exists.

3.3.2. Assessment method, content and format

In order for the GTAT assessment to be valid, it must be based on an objective assessment instrument that is universally applicable in specific regional, local and industrial local contexts.

Thus, the challenge for the GTAT is to provide an objective test which presents an accurate profile of the scope of the candidate's knowledge, whilst simultaneously gauging a candidate's depth of understanding and ability to integrate ideas and concepts. This has been achieved using a software-based testing mechanism of the GTAT knowledge domains. The reporting format will be as a profile of an individual's knowledge across the domains for use in an individual's portfolio.

In addition, in order that the assessment material is academically rigorous and educationally acceptable, it is essential that the GTAT balance the often conflicting needs of academia and industry.

3.4. Implementation issues

The implementation of the GTAT raises a number of important issues:

- Cost: it is essential for acceptable levels of coverage that the test is relatively inexpensive to provide and enter, as well as to administer to encourage widespread utilization.

- Volume: a large number of candidates may need to undertake the test simultaneously around the world in a relatively standard setting. The software-based approach allows this.

- Teacher and trainer implications: the feedback from the test will be an important assessment of training and education courses, curricula and teaching skills *vis-à-vis* an internationally accepted benchmark.

- Student implications. feedback to the individual from the GTAT will be critical in diagnosing their strengths and weaknesses against an international standard and will be provided in the form of a profile generated by the software.

• Employer and higher education implications : the test will provide a reporting structure to assist in selection and recruitment but educators and employers will themselves need information on the test, its objectives and what it means to them.

4. The future

The developement of the GTAT has been a challenging and ground-breaking exercise. Undoubtedly, it represents the emergence of a new paradigm in tourism and hospitality education: a paradigm where the received wisdom of both the education discipline and contemporary concepts such as quality standards are firmly embraced. It is therefore encouraging that the concept of the GTAT has already generated considerable support amongst the tourism industry and education sectors. However, its successful implementation depends on continued discussion between all interested parties and stakeholders and the ability of the test, via its ultimate approach and content, to balance the needs and expectations of the diverse range of views already expressed. The WTO are to be congratulated on spearheading this important innovation.

WTO has lead the devolpment of the GTAT which represents a new paradigm in tourism and hospitality education. It has generated considerable support among tourism industry and education sectors.

LA TRANSFORMACIÓN EN LAS EMPRESAS TURÍSTICAS

Joan Payeras

1. Introducción
2. Del proceso individual al proceso grupal
3. Estructura organizativa y poder
        3.1. Poder situado en la Dirección
        3.2. Poder situado en el cliente
4. El equipo: célula básica en la organización

Actualmente las organizaciones deben afrontar los cambios que se están produciendo en el entorno: la tecnología se duplica cada 18 meses; el conocimiento se duplica cada 4.5 años; sólo un tercio de las organizaciones será más o menos efectiva según el foco de atención que la empresa adopte: el producto, el cliente o el mercado. El enfoque por producto es característico de la era taylorista, donde las organizaciones se adaptan a las normas y procedimientos pensados por los expertos. El siguiente nivel evolutivo es el enfoque al cliente, o proceso de mejora contínua, en el que se favorece el pensamiento aunque dentro de la empresa y con unas normas muy definidas, primando especialmente las políticas de reducción del denominador. El enfoque de mercado o innovación es un proceso de intervención global, donde el poder se sitúa en el mercado e incide esencialmente en políticas de numerador. Las organizaciones hoteleras están en un proceso de transformación en el que deben evolucionar hacia un enfoque de mercado. Tanto el corporativo de estas organizaciones como cada uno de los hoteles deben ser capaces de identificar las necesidades emergentes de forma sinérgica y más rápida que la competencia, puesto que el cliente los elegirá en base a ello. Tradicionalmente, el corporativo y los hoteles no han seguido caminos paralelos; ahora es necesario un trabajo conjunto en el proceso de transformación.
Palabras clave: rol, equipo, cliente.

Nowadays organizations are having to face up to a number of changes in their environment: technology is renewed every 18 months and knowledge doubled every 4.5 years. Only one-third of these organizations will be more or less effective depending on where they direct their attention: the product, the client or the market. The product focus is characteristic of the Taylor era, when organizations adapted themselves to the standards and procedures devised by external experts. The next step in this process of evolution is the client focus, or ongoing improvement process, which involves promoting in-house thinking on the basis of very clearly defined norms, priority being given to denominator reduction policies. The market or innovation focus is a global intervention process where power is situated in the market and mainly affects numerator policies. Hotel organizations are undergoing a process of change which requires them to adopt a market-oriented focus. Both the central management of these organizations and each individual hotel should be capable of identifying emerging needs synergetically and more swiftly than the competition since this is what will condition client choices. Traditionally, central management and individual hotel management have not followed parallel paths; joint work is now required to tackle the transformation process.
Key words: role, team, client.

Actuellement, les organisations doivent faire face à des changements externes : l'avancée technologique est multipliée par deux tous les dix-huit mois ; les connaissances le sont tous les quatre ans et demi ; seul un tiers des organisations seront efficaces compte tenu du centre d'intérêt choisi par l'entreprise : le produit, le client ou le marché. Le produit comme élément central de la politique de l'entreprise est la caractéristique du taylorisme, où les organisations s'adaptent aux normes et méthodes pensées par les experts. L'étape suivante de l'évolution fait du client, ou du processus d'amélioration continue, l'élément de référence. Ce processus favorise la pensée, mais à l'intérieur de l'entreprise et suivant des normes bien définies, en privilégiant particulièrement les politiques de réduction du dénominateur. Donner la primauté au marché ou à l'innovation est un processus d'intervention globale, où le pouvoir est détenu par le marché et se traduit essentiellement par des politiques de numérateur. Les organisations hôtelières sont dans une phase de transformation : elles doivent évoluer vers une politique de marché. Tant la corporation hôtelière que chacun des hôtels doivent être capables d'identifier les nouveaux besoins de façon synergique et plus rapide que la concurrence, puisque c'est sur cette base que le client les choisira. Traditionnellement, la corporation et les hôtels n'ont pas suivi des chemins parallèles ; un travail commun dans le processus de transformation est maintenant nécessaire.
Mots-clés : rôle, équipe, client.

LA TRANSFORMACIÓN EN LAS EMPRESAS TURÍSTICAS

Joan Payeras
Hay Management Consultants

1. Introducción

Una de las grandes preocupaciones que tenemos los profesionales que nos dedicamos a intentar ayudar en el desarrollo de las organizaciones es la de entender el porqué de la turbulencia que existe en las mismas, la cual además se ha incrementado enormemente en los últimos cinco años.

En momentos de cierta dificultad para generar beneficios, acudimos en busca de modelos como si fueran pastillas mágicas que lo curan todo. Sin embargo, no tenemos en cuenta que el cambio sólo es posible si modificamos la cultura y ésta tiene un origen y unas causas, que son las que le confieren la identidad y hacen que las mismas soluciones no sean válidas para todos los problemas.

Ha sido sorprendente, por ejemplo, la cantidad de esfuerzos que hemos visto realizar en lo que llamamos "calidad". Posiblemente sea el tema que más nos ha hecho y todavía nos sigue haciendo gastar energías. Sorprendentemente, sin embargo, nos cuesta salir del modelo japonés. Ello es comprensible puesto que los japoneses han sido capaces de hacer grandes progresos en el mundo empresarial en tan sólo unas décadas aplicando el concepto —por cierto americano— de calidad. Sin embargo, estos modelos aplicados en el mundo occidental no han conseguido los mismos resultados. Es por ello que debemos seguir profundizando en encontrar caminos que sean válidos para nosotros, teniendo presente que la cultura occidental en la que nos encontramos difiere substancialmente de la nipona.

No hemos tenido en cuenta que la calidad no es un fin en sí misma, sino la consecuencia de unos procesos. Estos son la base de todos los resultados. Debemos entender la calidad como consecuencia y no como objetivo en sí misma.

La transformación en las organizaciones sólo es posible si modificamos la cultura con una perspectiva coherente. Debemos entender la calidad como la consecuencia de unos procesos y no como un fin en sí misma.

2. Del proceso individual al proceso grupal

Hemos pasado del individuo al equipo y de la creatividad individual a la sinergia grupal. Hoy en día el proceso productivo hace necesaria la colaboración de las personas para obtener mayor competitividad.

Entendemos por proceso el conjunto de actividades, tecnología, medios, sistemas y, como es lógico, también personas que hacen que el cliente pueda recibir un valor añadido. Existe cierta confusión hoy en día con respecto a este término, por lo que conviene definirlo bien para comprender de lo que hablamos. Desde que un cliente piensa en nosotros o, mejor dicho, desde que nosotros empezamos a pensar en él hasta que ha satisfecho una necesidad, suceden toda una serie de acciones que suelen aglutinarse por semejanzas para conseguir darle un valor.

En las organizaciones actuales, los procesos prácticamente siempre son grupales. Es muy difícil que sean llevados a cabo por una sola persona. Hasta hace pocas décadas, la mayoría de las profesiones eran todavía artesanales. El carpintero de cualquier pueblo, por ejemplo, realizaba todas las partes del proceso que implica el hacer una mesa. La compra de la materia prima, la elaboración, la venta y el cobro de la misma, etc. eran realizados por la misma persona. Sin embargo, hoy en día ésto ya no es posible, quedan muy pocos productos artesanales. Y si en esta forma productiva dominaba la capacidad creativa del individuo, en el proceso productivo actual ya no ocurre lo mismo. Existen muy pocos productos que no requieran de la colaboración de varias personas. Hemos pasado del individuo al equipo, y de la creatividad individual a la sinergia grupal.

Las empresas y, como es lógico, también las turísticas están compuestas por equipos y por conjuntos de equipos. Una sóla persona que acapare a la vez todas las funciones ya no puede atender y satisfacer las necesidades del cliente. Es necesaria una interconexión de roles, ejecutados por distintas personas, para poder dar respuesta a las exigencias del cliente.

Esta afirmación, que parece muy simple y en la que todos estamos básicamente de acuerdo, comporta un cambio radical en la forma de organizarse las empresas actualmente. Estamos dando un paso del individuo al equipo.

En el proceso grupal, el rol debe estar en función de dar satisfacción al cliente y no en función de conseguir status.

Y aquí empiezan muchos problemas en las organizaciones de hoy. El equipo se diferencia del grupo en que el primero está compuesto por personas con roles que interactúan y que a la vez son interdependientes. Sin embargo, en la realidad los roles no son siempre claros y el status viene en parte definido por el rol, de aquí que en la búsqueda de posicionamiento y de status las personas dentro del equipo entren frecuentemente en conflicto. Las empresas han funcionado, y funcionan todavía, por el predominio del status sobre el rol y esto no deja de ser un error como veremos, si la orientación de la empresa está en el mercado. Ello hace que el rol esté en función de conseguir status, y no en función de la satisfacción del cliente.

Las empresas turísticas han nacido con un líder, en general muy carismático, que ha dado sentido a la empresa. La mayoría de las empresas más importantes del país tienen al frente todavía a la persona que las fundó. Este hecho, que en principio es muy loable y que ha hecho que en el país se haya desarrollado una industria muy pujante, constituye a su vez un peligro si no se tienen en cuenta ciertas premisas.

3. Estructura organizativa y poder

L a estructura tiene que ver siempre con el poder. Las organizaciones turísticas se han organizado, en general, alrededor de un líder carismático. Vamos a analizar, aunque sea en grandes bloques, las distintas posibilidades de posicionamiento del poder, para ver de qué forma éste condiciona los procesos que a su vez determinan el resultado final y consecuentemente la calidad.

3.1. Poder situado en la Dirección

Viene determinado por una gran escasez de artículos y una gran abundancia de usuarios. Hay más compradores que artículos a vender y la demanda es superior a la oferta. Es lo que viene sucediendo desde hace bastantes años en la industria turística española. Cuando esto es así, el poder se concentra en la pirámide empresarial, y se sitúa alrededor del que está más arriba (dueño, accionista principal, director general, etc.). Las formulaciones pueden ser diversas, pero el denominador común consiste en que el poder se concentra a medida que va escalándose la pirámide.

Las características más destacables de esta estructura son las siguientes:

- Mucha demanda y poca oferta. Recordemos por ejemplo la época del "Seat 600". El cliente a veces tardaba entre seis y diez meses para poder conseguirlo. Lo mismo sucedió con los primeros televisores, frigoríficos, etc.

- Predominio de la técnica. El cliente está cautivo, no hay que preocuparse por él. Predominan las profesiones de vertiente interna, tales como ingenieros, economistas basados sobre todo en el rol de control. La venta del artículo está asegurada.

- El personal de base (el empleado) es el brazo ejecutor de lo que piensa la Dirección. Se le paga para trabajar, no para pensar. Lo importante es la ejecución de lo pensado. No es necesario incorporar el pensamiento a la acción. Es más, cuanto menos se piense mejor, puesto que el pensar puede significar tener que cambiar algo y ello entorpecería los procesos de producción.

- Por consiguiente, la responsabilidad se eleva a los niveles de mando. Empiezan las luchas para ampliar fronteras y acaparar más poder: las llamadas "luchas de poder". Mientras, la base se vuelve pasiva y empiezan los problemas de motivación, puesto que el trabajo sin reflexión se vuelve rutinario y carente de sentido.

- La energía se consume preferentemente en conservar el poder y éste viene definido, como ya hemos dicho, por el status adquirido.

- Predominio del status sobre el rol.

- La innovación, si bien es positiva, no es imprescindible, por lo menos a corto plazo.

El poder regula las relaciones en las organizaciones. Cuando el poder se sitúa en la Dirección hay un predominio del status sobre el rol y la energía se consume preferentemente en conservar el poder. Cuando el poder está situado en el cliente, la cultura de la empresa se orienta hacia el cliente-consumidor y el poder en la organización lo da el rol.

3.2. Poder situado en el cliente

Cuando sucede al revés, es decir, que la oferta es abundante, el poder, sin que nos demos cuenta y a pesar de que frecuentemente no lo queramos reconocer, está en manos del cliente-consumidor, que es quien tiene el dinero que nos va a permitir seguir funcionando siempre que sigamos complaciéndole mejor que otros.

Al cambiar la situación del mercado, nos obliga a su vez a modificar las estructuras organizativas a las que estamos sometidos. El cambio no es voluntario, de hecho son muy pocas las cosas que se hacen de forma voluntaria en las empresas, sino que viene forzado por las circunstancias externas. Las principales características a las que nos lleva este cambio son las siguientes:

Las empresas con una cultura de orientación al cliente han de ser capaces de transformarse cuando el mercado así lo requiera. El cliente se convierte en el centro del comportamiento de la organización.

- La cultura pasa de una orientación centrada en el poder interno, a la necesidad de orientarnos hacia el cliente.

- El poder está en manos del cliente, que es quien posee el recurso, en este caso el dinero. Y esto no es un estereotipo, sino una realidad.

- El poder dentro de la organización lo da el rol, no el status. Y el rol hay que medirlo siempre en relación al valor añadido que se reporta al cliente.

- Nuestro valor en la empresa estará, pues, en función del valor que seamos capaces de añadirle al producto antes de que llegue al cliente. Nos referimos tanto a cliente interno como a cliente externo.

- La responsabilidad ya no está en la jerarquía sino en el rol y en la capacidad de aportar valor al cliente.

- La estructura organizativa debe iniciarse con la comprensión de las necesidades del cliente, que es el centro del comportamiento futuro de la organización. El único freno a esta premisa lo debe poner el resultado económico.

- Varios roles dentro de un mismo equipo y varios equipos con diferentes roles se combinan para una mejor atención al cliente.

Nace así el equipo como necesidad y no como moda.

4. El equipo: célula básica en la organización

El equipo es imprescindible para dar satisfacción plena al cliente. Resulta imposible que una persona sola de satisfacción a las expectativas de cualquier grupo de clientes.

El equipo ha pasado, pues, a ser la última célula no desintegrable e imprescindible para que la organización pueda seguir funcionando, ya que ninguna de las funciones de los empleados, de forma aislada, puede satisfacer plenamente al cliente. Únicamente la correlación de varios roles es capaz de conseguir las expectativas del cliente.

Sólo la cohesión, la cooperación, el consenso y la implicación de todos da como resultado la calidad deseada. Damos un paso obligado que va del pensamiento individual al pensamiento colectivo.

Si el poder está de verdad en el cliente, debemos profundizar en la organización a través de los equipos, creando sinergias que nos den resultados competitivos. Teniendo en cuenta que si no lo hacemos y otros sí lo hacen corremos el riesgo de perder cuotas de mercado y oportunidades.

Lo que le añade valor al cliente es el talento por una parte y la estructura capaz de crear sinergias por otra. Si las organizaciones turísticas somos capaces de seguir creando talento a través de la óptima utilización del capital intelectual y las estructuras adecuadas, podemos pensar en un futuro de crecimiento estable. El peligro está en que todavía se concentran demasiadas estructuras alrededor de un líder, en general el dueño o accionista mayoritario, que sigue marcando las pautas. No hemos pasado al equipo multifuncional con roles complementarios, sino que seguimos funcionando en base al líder visionario.

Debemos dar el paso que otras grandes industrias, tal como la automovilística por ejemplo, ya dieron hace años. De lo contrario, corremos el riesgo de "quemar talento" y perder oporunidades de mercado por falta de una utilización adecuada del capital intelectual.

El crecimiento de las organizaciones turísticas dependerá en gran medida de su capacidad de retener y motivar talento a través de la óptima utilización del capital intelectual.

A CASE STUDY IN DEVELOPING HUMAN RESOURCES IN TOURISM: THE CANADIAN AND PROVINCE OF QUEBEC EXPERIENCE

François Bédard

1. Introduction
2. The Canadian Tourism Human Resource Council
3. The Québec Tourism Human Resource Council
4. The National Professional Certification Program
        4.1. What is it?
        4.2. Who is it for?
        4.3. What ar the steps?
        4.4. What are the benefits?
5. The Client Plus Program
        5.1. Benefits of the Client Plus Program
6. Conclusion

El autor presenta en este documento la composición, los objetivos y programas principales de los consejos de recursos humanos para el turismo de Canadá y provincia de Québec. El Consejo de Recursos Humanos para el Turismo de Canadá, inaugurado en 1993, cumple las funciones de foro nacional para facilitar las actividades de desarrollo de recursos humanos que apoyan a una industria turística canadiense mundialmente competitiva y sostenible. El Consejo mantiene una estrecha colaboración con el mundo empresarial y laboral, con las instituciones docentes, con los gobiernos nacional y provincial y con los diez consejos provinciales y dos territoriales de educación turística que supervisan la ejecución de programas. El Consejo de Recursos Humanos para el Turismo de Canadá, inaugurado en 1995, es uno de los diez consejos provinciales. El Consejo de Québec supervisa la ejecución de programas nacionales y provinciales, como el Programa Nacional de Certificación Profesional y el Programa Provincial Client Plus.
Palabras clave: normas de calidad en servicios de alojamiento y turismo, educación como responsabilidad compartida entre empleadores y empleados.

In this paper, the author presents the composition, objectives and main programmes of both the Canadian and Quebec Tourism Human Resource councils. The Canadian Tourism Human Resource Council, inaugurated in 1993, serves as a national forum to facilitate human resource development activities which support a globally competitive and sustainable Canadian tourism industry. The Council works closely with business and labour, with educational institutions, with national and provincial governments, and with the ten provincial and two territorial tourism education councils which oversee programs implementation. The Quebec Tourism Human Resource Council, inaugurated in 1995, is one of the ten provincial councils. The Quebec council oversees the implementation of national and provincial programs such as the National Professional Certification Program and the Provincial Client Plus Program.
Key words: quality standards in hospitality and tourism services, education as a shared responsibility between employers and employees.

Dans ce document, l'auteur présente la composition, les objectifs et les principaux programmes du Canadian Tourism Human Resource Council et du Quebec Tourism Human Resource Council. Le premier de ces conseils, mis en place en 1993, sert de forum national pour faciliter les activités de valorisation des ressources humaines qui soutiennent une industrie canadienne du tourisme globalement compétitive et durable. Il travaille en étroite collaboration avec les entreprises, les syndicats, les établissements d'enseignement, le gouvernement national et les gouvernements provinciaux, ainsi qu'avec les dix conseils provinciaux et les deux conseils territoriaux chargés de l'éducation touristique qui supervisent la mise en œuvre des programmes. Le Quebec Tourism Human Resource Council, installé en 1995, est un de ces dix conseils provinciaux. Il supervise la mise en œuvre de programmes nationaux et provinciaux tels que le National Professional Certification Program et le Provincial Client Plus Program.
Mots-clés : normes de qualité pour l'accueil et les autres services touristiques, éducation comme responsabilité partagée entre employeurs et salariés.

A CASE STUDY IN DEVELOPING HUMAN RESOURCES IN TOURISM: THE CANADIAN AND PROVINCE OF QUEBEC EXPERIENCE

François Bédard
Professor, Université du Québec à Montreal
Associate Coordinator International Centre for Education and Research in Tourism

1. Introduction

Canadian tourism industry is divided into seven broad categories or sectors: accommodation, food and beverage, adventure tourism/recreation, travel trade, events/conferences, tourism services, and transportation. Of these, accommodation and food and beverages are the largest employers. However, until recently, few of these employees had received the benefit of formal education and were recognized professionnally.

Planning for Expo 86 prompted the Canadian province of British Columbia to develop quality standards in hospitality and tourism services. A province-wide formation program, named Super Host B.C., was set up and implemented to guarantee a high-quality experience to visitors to Expo 86. This pilot project was met with great success.

In 1989, the Canadian province of Alberta is government supported the tourism industry to develop occupational standards in tourism for that province. The success of this program, named Alberta Best, prompted Canada to develop national standards through the Canadian Tourism Human Resource Council (1993). The Quebec Tourism Human Resource Council/Conseil québécois des ressources humaines en tourisme was inaugurated in 1995. In this paper, we will present the composition, objectives and main programmes of both the Canadian and Quebec councils.

In order to obtain quality standards in hospitality and tourism service, both the Canadian and the Québec Tourism Human Resource Council have developed educational and training programs in tourism.

2. The Canadian Tourism Human Resource Council

The Council's objectives are: first, to set directions for the tourism human resource development in Canada; second, to coordinate human resource development activities; and third, to promote formation and education and sound human resource management practices.

The Council works closely with business and labour, with educational institutions, with national and provincial governments, and with the ten

The Canadian Tourism Human Resource Council serves as a national forum to facilitate human resource development activities which support a globally competitive and sustainable Canadian tourism industry.

provincial and two territorial tourism education councils which oversee programs implementation.

Table 1 shows the seven main tourism sectors or categories recognized in Canada. For each sector or category, quality standards exist for a number of defined occupations. Stars identify occupations for which national standards exist. Developing a national standard costs on average $35,000 US; each standard is re-evaluated and updated every 3 to 5 years. Occupations for which a national certification program exists are highlighted in bold characters; these national certification programs will be described later in this paper.

Table 1
Canadian National Standards in Tourism

The Canadian Tourism Human Resource Council facilitates human resource development activities which support a globally competitive and sustainable Canadian tourism industry. which is divided into seven broad categories or sectors: accomodation, food and beverage, events and conferences, travel trade, adventure tourism/recreation, tourism services and transportation.

Accommodation:
- Campground operator*
- *Director of sales and marketing*
- *Front desk agent**
- *Guest services attendant (bellhop)**
- *Hospitality housekeeping executive**
- Hostel manager
- *Housekeeping room attendant**
- Human resources director
- *Rooms division director**

Food and Beverage:
- *Advanced foodservice manager**
- *Foodservice manager**
- *Baker*
- *Bartender**
- *Beverage services manager*
- Catering manager
- *Chef de cuisine**
- *Cook**
- *Cook helper*
- *Food and beverage server**
- *Host/Hostess*
- Kitchen helper*
- Line cook*
- *Maître D'*
- *Pastry cook*
- *Wine steward*

Events/Conferences:
- Meeting manager*
- Meeting co-ordinator*
- *Special events co-ordinator**
- *Special events manager**

Travel Trade:
- *Local tour guide**
- *Reservations sales agent**
- Tour director*
- Tour operator*
- Travel counsellor (entry)*
- *Travel counsellor (senior)**
- *Travel manager**

Adventure Tourism/Recreation:
- *Freshwater angling guide**
- Golf club general manager*
- *Heritage interpreter**
- *Hunting guide**
- Leisure facilities manager
- Marina operator
- *Outdoor guide (core skills)**
- Snowmobile operations
- Ski area/resort occupational guidelines*

Tourism Services:
- Entry level skills (generic)*
- *Sales manager**
- Tourism small business operator*
- Tourism/visitor information supervisor
  - *Tourism/visitor information counsellor**
- Accommodation rating advisor
- Tourism trainer*

Transportation:
- *Taxicab driver**

Source: Canadian Tourism Human Resource Council.
* National standards. Certification program in italics.

3. The Quebec Tourism Human Resource Council

Inaugurated in 1995, the Quebec Tourism Human Resource Council regroups several tourism industry partners such as all nineteen Quebec regional tourism associations, unionized or organized tourism workers, and representatives of the broad sectors described earlier. With the help of the Quebec Society of Human Resource Development and Human Resource Development Canada, the Quebec Human Resource Council coordinates individual efforts in the planning of human resource development for the Quebec tourism industry. Because of scarce financial resources, this cooperation is more than ever needed to avoid unnecessary duplications and to maximize the input of all stakeholders involved in the Canadian tourism industry.

The Québec Tourism Human Resource Council coordinates individual efforts in the planning of human resource development for the Québec tourism industry.

In 1996-97, its first full year in operation, the Quebec Council was involved in labour market stabilization projects led by the Quebec Society of Human Resource Development. It helped to create tools for the implementation of Bill 90 (this provincial law directs public and private employers to invest in training of their employees the equivalent of 1% of the total salaries paid). It distributed an analysis document on tourism human resources and developed a strategy to meet the needs of regions and sectors. It liaised with the Quebec Ministry of Education to assess the relevance of developing a hospitality training program for the tourism industry.

In collaboration with the Canadian Tourism Human Resource Council, the Quebec Tourism Human Resource Council also helped develop and validate occupational standards for the industry; and published and distributed these standards. The Council implemented a new labour market integration program for the people between the ages of 18 and 24. It surveyed the Quebec tourism industry members regarding the relevance and need for a certification program that would acknowledge the expertise of tourism human resources. This program already existed in other Canadian provinces and is described in the next section. Finally, the Council distributed the training materials developed by both Councils.

4. The National Professional Certification Program

The National Professional Certification Program is offered by the Quebec Tourism Human Resource Council/Conseil québécois des ressources humaines en tourisme, in cooperation with the Canadian Tourism Human Resource Council, and the eleven other provincial and territorial councils in Canada. It also relies on many partners in the Tourism Industry, associations and companies in the province of Quebec and in the rest of Canada.

The Québec Council look after the implementation of national and provincial programs such as the National Professional Certification Program.

4.1. What is it?

Employees in the tourism industry apply to the National Professional Certification Program voluntarily. Their goal is to validate and update their professional skills in accordance with the standards developed by the industry. Following self-evaluation of his/her job performance, the employee studies training materials developed by the councils. A written examination and on-site evaluation by industry experts lead, if successfully completed, to National Professional Certification.

The National Professional Certification Program is both for companies and employees. Both of them can obtain benefits in many ways, such as quality service and increases of profitability for companies. Expertise improvement, self-esteem and self-confidence attitude for the employees.

4.2. Who is it for?

The National Professional Certification Program is both for companies and employees in the tourism industry. Several reasons motivate companies to join the program. First, participation clearly establishes that the company cares about quality of service and counts on its employees to reach its goals. Second, it focuses all employees on the same target: to meet the occupational standards set by industry. Third, it offers employees the opportunity to be fully recognized as professionals in their occupation. Employees may wish to join for different reasons. First, experienced tourism employees who did not benefit from previous formal training can finally get their experience and expertise formally recognized. Second, National Professional Certification encourages excellent employee performance and enhances personal pride in work well done. And finally, certification can be used as a platform for professional advancement in the industry.

4.3. What are the steps?

Employees seeking national professional certification first register with the Council, pay the appropriate fees and receive the workbook which outlines the occupational standards,and includes comments and exerciSes. Using the workbook, they review their own theoretical and practical performance and make the necessary improvements; a supervisor helps the employees through this step of the certification process. A multiple-choice exam is then given to test knowledge of occupational standards. Successful completion of the process and examination leads to pre-certification; on-site evaluation of performance leads to final national certification.

A company electing to use the National Professional Certification Program as a human resource development tool must first meet with a Québec Tourism Human Resource Council coordinator to describe the company`s specific goals and objectives. The program is then implemented in cooperation with the Council: first, the employees are briefed and recruited into the program. Then, a local supervisor is trained to use the workbook and supervisor's guide. Full certification leads to national and local recognition.

4.4. What are the benefits?

The National Professional Certification Program benefits companies in many ways: it helps motivate employees, ensures quality services in a highly competitive environment, increases profitability and revenues, fosters clients' loyalty. Sums devoted to the National Professional Certification program are also eligible for inclusion under Bill 90 which dictates that employers must invest 1% of the total salaries paid in the training of their employees.

National Professional Certification is self-rewarding to the employee. It validates and improves the employee's expertise, self-esteem, and self confidence. Industry recognition may lead to increased "employability".

For the Canadian tourism industry at large, the National Professional Certification Program has resulted in higher levels of professionnalism, better industrial standards, and a competitive edge at the national and international levels. Canada is now seen as a model and a leader in developing human resources in the tourism industry. Countries such as Mexico and Costa Rica have shown an interest in the Canadian Professional Certification Program. PreliminaRy discussions on potential cooperative efforts are under way.

5. The Client Plus Program

Following the lead of British Columbia (Super Host BC) and Alberta (Alberta Best), the Québec Tourism Human Resource Council has developed a program called "Client Plus", designed to provide the best possible services to visitors to Québec. Quality services provided by well-trained employees are basic pre-requisites in this competitive industry. Good service alone is not sufficient to guarantee attraction of potential clients and retention of repeat customers.

The Client Plus Program has been designed to provide the best quality service to Québec visitors. Excellent customer service is based on a series of defined skills or qualities that extend from the front line employees to the supervisors and managers.

The Client Plus Program focuses on the customer's experience. Excellent customer service is based on a series of six defined employees' skills or qualities. Front-line employees are trained to master their service's standards, to complement their fellow employees as members of a united team, to manage difficult situations, to strive for personal improvement, to seize every opportunity to make a sale, and to play the important role of company representative. Furthermore, supervisor and manager training emphasizes the need to coach front-line employees to deliver excellent customer service, and to develop the skills and qualities listed above. Trust and mutual respect between employees and managers help foster cooperation and success.

5.1. Benefits of the Client Plus program

Training for the Client Plus program increase employees', supervisors' and managers' awareness of the importance of their roles and of the impact of their actions on the company's operational chain. These employees are more sensitive to their client's experience, are more effective, more confident, and better prepared to face routine and challenging situations. This results in increased quality service and client satisfaction. Satisfied clients and repeat clients are the best possible and cheapest publicity, and translate into busier establishmentS and increased profits.

6. Conclusion

Education and training in tourism are no longer seen as the responsibility of educational institutions but a shared duty between employers and employees.
- *Education is crucial to achieve high quality service.*

Comprehensive evaluation of both the National Professional Certification Program in Canada and the Client Plus Program in the Canadian Province of Quebec is not yet available since they have been implemented only a few years ago. However, their implementation, which has been made possible through joint efforts of all sectors of the tourism industry, has emphasized the importance of continuing training and education for employees; both employers and employees have a crucial role to play. Formation and education in tourism are no longer seen as the responsibility of educational institutions only, but as a shared responsibility between employers and employees. Finally, on-site formation and education are perceived as keys in reaching high quality standards in servicing visitors to Québec and Canada, and in competing more efficiently at the international level.

References

Canadian Tourism Human Resource Council: *programmes documentation*.

Quebec Tourism Human Resource Council: *programmes documentation*.

LAS ESTADÍSTICAS DEL EMPLEO TURÍSTICO

Manuel Figuerola Palomo

1. Concepto de empleo turístico
2. Problemas para la cuantificación
3. Empleo directo y empleo indirecto
4. Los procesos estadísticos de valoración
    4.1. Las encuestas sobre población activa (EPA)
    4.2. Control del empleo en censos de establecimientos o directivos de empresas
    4.3. Estimación del empleo turístico por el procedimiento de fijación de módulos
        de trabajo/producción-consumo
5. Las estadísticas de empleo en el caso español
6. Estadísticas económicas del empleo turístico
    6.1. La productividad del empleo turístico
    6.2. El coste del empleo turístico
7. El crecimiento estadístico del empleo turístico

El empleo turístico presenta numerosas dificultades para su evaluación y definición. Ello exige, necesariamente, establecer algún convenio o principio preliminar, que permita partir de una perspectiva sólida de análisis; fijándose en el trabajo presentado como fundamento conceptual que el empleo turístico responderá al número de trabajadores que han producido el valor de los bienes y servicios consumidos por los turistas. Asimismo, se destacan múltiples problemas que entorpecen o impiden una valoración rigurosa del empleo en la actividad turística, ya que existen diversas circunstancias (temporales y de tipo de contratación) que limitan o condicionan laboralmente a las personas empleadas en sectores de turismo. Por otra parte, se reconoce en el análisis realizado la existencia del empleo indirecto que es un aspecto de gran interés para completar el estudio estadístico de las fuerzas de trabajo en turismo. Como expresión de la realidad se pone de manifiesto lo métodos estadísticos más habituales para medir el empleo en turismo, en especial en España. Se concluye analizando algunos conceptos económicos relacionados con el empleo (productividad y coste laboral), que pueden ser elementos claves de contraste e incluso valoración indirecta del número de trabajadores ocupados en la actividad turística.
Palabras clave: actividad turística, empleo directo y empleo indirecto, productividad.

Many difficulties arise when it comes to evaluating and defining tourism employment. In order to tackle this task, it is necessary to establish a preliminary agreement or principle which provides a solid perspective for analysis, the conceptual foundation of this work being that tourism employment will respond to the number of workers who have produced the value of the goods and services consumed by tourists. Likewise, the author singles out numerous problems which hinder or preclude any rigorous appraisal of employment in the tourism industry, since various circumstances (temporal and type of hiring conditions) come into play which limit or condition, from a work standpoint, the people employed in sectors of the tourism industry. This study also acknowledges the existence of indirect employment, which is of great interest in terms of completing this statistical study of employment in the tourism sector. The author presents the most widespread statistical techniques used for measuring employment in the tourism sector, particularly in Spain. He concludes by analysing some of the economic concepts linked with employment (productivity and labour cost), potentially key elements for comparing and even making indirect appraisals of the number of workers occupied in tourism activity.
Key words: tourism activity, direct employment and indirect employment, productivity.

Il est très difficile d'évaluer et de définir l'emploi touristique. Cela implique nécessairement l'établissement d'un accord ou d'un principe préliminaire permettant de partir d'un point de vue d'analyse solide. Dans le travail présenté, le fondement conceptuel retenu est que l'emploi touristique correspond au nombre de travailleurs ayant produit la valeur des biens et services consommés par les touristes. Par ailleurs, l'auteur souligne l'existence de nombreux problèmes qui gênent ou empêchent une évaluation rigoureuse de l'emploi dans l'activité touristique, en raison de circonstances diverses (temporaires et liées à l'embauche) qui limitent ou conditionnent au niveau du travail les personnes employées dans le secteur du tourisme. En outre, il reconnaît dans son analyse l'existence de l'emploi indirect qui est un aspect très intéressant pour compléter l'étude statistique de la population active dans le tourisme. Ce sont les méthodes statistiques les plus habituelles qui apparaissent comme l'expression de la réalité lorsqu'il s'agit de mesurer l'emploi dans le tourisme, en particulier en Espagne. L'auteur conclut en analysant certains concepts économiques liés à l'emploi (productivité et coût du travail), qui peuvent être des éléments-clés de contrôle et même d'évaluation indirecte du nombre de travailleurs occupés dans l'activité touristique.
Mots-clés : activité touristique, emploi direct et emploi indirect, productivité.

LAS ESTADÍSTICAS DEL EMPLEO TURÍSTICO

Manuel Figuerola Palomo
Director de la Escuela Oficial de Turismo de Madrid

1. Concepto de empleo turístico

Se suele destacar o poner de relevancia como uno de los efectos socio-económicos más importantes del turismo la creación y mantenimiento del empleo o del número de puestos de trabajo. En tal afirmación aparece la primera disyuntiva o dificultad sobre el conocimiento e identificación del concepto y contenidos de la variable empleo turístico. Una duda singular puede plantearse cuando se desea limitar el ámbito de proyección de esta repercusión turística de gran valor, ya que nos encontramos a mitad camino entre lo que sería el estricto efecto de carácter social o, alternativamente, la conveniencia de atribuirlo a las manifestaciones económicas de la actividad turística.

El turismo es un importante generador de empleo. Ahora bien, la definición de empleo turístico es necesaria para delimitar el ámbito de proyección de la actividad turística.

Ahora bien, es fundamental que inicialmente se busque una definición absolutamente operativa y explícita de lo que a partir de este momento se ha de denominar empleo turístico, ya que si no se realiza tal ejercicio, se estará debatiendo o interpretando sin haber resuelto la incógnita fundamental, que no es otra que la delimitación técnica del entorno de análisis.

Desde el enfoque teórico se podría señalar que la definición de empleo turístico se encuentra sometida a los mismos problemas que encierra la definición general de la actividad turística. Es decir, razonarla en un tratamiento unilateral o bien desde la oferta o bien desde la demanda. En ese sentido, si es difícil la conceptualización del turismo como sector económico o de oferta, de igual manera se ampliará o no será posible definir al empleo turístico como una variable de la oferta turística. En consecuencia, si se dispusiera con capacidad del ámbito sectorial —número de empresas o de ramas productivas— el empleo turístico se limitaría a la valoración y descripción de las personas que trabajan o están ocupadas en tales segmentos productivos.

El estudio detallado de la información estadística del turismo no permite desde ningún aspecto la sectorialización de la actividad turística; por consiguiente es obligada la consideración del empleo también desde el enfoque de la demanda. Todo ello conduce a definir el empleo turístico desde una perspectiva económica como:

"número de trabajadores que han producido el valor de los bienes
y servicios consumidos por los turistas"

Por tanto, se está relacionando la posible cuantificación estadística del empleo turístico, no tanto a las personas que se encuentran trabajando en un hotel o restaurante, y sí con los trabajadores que en términos de valor de producción han hecho posible los bienes y servicios adquiridos por los viajeros. Por lo que sino existen aquellos no existe empleo turístico, y sólo en la medida que la —producción valorada en términos de consumo— es adquirida por los turistas podrá identificarse el factor trabajo incorporado al proceso productivo como turístico.

2. Problemas para la cuantificación

De ninguna manera un producto o servicio puede tener otra calificación, sino aquella que es otorgada por la naturaleza del cliente.

En el punto anterior se rechazaba la oportunidad de medir el empleo vía censo de trabajadores de los sectores de la oferta principal. Es decir, empleo ocupado en los sectores de la hotelería y alojamientos asimilados, restauración y establecimientos de comida y bebida, comercialización de viajes — agencias y mayoristas — y transportes de viajeros. El problema de dicha valoración reside en conocer en qué medida o en qué parte un sector puede ser atribuido al turismo. No cabe duda de que si se reconociese como [X] la proporción del sector [j] que es ofertada a la demanda turística y por consecuencia consumida por esta, el empleo sectorial vendría determinado por el modelo:

$$[Wj] \cdot X = [WTj]$$

En donde [Wj] es el número total de empleados de [j], [X] el porcentaje de [j] identificado como turístico y, por tanto, [WTj] sería el empleo turístico afectado a [j]. Sin embargo, el valor de X sólo podrá ser conocido desde el análisis y determinación de la demanda turística. Se habrá de aceptar que existirán tantas clases de consumidores tipificados por la variedad del perfil de su personalidad:

- clientes hoteleros considerados turistas, porque se caracterizan como viajeros integrados en alguna modalidad de turismo,

- clientes hoteleros considerados como no turistas, porque son residentes del lugar y no se incluyen en ninguna tipología de turismo.

Existen otras muchas dificultades para la valoración estadística:

a) ¿Se computará como empleo turístico aquellos trabajadores que actúan en la oferta sólo un período determinado de tiempo o fracción del año; o deberá haber transcurrido al menos un período temporal ponderado en días y horas, o se habrán de agregar varios activos estacionales hasta acumular un empleo/año?

b) ¿Se identificará como empleo turístico al empleo que procede del exterior del ámbito local y simultánea al mismo tiempo trabajo y turismo?

c) ¿Se valorará como empleo turístico aquellos trabajadores de otros sectores de la formación bruta de capital fijo, tales como construcción de hoteles o de medios de transporte, que consolidarán la estructura turística?

d) ¿Se contabilizarán en términos estadísticos como empleo turístico aquellos trabajadores censados o no censados que desarrollan su actividad laboral en varias ramas productivas, en las que al menos en una se originan bienes y servicios para los turistas?

La búsqueda de respuestas y soluciones científicas y consistentes a tantos problemas, necesariamente determina que sólo será posible aplicar el rigor si se parte del principio de que el empleo turístico sólo lo será si en el tiempo y lugar sirve al turismo.

3. Empleo directo y empleo indirecto

Un aspecto de gran interés es el reconocimiento o no de la existencia de empleo turístico indirecto; considerando el empleo directo como aquel que atiende las necesidades del consumo de los viajeros durante la visita, el indirecto será aquel que proporciona los bienes y servicios que requieren las empresas y entidades o unidades de producción que satisfacen las peticiones de la demanda turística.

La producción turística no se limita exclusivamente al consumo turístico ya que el proveedor que presta un servicio al cliente ha requerido a su vez de otros bienes y servicios que proceden de sectores que no tienen relación directa con el turista.

Es evidente que el concepto de producción turística no puede limitarse al acto o ceremonia del consumo turístico. Es decir, el hotel cuando presta un servicio al cliente ha quedado encadenado a un proceso más largo, ya que está a su vez consumiendo otros bienes y servicios que proceden de sectores o subsectores, que a menudo no tiene ningún tipo de relación personal con el turista.

En esos términos, cuando se han de elaborar las estadísticas de empleo turístico se ha de decidir de manera absolutamente solemne si se incorpora o no el empleo inducido. Por tanto, se ha de tener muy claro, en caso positivo, que el empleo total turístico es igual a la suma agregada de:

empleo turístico directo + empleo turístico indirecto

Imaginemos que no pudiera generarse cualquier bien o servicio turístico sin la colaboración previa de algún sector productivo. Si se quiere pensar de ese modo, no podría concebirse la venta del servicio de alojamiento en un hotel si anteriormente el hotel no ha contratado y utilizado el servicio eléctrico.

Ahora bien, desde un enfoque teórico y científico siempre sería conveniente establecer el límite en donde se encuentra el punto final de la inducción primaria, es decir, cuándo termina el encadenamiento intersectorial que provoca el consumo turístico. A esa inquietud o preocupación debe contestarse que es el mismo horizonte o límite lo que plantea la determinación o valoración de la producción turística. Por tanto, no se consideran efectos inducidos del turismo:

Para la cuantificación del empleo turístico indirecto es preciso determinar cuándo termina el encadenamiento intersectorial que provoca el consumo turístico.

- Aquellos que proceden de actividades de inversión para el turismo, y

- aquellos que se derivan del gasto de la renta que el turismo ha causado.

También se entiende que es importante conocer la repercusión global (D+I) respecto del empleo de los efectos de incrementos de la demanda turística. Sin duda, al margen de las restricciones reales del mercado de trabajo, la construcción de multiplicadores (Kw) podrá arrojar una información aproximada del sentido de las relaciones unitarias teóricas de la creación de empleo dentro del sistema productivo.

Los multiplicadores de demanda sobre producción son, como en el caso del valor añadido, un factor clave para establecer los valores finales de los multiplicadores de empleo. Asimismo, se observará junto con éstos el ratio de empleo sobre producción, coeficiente que permitirá transformar los efectos sobre la producción en efectos sobre el empleo.

Sería conveniente señalar que las razones que determinan los multiplicadores de empleo del modelo de demanda estarán condicionadas, además, por los factores internos de las ramas de la actividad que componen el sistema productivo como pueden ser: la temporalidad, la estacionalidad, la precariedad en la contratación o las tasas de salarización de cada uno de los mercados de trabajo.

4. Los procesos estadísticos de valoración

4.1. Las encuestas sobre población activa (EPA)

En la valoración del empleo turístico se recurre a tres métodos alternativos: las encuestas sobre población activa, el control del empleo en censos de establecimientos o directivos de empresas, y la estimación del empleo turístico por el procedimiento de fijación de módulos de trabajo/producción-consumo.

En primer lugar, no cabe duda de que la aplicación del sistema tradicional de encuestación permitirá, si el diseño, cuestionario, objetivos, muestreo y análisis de resultados son eficientes, obtener conclusiones primarias —sólo primarias— indicativas, pero interesantes en los momentos de valorar la evolución del empleo turístico. El método nos proporcionará el nivel de empleo sectorial, por ejemplo sector hostelero, sector de agencias de viajes, sector del transporte, etc. Pero sin duda no nos facilitará el empleo turístico si antes no se ha definido el peso de la demanda turística en la rama productiva para aplicar directamente la cuota de proporcionalidad o impacto del consumo turístico.

4.2. Control del empleo en censos de establecimientos o directivos de empresas

El control del empleo en censos de establecimientos utiliza mecanismos de registros administrativos o censos de unidades productivas.

En este segundo método, alternativo a la encuestación periódica u ocasional, la vía para el conocimiento del empleo turístico nace de mecanismos de registros administrativos o censos de unidades productivas. Es evidente, que en este caso las inspecciones administrativa o fiscal y la inspección laboral o técnica auxiliarán de manera muy eficaz para llegar a valores de empleos sectoriales muy adecuados, que además podrán estar tipificados en función de todos los perfiles o items que caractericen los sectores cruzados por los factores de empleo (empleo salarial o no salarial, mujeres y hombres, antigüedad o temporalidad, etc.).

Pero, necesariamente, surge el problema de la dificultad de análisis y cuantificación de las relaciones económicas y sociales del turismo, siempre que se pretenda valorar desde la oferta, sin apoyo explícito del peso de la demanda turística en la demanda final sectorial.

4.3. Estimación del empleo turístico por el procedimiento de fijación de módulos de trabajo/producción-consumo

La determinación de módulos o ratios de valor, transformables en unidades de empleo o trabajo turístico, puede al mismo tiempo realizarse desde la oferta o producción, o desde la demanda o consumo.

Por último, hay que señalar que a menudo sistemas indirectos de cálculo o estimación resultan más ventajosos, menos costosos y posiblemente más exactos, si se llevan a efecto observando el rigor científico. La aplicación de procesos de análisis continuados de relaciones producción turística-número de trabajadores o de consumos turísticos-número de trabajadores, al margen de la dimensión sectorial, o globalización del método, permitirá definir el empleo estimado en turismo. Supongamos los ejemplos parciales: para una determinada producción (600.000 habitaciones hoteleras) se tiende a dar empleo a 150.000 trabajadores; o para un consumo turístico igual a 2 billones de pesetas, o un número de turistas extranjeros próximo a 25 millones, se reconoce un empleo de 200.000 trabajadores.

5. Las estadísticas de empleo en el caso español

Hay que considerar que el estudio del empleo en la actividad turística española presenta los mismos problemas señalados anteriormente. Y en particular se deberían destacar cuatro circunstancias que intensifican el problema:

La complejidad de la naturaleza de las explotaciones del sector, la falta de un sistema ordenado y continuo de información estadística, la economía sumergida y la estacionalidad del turismo intensifican el estudio del empleo en la actividad turística española.

• Complejidad de la naturaleza de las explotaciones productivas que integran el sector, fuertemente diversificado de productos y heterogéneo en las necesidades de empleo; confundiéndose las situaciones de asalariados fijos, asalariados fijos discontinuos, temporales y en prácticas y no asalariados.

• Despreocupación de las asociaciones y administraciones por poseer un sistema ordenado y continuo de información estadística completo y actualizado.

• Existencia de una cuota elevada de economía sumergida.

• Intenso proceso estacional —más acusado que la media internacional— que dificulta el mantenimiento de plantillas fijas regulares.

Asimismo, hemos de reconocer que los análisis estadísticos proyectan la difusión de los datos de manera confusa, ya que se identifican en los diversos trabajos conceptos a veces diferenciados:

a) Población ocupada como media anual, cuando la varianza de la serie mensual es intensa,

b) presentación de los puestos de trabajo existentes o plantillas completas, cuando debería expresarse sólo los puestos ocupados,

c) empleo en los sectores afectados, incorporando el total de personas empleadas, sin ponderar por el efecto o cuota del consumo turístico,

d) o exclusivamente, la población asalariada, sin consideración del empleo familiar o propietarios de los establecimientos.

En consecuencia, la influencia de tales razones distorsiona sin lugar a dudas el valor del empleo turístico en España. Además, el tratamiento y valoración diferenciada del empleo en la época punta, respecto al período de baja estación, ofrece resultados muy dispares, por lo que necesariamente se introduce otro elemento de confusión en los datos.

Teniendo en cuenta, pues, el conjunto de las fuentes estadísticas que habitualmente se manejan (EPA, DIRCE, BBV y TIOT/92)[1] y aplicando sucesivamente sector por sector la ponderación del consumo turístico, se estima que el empleo turístico alcanza en España la cifra de 680.000 trabajadores. Cifra cercana al seis por cien del total de la población ocupada.

6. Estadísticas económicas del empleo turístico

La complejidad para conseguir valores representativos del empleo turístico hace conveniente la búsqueda de indicadores que —junto a las unidades estadísticas de valor del empleo turístico— mejoren el conocimiento de la realidad.

Hasta este epígrafe el concepto de empleo turístico y su proyección estadística ha girado en el entorno de unidades físicas o número de personas ocupadas o empleadas en actividades o ramas productivas relacionadas con el turismo. En ese sentido se destacaba en el punto primero, que el empleo turístico se identificaba con el número de trabajadores que producían bienes o servicios para los turistas. Asimismo, se encontraban ciertas dificultades para encuadrar en términos contables aquellos trabajadores que presentaban ciertos problemas de medida:

a) los que sólo trabajan cierto período del año,

b) los que proceden del exterior y pudieran simultanear turismo y trabajo,

c) los que pertenecen a sectores de formación bruta de capital fijo en inversiones para el turismo (ejemplo construcción de hoteles),

---

[1] EPA: Encuesta de población activa, Instituto Nacional de Estadística (INE).
DIRCE: Directorio Central de Empresas, Instituto Nacional de Estadística (INE).
BBV: Renta Nacional de España y su distribución provincial, Banco Bilbao Vizcaya.
TIOT/92: Tabla Input-Output de la Economía Turística, 1992, Instituto de Estudios Turísticos, Secretaría General de Turismo, Madrid.

d) y los que realizan actividades laborales en más de un sector productivo, en los que en alguno de ellos se ofrecen bienes o servicios para el turista.

Se aprecia pues la complejidad de la consecución de valores representativos de la oferta de trabajo turístico (número de personas que trabajan permanentemente o, al menos, durante un período anual desarrollan una actividad laboral productiva de servicios o bienes turísticos). Por ello la conveniencia de buscar, junto a las unidades estadísticas de valor del empleo turístico —o número de personas que trabajan en turismo— otros indicadores estadísticos que puedan facilitar el mejor conocimiento de la realidad del empleo turístico.

6.1. La productividad del empleo turístico

Por delante de cualquier otro indicador explicativo del trabajo turístico, debe situarse la productividad por empleo. Es evidente que dicha magnitud es la mejor expresión del valor técnico y político que tiene el empleo turístico en cualquier lugar. Puede valorarse que la más correcta expresión estadística de las fuerzas de trabajo es el valor que alcanza la relación valor temporal de la producción turística y el número de empleados que la ha hecho rentable.

La productividad por empleo es la mejor expresión del valor técnico y político del empleo turístico.

Es decir, una expresión estadístico-económica del empleo turístico responde a la relación:

$$pwt = \frac{PT}{W}$$

En donde:

pwt	=	productividad por empleado en turismo
PT	=	Producción total en Turismo
W	=	Número de trabajadores que originan aquella producción

En consecuencia, nos encontramos con una magnitud estadística de carácter relativo relacionada con el empleo turístico que de alguna manera puede facilitar, ponderar o determinar mejor el verdadero valor de la fuerza de trabajo ocupada por la actividad turística.

En ese sentido, por la misma razón, se podría llegar al conocimiento real del empleo turístico si se dispusiese de manera correcta de indicadores insesgados de la producción total turística y de la productividad media del trabajador en turismo. Por tanto:

Difícilmente puede llegarse a una concreción única de la productividad media del empleo turístico, ya que no es admisible de manera absoluta identificar o simplificar las diversas tipologías del empleo turístico.

$$W = \frac{PT'}{pwt'}$$

En donde se ha considerado la existencia de valores más o menos exactos o insesgados de los términos del cociente (').

Ahora bien, mientras el valor de la producción turística (PT) puede llegar a ser conocido mediante diversos procedimientos, bien utilizando o estimando una tabla input-output de la economía turística, bien identificando de manera simétrica el consumo con la producción, es bastante más complejo llegar a un valor consistente del concepto de productividad media en el marco de la actividad turística.

Por ello, ¿cómo definir la productividad media del empleo turístico? El carácter horizontal del turismo, que se proyecta desde el consumo de la actividad, impactando en múltiples sectores o ramas económicas de manera muy distinta e intensa, hace poco científico proceder a identificar un sólo empleo turístico para trasladarlo a la fórmula de la productividad.

Sin embargo, puede aprovecharse tal simplificación para llegar a un proxi del valor buscado, que pudiera ser mejorado en caso de que se procediese a segmentar el proceso global, fraccionando la producción en el máximo número de subsectores turísticos (i), con especificidad propia en el valor de su productividad:

$$Wi = Kw \left(\sum \frac{PT'i}{pwt'i}\right)$$

En donde Kw equivale al multiplicador del empleo turístico que se deduce o se estima del análisis input-output de una tabla intersectorial de la actividad turística.

Hay que indicar por otra parte, que el concepto de productividad puede también reflejarse en una expresión estadística definida en términos de valor físico de producción, que es igualmente utilizada para estimar el valor del empleo. En ese sentido, es frecuente establecer relaciones del tipo:

$$Wi = \frac{UFT_i}{upw_i}$$

En donde: Wi = Número de trabajadores empleados en cada subsector (i)

$UFTi$ = Unidades de oferta turística del subsector(i)

$upwi$ = Unidades de producción por trabajador

Si se aprecia el ejemplo de que la oferta total del número de habitaciones hoteleras es igual a 250.000 y que en ese lugar se calcula que se contrata un trabajador por cada cuatro habitaciones, se obtendría la siguiente relación:

$$Wh = \frac{250.000}{4} = 62.500$$

6.2. El coste del empleo turístico

De la misma manera a como se ha explicado el concepto de "productividad" para establecer estimaciones del empleo turístico, puede procederse con el significado del coste salarial de la fuerza de trabajo. Es evidente, pues, que existe la relación natural:

$$Wi = F(Sti)$$

En donde (Sti) equivale al volumen de salarios distribuidos en el desarrollo de la producción turística que puede obtenerse de las tablas *input-output* de turismo.

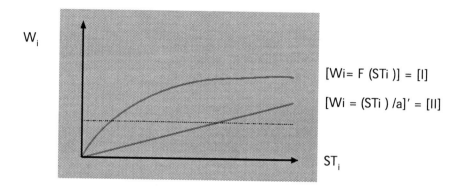

$$[W_i = F(ST_i)] = [I]$$

$$[W_i = (ST_i)/a]' = [II]$$

Las estadísticas de salarios pueden ayudarnos a conocer el numero aproximado de trabajadores empleados por actividades turísticas.

Representando el coeficiente <u>a</u> el salario medio en una función lineal del empleo turístico que crece en relación directa con la masa salarial distribuida. Se considera, pues, que en general, no puede hablarse de una función lineal de los salarios turísticos, ya que muchas restricciones actuarían de inmediato en un proceso sucesivo de crecimiento de la producción y, por tanto, de la masa de salarios a distribuir; ya que necesariamente se habría de producir un incremento progresivo del salario promedio por efecto de aumentos de la productividad, mejora de la capitalización por empleado, etc. Por tanto, se opina que el comportamiento en la evolución del empleo turístico habría de responder a la primera función [I].

Podemos, pues, manifestar que es adecuada la utilización de las estadísticas de salarios para acceder al conocimiento aproximado del número de trabajadores empleados por las actividades turísticas. No obstante, hay que manifestar que el problema que se plantea en este caso es la significación de las unidades de empleo obtenidas, ya que si se utiliza el coeficiente de salario (a) será necesario especificar con rigor el ámbito de la magnitud que representa, ya que si se refiere a salarios anuales W_i responderá al número de remuneraciones anuales distribuidas y no exactamente al número de personas que a lo largo de los doce meses del año han sido empleadas con carácter fijo o sólo temporalmente.

7. El crecimiento estadístico del empleo turístico

Es una realidad que la expresión estadística del empleo sólo es un reflejo numérico de la situación que depara la información disponible al efecto, igual que ocurre como es lógico en cualquier otra magnitud económica o social. Por ello es interesante construir algún tipo de indicador cuyo mantenimiento sucesivo pueda servir para proyectar en el futuro inmediato o a medio plazo un valor representativo de la variable analizada. Se puede afirmar que el empleo turístico va a ser siempre una función creciente relacionada especialmente con la evolución de la demanda turística.

Es aconsejable disponer de un indicador que nos permita proyectar un valor representativo del crecimiento del empleo turístico.

Es decir:

$$Wi = F (Ti)$$

Por tanto:

Aunque el empleo turístico siempre sea una función creciente, diversos factores actúan impidiendo que el crecimiento de la demanda se traslade exactamente al incremento neto de empleo.

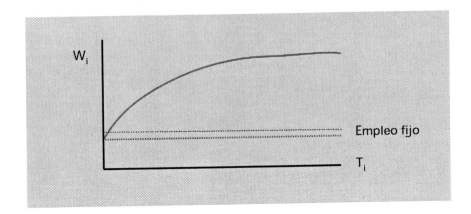

Ahora bien, se ha comprobado, que diversos factores actúan impidiendo que el crecimiento real de la demanda se traslade en la misma cuantía al incremento neto del empleo.

De manera esquemática y en el cuadro siguiente, se reflejarán las variables influyentes en la tasa real de variación del turismo, cuyos valores no se incorporan simétricamente al empleo ya que diferentes factores reductores de creación de puestos de trabajo obligan a comportarse a la función de manera no lineal con exponente que estabiliza el valor del empleo en el límite: (a < 1)

$$Wi = K \cdot PTia$$

VARIABLES POSITIVAS EN EL MOVIMIENTO TURÍSTICO	FACTORES REDUCTORES DEL EMPLEO TURÍSTICO
Δ nº de turistas Δ estancia media Δ gasto real Δ actividades complementarias	Baja productividad actual del sector turístico Marco contratación mercado laboral más flexible Tecnificación del sector por retraso histórico Innovación técnica futura
Tasa media ponderada real de expansión ΔTT	**Factor medio reductor del empleo FRW**

En consecuencia, podría demostrarse que el crecimiento del empleo turístico —real y estadístico— podrá a medio plazo responder a la siguiente relación funcional:

$$Wt = W_0 \cdot \Delta TT_t \cdot FRW_t$$

Siendo:

W_t	=	Empleo turístico en el momento (t)
$W_.$	=	Empleo turístico en el momento base
ΔTT	=	Tasa de variación porcentual de la demanda turística
FRW_t	=	Coeficiente reductor del empleo turístico por efecto de los factores restrictivo.

Referencias bibliográficas

BBV -Banco Bilbao Vizcaya (19...): *Renta Nacional de España y su distribución provincial*, BBV, Madrid.

Figuerola Palomo, Manuel (1985): *Teoría Económica del Turismo*, Alianza Universidad de Textos, Madrid.

Figuerola Palomo, M. (1990): *Elementos para el estudio de la economía de la empresa turística*, ed. Sintesis, Madrid.

Figuerola Palomo, Manuel (1995): *Economía para la Gestión de las Empresas Turísticas*, ed. Centro de Estudios Ramón Areces, Madrid, Tomo I (Organización y financiación) y Tomo II (Producción y comercialización).

Instituto de Estudios Turísticos (1997): *Tabla Input-Output de la Economía Turística 1992 (TIOT/92*, ed. Secretaría General de Turismo, Madrid.

INE -Instituto Nacional de Estadística (19...): *Encuesta de Población Activa (EPA)*, INE, Madrid.

INE -Instituto Nacional de Estadística (19...): *Directorio Central de Empresas (DIRCE)*, INE, Madrid.

OCDE (1997): *A pilot survey on employment and tourism*, Organisation de Coopération et de Développement Économiques.

OCDE (1994): *Labour Force Satatistics*, Organisation de Coopération et de Développement Économiques.

methodological issues

- La empresa turística: formación y empleo. Acciones de la Secretaría de Estado de Comercio, Turismo y Pyme
  Reyes Feito
  Jefa del Área de Formación. Secretaría de Estado de Comercio, Turismo y Pyme

- La gestión de la formación en la AAVV
  Gonzalo Pascual
  Presidente de Turismo, CEOE

- Análisis de los planes de formación en las empresas del scctor turístico
  Amparo Sancho Bueno
  Catedrática de Economía del Turismo, Universidad Politécnica de Valencia

- The impact of new technology in trainign for tourism
  Alan J. Parker
  Director Center for Tourism and Technology, School of Hospitality Management

panel A

cuestiones teóricas

LA EMPRESA TURÍSTICA: FORMACIÓN Y EMPLEO. ACCIONES DE LA SECRETARÍA DE ESTADO DE COMERCIO, TURISMO Y DE LA PEQUEÑA Y MEDIANA EMPRESA

Reyes Feito

1. Calidad e Innovación
2. El Libro Blanco de las Enseñanzas Turísticas
3. Panorama de acciones formativas
4. Lucha contra la estacionalidad y generación de empleo
5. Conclusiones

Si bien España ocupa una posición privilegiada como destino turístico, para mantener la competitividad del sector turístico español son imprescindibles la calidad y la innovación, retos ambos que van siempre precedidos de la movilización del capital humano. La realización del Libro Blanco de las Enseñanzas Turísticas, elaborado con la participación de todos los sectores y administraciones implicadas se constituye como herramienta fundamental para la mejora de la formación en el sector turístico. El panorama formativo se completa con numerosas acciones promovidas desde la Secretaría General de Estado de Comercio y Turismo de la Pequeña y Mediana Empresa, que contribuirán al incremento de la calidad y el crecimiento del sector. La lucha contra la estacionalidad del turismo y el apoyo a nuevas actividades turísticas forman parte de la estrategia de la Administración para la generación de empleo.
Palabras clave: calidad, innovación, autoempleo, desestacionalización.

Although Spain is a privileged tourist destination, the continued competitiveness of the Spanish tourism sector hinges on quality and innovation, two challenges which are systematically preceded by the mobilization of human capital. The drafting of the White Paper on Tourism Teachings, in which all the sectors and administrative departments involved in tourism participated, is a basic tool for improving training in the tourism sector. Training activities are rounded off with numerous actions promoted by the State Secretariat for Trade, Tourism and SMEs and which will contribute to increasing quality and growth in the sector. Measures designed to combat seasonality and support new tourism activities form part of the administration's strategy to create jobs.
Key words: quality, innovation, self-employment, staggering tourism.

Même si l'Espagne occupe une position privilégiée en tant que destination touristique, la qualité et l'innovation sont indispensables pour que le secteur touristique espagnol reste compétitif. Ces deux défis supposent toujours la mobilisation du capital humain. Le Livre Blanc sur l'enseignement touristique, élaboré avec la participation de tous les secteurs et de toutes les administrations concernés, apparaît comme un outil fondamental pour l'amélioration de la formation dans le domaine touristique. Le panorama de la formation est complété par de nombreuses actions dues à l'initiative de la Secretaría de Estado de Comercio y Turismo y de la Pequeña y Mediana Empresa, qui contribuent à l'augmentation de la qualité et à la croissance du secteur. La lutte contre la saisonnalité du tourisme et le soutien à de nouvelles activités touristiques font partie de la stratégie de l'Administration pour la création d'emplois.
Mots-clés : qualité, innovation, travailleurs indépendants, lutte contre le caractère saisonnier.

LA EMPRESA TURÍSTICA: FORMACIÓN Y EMPLEO. ACCIONES DE LA SECRETARÍA DE ESTADO DE COMERCIO, TURISMO Y PYME

Reyes Feito
Jefa del Área de Formación de la Dirección General de Turismo

1. Calidad e Innovación

Todas las encuestas resaltan la posición estratégica de nuestro país como destino turístico. En estos momentos, España es ya el segundo destino mundial en número de visitantes, con un movimiento superior a los 560 millones de personas por año.

Sin embargo, no debemos obviar que existen elementos que pueden incidir de forma negativa en nuestra posición, tales como la globalización de la economía, el abaratamiento y la liberalización del transporte aéreo, la mejora en las telecomunicaciones que determina la incorporación de nuevos destinos a la oferta turística mundial, así como la implantación de la moneda única que llevará consigo la eliminación de políticas devaluatorias de la peseta y que exigirá a las empresas turísticas un mayor esfuerzo en calidad que se traduce en una mejor formación, información y comunicación, así como la armonización del IVA que puede restar a España competitividad como destino turístico frente a otros destinos externos a la Unión Europea.

Para hacer frente a esta situación, nuestro reto se centra en dos grandes objetivos: calidad e innovación. Estos grandes objetivos van siempre precedidos de la movilización de nuestro principal valor: el capital humano.

El capital humano es factor clave para el mantenimiento de la competitividad del turismo español.

2. El Libro Blanco de las Enseñanzas Turísticas

Conjugando los tres aspectos mencionados, es decir, calidad, innovación y capital humano, la Secretaría de Estado de Comercio, Turismo y de la Pequeña y Mediana Empresa, constatando la dificultad de establecer un cuadro formativo que, suficientemente articulado, sea capaz de ofrecer los adecuados niveles de profesionalidad en turismo, se comprometió en el Congreso Nacional de Turismo, celebrado en Madrid los pasados 25 y 26 de noviembre de 1997, a elaborar el Libro Blanco de las Enseñanzas Turística como inventario de enseñanzas turísticas, con especificación de

La Secretaría de Estado de Comercio, Turismo y Pyme adquiere el compromiso de la elaboración del Libro Blanco de las Enseñanzas Turísticas como inventario de la oferta educativa existente en España.

sus programas, contenidos, medios, instalaciones y necesidades, con la participación de todos los sectores y administraciones implicadas, para mejorar la formación y cualificación profesional de los recursos humanos del sector mediante la articulación de un cuadro que ofrezca los niveles de formación necesarios, garantizando así una mayor profesionalidad en el sector.

3. Panorama de acciones formativas

Un amplio abanico de acciones formativas contribuirá al establecimiento de un sistema de formación turística que permita incrementar la productividad del sector.

Este compromiso se completa con las diferentes acciones formativas que desde la Secretaría de Estado de Comercio, Turismo y de la Pequeña y Mediana Empresa se promueven contribuyendo al establecimiento de un sistema de formación turística que integra las diferentes fases de la misma, desde las diferentes enseñanzas regladas hasta la formación continua de los profesionales del sector, al ser totalmente conscientes de que la profesionalidad es un factor estratégico para el incremento de la productividad y, por tanto, de la competitividad de las empresas del sector. Estas acciones formativas dirigidas tanto al ámbito público como privado del sector turístico, son las siguientes:

a) Diseño, organización e impartición de acciones formativas dirigidas a empresarios, directivos y responsables de calidad de los subsectores de agencias de viajes, restaurantes, hoteles, campings y cadenas hoteleras.

Estas acciones tienen como objetivo básico la motivación de los públicos mencionados hacia la implantación de sistemas de calidad, como medidas de autoregulación en los diferentes subsectores del ámbito turístico.

Las primeras experiencias obtenidas —que se han aplicado a los hoteles, agencias de viajes y restaurantes— están resultando especialmente satisfactorias, no sólo por la consecución de los objetivos marcados, sino también porque nos ha dado la oportunidad a la Administración Turística Central de coordinarnos con las asociaciones y federaciones más representativas de los diferentes subsectores.

b) Diseño, organización e impartición de módulos formativos sobre turismo y desarrollo sostenible.

La sostenibilidad del turismo precisa buscar nuevos productos que satisfagan las exigencias de los turistas.

Considerando que para la industria turística es imprescindible tener como referente la sostenibilidad, no sólo por la obligación que nos impone la legislación vigente, sino también por la existencia de una creciente sensibilidad ecológica de los consumidores que fuerza a adoptar mejoras ambientales en los productos turísticos tradicionales y la búsqueda, por parte de nuevas tipologías de turistas, de su destino ideal en los espacios naturales y rurales más valiosos, obliga a conformar nuevos productos turísticos muy específicos.

Por ello, la Secretaría de Estado, a través de la Dirección General de Turismo, promueve una formación para los profesionales con funciones de responsabilidad en la planificación de los espacios turísticos, en el diseño de productos turísticos ambientales y en su comercialización.

Las acciones formativas que se diseñan para el fin mencionado se dirigen a públicos diferentes, dependiendo de los objetivos que se pretenden alcanzar. Así, se distinguirán entre los módulos formativos dirigidos a gestores públicos locales y los dirigidos a empresarios y directivos turísticos.

El panorama formativo descrito se completa con la necesidad de acercar a nuestro sector a los jóvenes titulados, no sólo a aquéllos que previamente se han decantado por él cursando enseñanzas turísticas, sino también a aquéllos otros que estando formados en disciplinas diferentes pueden aportarnos una nueva visión al amplio mundo del turismo.

La Secretaría de Estado de Comercio, Turismo y Pymes articula anualmente el programa becas "Turismo de España", que convoca 156 becas en sus diferentes modalidades, destinando mayores recursos a la formación de jóvenes titulados para su especialización en el ámbito turístico y fomentando la investigación y las prácticas profesionales de estudiantes a los que, posteriormente, ayudamos a que alcancen proyección profesional en el sector.

Somos conscientes de que la calidad y la formación suponen las dos máximas garantías para obtener estabilidad laboral. Invertir en formación es invertir en calidad y esta es siempre rentable a corto plazo. En la actividad turística la calidad se percibe por el nivel profesional de prestación del servicio y se produce una relación cliente-trabajador inexistente en otros muchos sectores.

Considerando la importante repercusión que tiene nuestro sector sobre el empleo, en el debate que a nivel nacional se desarrolló en el Congreso Nacional de Turismo de 1997, se puso de manifiesto cómo las modalidades de contratación y la estabilidad laboral, la homogeneización de criterios en las disposiciones vigentes y la diversificación y especialización de nuestro producto turístico son factores que afectan muy directamente a la calidad del empleo turístico en España.

4. Generación de empleo

El reto más importante al que hemos de enfrentarnos es la lucha contra la estacionalidad, ya que toda acción encaminada a desestacionalizar la actividad turística tendrá efecto en la creación y consolidación de los puestos de trabajo, de ahí que se haya de fomentar la imaginación y la promoción de nuevas actividades turísticas. La Administración ha de ser sensible a la importancia que para el turismo en general, y no sólo para el empleo, tienen estas nuevas actividades turísticas y debe apoyar, asesorar y crear vías que posibiliten su instalación y desarrollo, elaborando el marco legal adecuado, facilitando la información y, por supuesto, siguiendo las nuevas tendencias de la demanda.

La desestacionalización del turismo en España es el reto al que nos hemos de enfrentar para la generación de empleo y la plena utilización de las infraestructuras hoteleras.

Un ejemplo de producto que contribuye a la desestacionalización del turismo y a la plena utilización de las infraestructuras hoteleras, favoreciendo además la formación, el reciclaje y la mayor cualificación de los recursos humanos, son los Programas de Turismo Social, que constituyen un importante generador de riqueza para nuestro país y un instrumento eficaz para aumentar el bienestar de nuestros ciudadanos. Se constata el favorable impacto que tiene por la generación y mantenimiento del empleo tanto directo (5160 puestos de trabajo sólo en el sector hotelero) como inducido (transportes, servicios en ruta, servicios de comercialización y atención al cliente, asistencia sanitaria, seguro de viajeros...), especialmente en la temporada turística baja, contribuyendo a la desestacionalización del turismo. Asimismo, genera un efecto positivo hacia otros ámbitos gravosos para la Administración como puede ser la asistencia sanitaria.

Los programas de turismo social ejercen un importante impacto en la generación de puestos de trabajo y contribuyen a la desestacionalización de la oferta.

En esta misma línea, se contempla la posibilidad de crear un sistema de ahorro bonificado para los asalariados que les permita comprar servicios turísticos y de ocio con una bonificación, nos referimos al sistema cheque vacaciones El sistema se entiende como una herramienta de cohesión social y de redistribución de la riqueza. A diferencia del programa mencionado en el apartado anterior, el cheque vacaciones no requiere aportación económica de los Presupuestos Generales del Estado, dado que se financia con el ahorro de los trabajadores y las aportaciones de los empresarios. Tampoco requiere que los prestadores de servicios turísticos estén expresamente adaptados en su oferta a las necesidades y gustos específicos de un determinado segmento.

Una manifestación más de imaginación en el campo de las nuevas actividades turísticas que debe ser tenida en cuenta como medida para luchar contra el desempleo surge del autoempleo de los profesionales del turismo. Dado el alto grado de formación humana, psicológica y profesional que requiere, no todo profesional está preparado para el autoempleo, por lo que se precisan actuaciones de formación en dicha modalidad. En los últimos años el autoempleo se ha dado fundamentalmente en el turismo rural, en el agroturismo y en las empresas de consultoría turística.

El autoempleo no sólo genera el puesto de trabajo del emprendedor, sino que provoca una media de otros dos puestos y medio directos. Principalmente, las comunidades autónomas y las entidades financieras deben influir y participar en el proceso de toma de decisiones con una política decidida de ayudas, subvenciones y financiación.

5. Conclusiones

El recurso humano es el verdadero motor y generador de riqueza del sector turístico, de ahí la importancia de su fortalecimiento.

La propia complejidad del sector se define por el gran número de subsectores que lo conforman, la afectación de disciplinas diferentes (economía, derecho, medio ambiente...), tamaño de las empresas, etc. Esta misma característica constituye su propia riqueza. Riqueza que depende, en gran medida, de sus recursos humanos que, por tanto, todos debemos seguir fortaleciendo.

Referencias bibliográficas

INE -Instituto Nacional de Estadística (1993): *Estudio de necesidades de Formación Profesional. Sector servicios de naturaleza turística*, INE, Madrid.

Felipe Gallego, J. (1997): *Hostelería y Productividad*, Olimpo-Graf, Madrid.

Secretaría de Estado de Comercio, Turismo y Pequeña y Mediana Empresa (1997): *Plan de Estrategias y Actuaciones de la Administración General del Estado en Materia Turística*, Secretaría de Estado de Comercio, Turismo y Pequeña y Mediana Empresa, Madrid.

— (1997): *Congreso Nacional de Turismo, Ministerio de Economía y Hacienda*, Madrid.

— (1995): *Seminario Internacional de Turismo Social, Ajuntament de Calviá*, Mallorca.

LA GESTIÓN DE LA FORMACIÓN EN AAVV

Gonzalo Pascual

1. Los recursos humanos y el éxito de la empresas
2. Fases del proceso formativo
3. Formación laboral, clave de competitividad
4. La formación continua en la empresa
    4.1. Repercusión de la formación en la organización de la empresa y el trabajo
    4.2. La formación como inversión
5. La oferta y la demanda en las agencias de viajes
6. Estudio realizado en una compañía de AAVV
    6.1 Objetivos del estudio
    6.2 Criterios para la evaluación de empleados y productos escogidos
    6.3. Resultados del estudio: puntos fuertes y débiles de las agencias de viajes.
    6.4. Formación para conseguir calidad del servicio
    6.5. Carencias detectadas
7. Conclusiones

Hoy día, la competitividad de las empresas depende en gran medida de la creatividad y eficacia de sus recursos humanos, y estos a su vez de la formación del personal. Asimismo, la formación continua —adecuada a las necesidades de la empresa— es vital para conseguir el éxito. El adiestramiento en nuevas técnicas y enfoques y la búsqueda de planes coherentes y objetivos de futuro requiere la formación a todos los niveles de la empresa, desde los niveles directivos a los niveles más básicos. En el subsector de las agencias de viaje, la posición de liderazgo depende de la actitud y la profesionalidad de trato al cliente, así como de la participación activa del personal comercial en los objetivos de la empresa.
Palabras clave: el capital humano como recurso estratégico de la empresa, formación continua, satisfacción del cliente, posición activa de venta.

Nowadays, the competitiveness of an enterprise broadly hinges on the creativeness and efficiency of its human resources, which are in turn determined by staff training. Likewise, continued training -tailored to meet an enterprise's requirements- is vital to success. Acquiring new techniques and focuses and identifying coherent plans and future objectives requires training at all levels, from management to the lowest echelons of the enterprise. In the travel agency sub-sector, leadership depends on attitudes to customers and the professionality with which they are treated, and also on the active participation of the sales staff in helping the agency to meet its objectives.
Key words: human capital as a strategic corporate resource, continued training, customer satisfaction, active sales stand.

Aujourd'hui, la compétitivité de l'entreprise repose pour une large part sur la créativité et l'efficacité de ses ressources humaines, qui dépendent elles-mêmes de la formation du personnel. En outre, la formation continue - adaptée aux besoins de l'entreprise - est vitale pour réussir. La maîtrise de techniques et d'approches nouvelles et la recherche de plans cohérents et d'objectifs d'avenir exigent une formation à tous les niveaux de l'entreprise, de la direction aux échelons les plus modestes. Dans le sous-secteur des agences de voyages, la position dominante dépend de l'attitude et du professionnalisme du service au client, ainsi que de la participation active du personnel commercial aux objectifs de l'entreprise.
Mots-clés: le capital humain comme ressource stratégique de l'entreprise, formation continue, satisfaction du client, position active de vente.

LA GESTIÓN DE LA FORMACIÓN EN AAVV

Gonzalo Pascual

Presidente Consejo de Turismo, CEOE

1. Los recursos humanos y el éxito de la empresas

La diferenciación entre empresas, productos y servicios es cada vez menor y la competitividad se hace crecer exponencialmente en todos los sectores. Por ello, la supervivencia y el éxito de las empresas dependen cada vez más de la creatividad y eficacia de sus personas.

¿Por qué empresas con recursos humanos similares obtienen resultados muy dispares? ¿Cuál es el elemento diferenciador?

Toda empresa tiene un objetivo muy claro: obtener el máximo resultado, a través de la gestión de unos recursos —técnicos, financieros, humanos, etc.— que, en muchos casos, son incluso iguales o similares. La causa de que los resultados puedan ser muy diferentes y que conducen al éxito o fracaso radica en el modo de relacionarse las personas, tanto dentro de la empresa como con los clientes. El miedo a cambiar es ancestral en el ser humano y sólo con formación se puede superar este miedo y liderar el propio cambio. Decía, Galileo Galilei: "No se puede enseñar nada a nadie. Sólo se puede ayudar a que lo encuentre dentro de sí mismo."

Ya no son los productos ni los conocimientos los que marcan las diferencias, pues el factor diferenciador de los resultados de una empresa se debe al modo en que se relacionan sus recursos humanos.

2. Fases del proceso formativo

Un planteamiento maximalista consideraría que desde que el hombre nace está sometido durante toda su vida a una formación permanente. Sin necesidad de llegar a este extremo hay que plantear una formación permanente estructurada en fases muy concretas y precisas.

- Una primera fase se realiza de forma natural, inconsciente y vital. Corresponde a los primeros años de la vida del hombre en la que aprende no sólo a moverse y desenvolverse, sino a expresarse y sentir. Es admitido que el esfuerzo realizado durante los tres primeros años es el mayor esfuerzo intelectual en la vida del hombre.

En la formación del hombre se distinguen varias etapas formativas, desde que nace hasta que se integra en el mundo laboral.

- La segunda fase constituye la formación reglada de carácter obligatorio o básico que se conoce como estudios o formación elemental. Este período viene establecido por las normas nacionales de educación y por los planes que la Administración Pública elabora.

- Prolongación a este período es el de la formación superior en cuanto que también su naturaleza es reglada, sometida a los planes nacionales o autonómicos aprobados por las Administraciones Públicas.

El proceso de formación nunca termina. La formación puede ser más o menos intensa, dedicada a una u otra función, pero no debe terminar nunca.

Una nueva fase en el proceso formativo surge con la formación laboral. Hay que detenerse más en ella y establecer un nivel constante desde el momento de la incorporación al puesto de trabajo. Con independencia del tipo de empresa, con independencia también del cambio de trabajo, ha de imperar el principio de que el trabajador necesita una formación continuada, una puesta a punto permanente. Los planes de formación de las empresas han de prever la formación permanente como sistema más propicio para el mantenimiento intelectual, la modernización y la motivación del empleado. En cada época de la vida laboral la formación tendrá una naturaleza y un significado distinto pero siempre deberán existir períodos que con independencia de los tiempos de trabajo se dediquen a la formación.

Aunque los autores la definen de distintas formas, yo la considero como un proceso que comienza con la incorporación al puesto de trabajo y continúa con un programa de reorientación profesional que permita al trabajador traslados y promociones.

3. Formación laboral, clave de competitividad

Las circunstancias cambian y en las empresas modernas: a veces es necesario renovar culturas, métodos y formas, pero cambiar la cultura de una empresa no es una tarea sencilla, se necesita establecer prioridades, conseguir objetivos y metas operativas.

La formación es el camino, el único camino que entiendo viable para conseguir un futuro seguro de la empresa. El adiestramiento en nuevas técnicas y enfoques y la búsqueda de planes coherentes y objetivos de futuro requiere la formación a tres niveles, esto es:

- Formación de directivos,
- formación de mandos, y
- formación de vendedores.

Nuestros trabajadores siempre han sido y son grandes técnicos, pero cada día hay que estar mejor preparados, hay que formarse, hay que aprender cuál es la manera adecuada de responder a las exigencias de cada cliente. La formación es una clave de competitividad y, por supuesto, la formación tiene que ser la adecuada y también adecuadamente impartida.

Hoy en día, las organizaciones están situadas en un marco altamente dinámico, y, en ciertas ocasiones, turbulento, que nos obliga a modificar nuestras formas de actuar para poder sobrevivir en el mercado.

Muchos profesionales han pasado toda su vida formándose después de haber finalizado su carrera de medicina y, como todos sabemos, la medicina es uno de los sectores en España que ha estado y está a la altura de otros países.

Por el contrario, los directores de nuestras empresas, llegado a un nivel, en algunas ocasiones son autodidactas, no siguen cursos de formación y, paralelamente, en general, la rentabilidad de nuestras empresas está por debajo de la rentabilidad de las empresas en los paises más desarrollados.

A veces uno piensa y se pregunta por qué los profesionales de la medicina están en permanente formación al menos un par de veces por mes para revisar, exponer y cuestionar su trabajo o el de sus compañeros. La característica común en este colectivo es el autocuestionamiento, el diálogo, la formación continua a lo largo de la vida profesional y la escasa politización.

Si un profesional no tiene tiempo de estudiar, de reflexionar, de que lo cuestionen o de cuestionarse él mismo, se habrá convertido en un mero gestor político-empresarial.

Es normal escuchar a determinados directivos que no tienen tiempo para pensar ni para reflexionar. La mayoría de estos son autodidactas que tienen pánico a ser cuestionados en un curso para la dirección. No es de extrañar, por tanto, el "boom informativo" que sobre el tema de la formación existe actualmente en nuestro país. Los periódicos y las revistas siempre tienen un apartado dedicado a este tema, y es que estamos asistiendo a un período de cambio total en el campo de la formación.

En muchas ocasiones la formación se ha aceptado cuando se trata de enseñar a manejar un cajero automático, una técnica de ventas o, en general, cosas prácticas. Pero, por el contrario, nunca se ha considerado que el mal venga a veces de arriba, de nuestros dirigentes y empleados de alto nivel que temen a la formación y que, en ocasiones, tienen a las direcciones de personal, de recursos humanos, etc... para dar cuentas de nóminas, seguros sociales, despidos y asuntos de escasa influencia, pero no en su contenido esencial que debería ser la formación.

Quizás debamos pensar que la falta de consideración en determinados colectivos hacia la formación procede de las escuelas. No nos descubrieron por qué sacábamos buenas o malas notas, cómo estudiar, cuál pudiera ser nuestro mejor rendimiento, cómo manejar una bibliografía, por qué suspendíamos, nuestros profesores nos vigilaban, veían si rendíamos o no. Al final hemos salido, en general, con poco amor a estudiar y con el temor instintivo a exponernos, a ser criticados o derrotados en nuestra ignorancia.

Detrás de quienes puedan negar la formación se esconde una situación de falsa autorrealización, de mínimo desarrollo personal, de escasa madurez. Es el refugio del que cree saberlo todo o del que no sabe pero que no tiene tiempo para aprender.

4. La formación continua en la estrategia de la empresa

Pero para que la formación sea realmente una inversión, no se debe realizar porque sí, sino sabiendo cual es su contribución en la resolución de los problemas más corrientes de la empresa y, para ello, el primer paso a seguir es la definición exacta de las necesidades de formación de cada empresa pequeña, mediana o grande y de las deficiencias de capacidades que presentan sus empleados.

Hoy día las empresas colocan la política de recursos humanos y la formación continua en un plano estratégico, junto a otras políticas de gestión de empleo u otras más específicas como los criterios de contratación y selección de personal.

En los últimos tres años la formación continua en AAVV acompaña tan de cerca a las inversiones en I+D como a los cambios en tecnologías y productos o a los cambios en la organización del trabajo.

Cada vez más, las empresas consideran a la formación continua como un factor fundamental tanto para el aumento de la productividad como para la búsqueda de la innovación. Igualmente, la formación continua parece jugar un papel cada vez más importante en la gestión del mercado interno de trabajo.

Todos estos movimientos se pueden clasificar en los siguientes :

• Las decisiones concernientes a la formación continua se están centralizando al más alto nivel de la empresa.

• La definición de políticas de formación continua se hace en la sede principal de la empresa grupo, puesto que están cada vez más ligadas a una estrategia general.

• Este reforzamiento estratégico plantea el problema del papel de los otros actores en la empresa vinculados a estos cambios, como son los sindicatos. los empleados considerados como individuos, los comités de empresa, etc.

En la actualidad se está modificando la distribución de la formación continua, con una tendencia a alcanzar niveles más bajos.

• Existe un sistema de progresivo deslizamiento desde una formación tradicionalmente reactiva, entendida como una herramienta de ajuste, hacia una concepción más proactiva, es decir, una formación continua entendida como una variable activa del proceso de innovación y de anticipación de los cambios.

Generalmente en la formación continua las empresas han beneficiado más a los cuadros medios y a los empleados especializados, y hoy se viene observando que las empresas comienzan a prestar una atención particular a los niveles más bajos, a los cuales se dirigen las fórmulas de formación general de base, asociadas a una primera cualificación profesional. Las dificultades de contratación de mano de obra cualificada a nivel de un primer empleo comienzan a orientar a las empresas hacia la contratación de personal no cualificado, preocupándose de darle luego una formación dentro de la misma empresa, y parece extendido el criterio de que es mejor hacer esto que presionar sobre un mercado de trabajo casi exhausto respecto del personal bien cualificado.

Un rasgo común en todas las empresas es la observación de que, a pesar de que en los convenios colectivos se expresa —cada vez un poco más— la preocupación por la cualificación y la formación continua, estos nuevos instrumentos conllevan a dotar de nuevas competencias a los miembros de los comités de empresa, si se quiere que esas disposiciones incluídas o a incluir en los convenios sean realmente eficaces.

4.1. Repercusión de la formación en la organización de la empresa y el trabajo

A medida que la inversión en capital humano se vuelve una cuestión central, y la formación continua se integra en la estrategia de la empresa, surgen consideraciones verdaderamente significativas.

- La organización y el contenido del trabajo interactúan con la formación continua y en la conciencia de los directivos existe una búsqueda creciente de flexibilidad y de polivalencia asociadas en la evaluación de la organización del trabajo.

- Las diferentes situaciones dan lugar a toda una amplia gama de políticas de formación, desde acciones a corto plazo, sobre todo de adaptación al puesto de trabajo, hasta acciones a largo plazo.

El papel creciente de la formación continua obliga también a reexaminar el tema de la movilidad y definirla como política, tanto en lo que hace a la movilidad en el interior de la empresa como a la movilidad externa, que en muchos casos podrá ser una consideración secundaria.

Por otro lado, manifestar que cuando se habla de necesidades formativas es necesario diferenciar entre educación y formación en la empresa.

Hay que entender la formación como una inversión y no como un gasto pues la formación repercute en la calidad y, en consecuencia, en la competitividad de las empresas.

4.2. La formación como inversión

Al margen de los planes de estudios, determinadas empresas españolas no siempre han sido conscientes de los beneficios que la formación reporta al sector. Estas empresas han escogido el camino más barato y también el más rápido hacia el fracaso: considerar la formación como un coste y no como una inversión.

Al hablar de educación la podemos definir como un proceso que ofrece a la persona una serie de principios, mientras que la formación es una actividad mucho más específica que se concentra en la aplicación detallada de conocimientos a un nivel más básico y práctico.

Muchas empresas españolas que han optado por la selección de personal no cualificado y una escasa formación continua, luego se preguntan por qué los clientes no están satisfechos.

Hoy día las grandes empresas son conscientes de que la competitividad va a depender de la gestión del capital de recursos humanos, del capital de competencia de la empresa. Hoy ya se plantea la formación, como indicaba, como una inversión, ya no es un gasto social.

La formación va unida a la calidad, y la calidad de las acciones formativas —que es lo que todos deseamos— se conseguirá cuando las empresas y su personal lleguen a la conclusión de que no basta saber cuánto nos cuesta la formación, es necesario saber cuánto nos renta.

5. La oferta y la demanda en las agencias de viajes

La competencia caracteriza al subsector de las agencias de viajes. El cliente es cada vez más exigente puesto que el abanico de ofertas es mayor.

El sector en que nos movemos ha experimentado una evolución significativa en los últimos años y se caracteriza por una competencia feroz, tanto en productos como en campañas de publicidad.

El cliente es cada vez más sensible al precio, debido al gran número de promociones, ofertas, regalos, etc. que el mercado presenta y, por lo tanto, su exigencia es cada vez mayor. Otra característica es que se planifica cada vez menos la compra, esperando la oferta "de última hora".

El cliente, al contrario de antes, es menos fiel, suele acudir a varias agencias, recogiendo los folletos de varias empresas para comparar y elegir su mejor opción. Está hipersensibilizado ante reclamaciones: sus expectativas son altas respecto de la calidad que espera encontrar en sus viajes y, al haber frecuentísimos cambios de precios, es fácil que al viajar en el mismo avión, acudir al mismo hotel, etc. se encuentre comparativamente peor tratado que sus compañeros de viaje.

6. Estudio realizado en una compañía de AAVV

Hay que incrementar el nivel profesional del personal que está en contacto directo con el cliente a través de planes de formación específicos.

Todo lo señalado nos debe hacer reflexionar sobre cuáles deben ser los objetivos que nos proponemos alcanzar con los distintos proyectos de formación para profesionalizarnos y, como base, quizás pueda valer el siguiente estudio realizado en el grupo de empresas turísticas que represento.

6.1. Objetivos principales e intermedios del estudio

El objetivo principal del estudio es analizar el nivel de trato personal con el cliente y la calidad en la gestión de venta de las agencias de viaje, con el fin de elevar el nivel profesional de su personal comercial, a través de los planes de formación previstos.

Entre los objetivos intermedios se encuentran los siguientes:

• Detectar los puntos fuertes y débiles de las agencias en su actuación frente al cliente.

• Comprobar el nivel de conocimiento técnico y comercial de los productos, tanto propios como genéricos y, en concreto, la posición vendedora de las agencias frente al direccionamiento de los productos propios.

• Analizar la capacidad de las personas de las agencias para tratar al cliente tanto en su vertiente social, como en la actitud vendedora.

• Observar el grado de dominio en el desarrollo de las principales técnicas de venta a utilizar durante el contacto con el posible cliente.

6.2 Criterios para la evaluación de empleados y productos escogidos

Los criterios referidos al vendedor elegidos para la realización del estudio fueron la habilidad de contacto personal, el contacto telefónico, el conocimiento del producto, el conocimiento de folletos, documentación y medios informáticos, y las técnicas de venta personal. Los criterios referidos a la agencia como punto de venta son el escaparate, el expositor exterior, el local y la línea promocional.

El desarrollo de las visitas se centró en una simulación de compra sobre cuatro productos: viajes al Caribe, viajes a las islas (Canarias y Baleares), viajes a Centro Europa y compra de talonarios para estancias en hoteles.

6.3. Puntos fuertes y débiles de las agencias de viajes

En resumen, el trabajo reveló los resultados expuestos a continuación, en los que se puede observar que existen unos puntos fuertes y otros débiles.

a) Puntos fuertes de las agencias:

- Los empleados cumplen, por regla general, la política de ventas marcada por las compañías, informando de los programas preferentes para las empresas. Sin embargo, se detecta una actitud más de "disciplina" que como proyección, por propio convencimiento, hacia la decisión final del cliente.

- Suelen informar de las ofertas que cada destino tiene en ese momento.

- Argumentan y asesoran adecuadamente sobre los destinos que conocen personalmente.

- Mantienen, en todo momento, un trato social correcto.

b) Puntos débiles de las agencias:

- Al entender en muchos casos que el objetivo del comercial es más informar que vender, se realiza una venta muy poco orientada hacia el cliente: no se detectan necesidades, no se pregunta con intención, no hay excesiva preocupación por escuchar al cliente.

- Se observa una fuerte carencia de estructura y técnicas de venta: hay poco método de conversación con el cliente. Se deja en exceso en manos del cliente la decisión del programa a comprar ("Vd. se estudia los folletos que le doy y ve lo que más le interese").

- Falta habilidad para relacionar las expectativas del cliente con la oferta idónea.

- Se han detectado carencias en el conocimiento de productos.

El estudio revela que el profesional de la agencia de viajes en contacto con el cliente mantiene un trato social correcto y un asesoramiento adecuado de los destinos conocidos. Por el contrario, se detecta una falta de orientación comercial y técnica de ventas.

- Se "regalan" los folletos y, en ocasiones, se entrega un número excesivo de ellos. No se aprovechan estos soportes lo suficiente, puesto que no se personalizan, ni se conduce al cliente en su manejo.

- No se está familiarizado lo suficiente con el contenido de los folletos y, en consecuencia, se crean silencios y pausas muy prolongadas mientras el vendedor busca alguna información en el folleto.

- No se cierran ventas: el vendedor no "empuja" al cliente hacia una decisión. No se influye en su comportamiento, no hay una búsqueda de compromisos. En definitiva, toda la decisión queda en manos del cliente.

- No se toman datos sobre el cliente, no se entrega tarjeta del vendedor y no se establecen compromisos de seguimiento.

6.4. Formación para conseguir calidad del servicio

Consideramos que el trabajo ha sido enormemente productivo para conocer *in situ* las oportunidades y dificultades que brinda el contacto comercial con el cliente en una agencia de viajes, así como los pros y los contras actuales de las agencias para lograr los objetivos comerciales y de rentabilidad que se propone alcanzar. En consecuencia, resumiríamos como principales conclusiones del trabajo las siguientes:

- La influencia que tiene en la decisión final de compra el intermediario (agencia y vendedor) en el mercado de viajes es muy alta. El diseño de campañas de comunicación acertadas, acciones promocionales diferenciadas, precios atractivos, etc. ha de tener, inexcusablemente, continuidad en el trato profesional que el cliente recibe en el punto de venta.

- Las instalaciones, los productos e, incluso, los sistemas o procedimientos que ha de aceptar el cliente en un trato con la compañía son cada vez más parecidos y difíciles de diferenciar. Por tanto, la actitud y la profesionalidad de trato al cliente se constituyen hoy, y más lo serán en el futuro, en auténticos aspectos diferenciadores y factores decisivos para una evaluación satisfactoria del servicio.

- Son, pues, las relaciones personales con el cliente, es decir, la predisposición del empleado para colocar al cliente en el centro de la relación y hacerle sentirse el verdadero protagonista, las que determinarán, en buena medida, que la valoración del cliente hacia la Empresa, el viaje, etc. seapositiva. Incluso el cliente, tenderá, en caso de incidencias negativas, a "disculpar" posibles errores.

- Para conseguir que la empresa siga teniendo una posición de liderazgo en el sector, no es suficiente el mero hecho de tratar bien al cliente. Es necesario, además, que los empleados comerciales contribuyan activamente a la consecución de los objetivos que se propone alcanzar la compañía y la oficina en concreto. Y eso conlleva que el personal:

Para conseguir en el personal esta actitud de calidad de servicio será necesaria una integración importante en lo que es "su" empresa; ser consciente de que para el cliente, el comercial que le atiende es la imagen de la empresa; dar respuesta a las demandas y expectativas del cliente; y solucionar el problema que el cliente tiene al acudir a la oficina.

- Asuma los objetivos de la empresa en general y los del punto de ventas en particular como propios.

- Adopte una posición activa de venta, esto significa llevar la iniciativa en la conversación con el cliente; analizar qué tipo de cliente es, qué necesita o puede necesitar; aportar valor añadido a productos, precios, folletos, etc.; plantearle productos/soluciones no previstas inicialmente por el cliente; conseguir compromisos del cliente y hacer seguimiento de esos compromisos.

- Esté capacitado para convertirse en un auténtico "consultor de viajes" para el cliente, en una persona capaz de incluir y asesorar, no sólo de informar.

- La formación del personal debe ser continua. Los directores de las agencias en sus diferentes niveles, tienen un papel fundamental en la activación y formación de sus equipos. Deben recibir una formación práctica encaminada a la consecución de los puntos antes señalados, en las vertientes de conductores de un equipo comercial, vendedores de compañía, primer "vendedor" ante el cliente y formador de equipos. El resto del personal debe recibir una formación específica de atención y servicio al cliente centrada en los siguientes aspectos: la importancia de las agencias dentro del marketing de las empresas, la satisfacción de las expectativas del cliente, técnicas de teléfono, y acogida y trato al cliente, etc.

Esta calidad de actuación esperada por el cliente y por la empresa para su personal comercial pasa por disponer de un equipo permanentemente formado.

En cuanto a técnicas de venta de los productos en la empresa, la formación debe ir encaminada hacia aspectos tales como:

- Estructura de la entrevista con el cliente.

- Aspectos relevantes de imagen personal y contacto social.

- Técnica de preguntas.

- Saber escuchar.

- Utilización eficaz de los folletos de venta.

- Argumentos de venta.

- Tratamiento de objeciones y quejas.

- Técnicas de cierre.

6.5. Carencias detectadas

Es preciso manifestar que la formación ha de ser eminentemente práctica y, por tanto, debe orientarse a cubrir carencias importantes, consideradas claves dentro del público al que nos dirigimos.

- Carencia de conocimentos turísticos: ¿Cómo puede un vendedor ponerse delante de un cliente si no conoce lo que vende? Por desgracia, esto es así en un alto porcentaje de personas, incluso con muchos años de antigüedad. En general podemos decir que el vendedor no conoce cosas tan elementales como:

Las dos carencias detectadas consideradas claves detro del público al que nos dirigimos son la falta de conocimientos turísticos y la falta de una técnica adecuada de ventas.

- Que no tiene nada que ver la zona de Alcudia de Mallorca con la del Arenal.

- Que no es lo mismo Cayo Coco que Varadero, aunque las dos estén en Cuba.

- Que Túnez ofrece varias posibilidades de circuito, según la zona y sistema que se desee elegir.

Y si los vendedores no conocen los destinos, ¿cómo pueden ponerse delante de un cliente con confianza, en especial si éste ya sabe algo por lo que ha leído? En el sector, un sector de servicios, las personas y sus conocimientos son la clave.

• Carencia de "saber vender": La diferencia entre vender y despachar es lo que diferencia un vendedor bueno de uno malo, un cliente satisfecho de uno insatisfecho. Despachar es vender lo primero que encuentra en el folleto o lo que le han dicho. Pero ser asesor de viajes, vender, es un arte. El cliente viene, se le sabe hacer preguntas, se le sabe adecuar a su destino y sus características a las expectativas, es decir, se le sabe aconsejar.

El valor de un agente de viajes está directamente ligado al dominio de estos dos puntos. Creemos, por tanto, que debe realizarse un especial esfuerzo en elevar el nivel profesional del equipo en el menor espacio de tiempo posible, pero el principal factor diferenciador, será la influencia del vendedor en la decisión del cliente.

7. Conclusiones

Hay que entender la formación como un proceso continuo que nos permite onseguir una mejora cualitativa y cuantitativa de los resultados de la empresa.

El objetivo fundamental de la formación debe ser el de colaborar en la consecución de una mejora, cuantitativa y cualitativa, de los resultados de la compañía en relación con sus objetivos y valores. La formación es un proceso continuo. El nivel de competencia necesario para dentro de dos años ha de empezar a formarse hoy. Esto implica que un proceso de formación viene caracterizado por distintas etapas y fases, y por el efecto "cascada" entre los diferentes niveles jerárquicos.

Asimismo, la formación de adultos, en su metodología, debe partir de la idea de que las personas prefieren "descubrir" por sí mismas una mejor manera de trabajar, en contraposición con tan sólo "escuchar" cómo deben trabajar.

En resumen, la formación no debe tener como último objetivo exclusivamente el de impartir cultura, sino ser una herramienta más que contribuya eficazmente a la consecución de los objetivos de la compañía.

Por último, cabe destacar que la acomodación a las nuevas circunstancias y la búsqueda de equilibrio empresarial ha de pasar obligatoriamente por la utilización del capital humano como recurso estratégico de la empresa.

Alguien dijo que "hoy día afrontamos muchos problemas en el campo laboral, por lo que no disfrutamos de una sociedad altamente productiva a menos que más gente asuma la responsabilidad de mejorar sus habilidades en dirigir y formar a otras personas."

Por esta razón, el objetivo primordial de este fin de siglo se dirige a conocer la naturaleza humana, a utilizar métodos claros y comprensibles que nos permitan ampliar nuestras habilidades y como consecuencia ser más eficaces y productivos para nosotros mismos y para con la empresa.

ANÁLISIS DE LOS PLANES DE FORMACIÓN EN LAS EMPRESAS DEL SECTOR TURÍSTICO

Amparo Sancho Pérez

1. La formación en la empresa turística
2. Resultados del estudio
3. Conclusiones

Una de las formas más importantes de fomentar el crecimiento de una región o país consiste en favorecer la acumulación de capital humano mediante el aumento de las empresas en inversión en la formación de sus trabajadores. La autora presenta un estudio del impacto de los planes de formación continua de los trabajadores en el sector turístico. El análisis se centra en los resultados de una encuesta realizada a las empresas del sector en dos momentos distintos de tiempo, 1993 (momento en el que arrancan los planes FORCEM) y 1995 (período de consolidación). El estudio analiza los motivos y condiciones que han llevado a las empresas turísticas a participar o no en los planes de formación, el papel de los sindicatos en este proceso y los niveles de implantación de estos planes en las empresas del sector turístico después de la implantación de dichos planes.
Palabras clave: programas públicos de apoyo a la formación empresarial, acumulación de capital humano, especialización y productividad.

One of the most important ways of enhancing the growth of a region or country is to promote the accumulation of human capital by getting companies to invest more money in training their employees. In this work, the author examines the impact of continuous staff training plans in the tourism sector to which end she draws on the results of a survey conducted among tourism enterprises in 1993 (when the FORCEM plans were put into effect) and in 1995 (when they were consolidated). She examines the reasons and conditions which have led enterprises to take part in training plans -or refrain from doing so, the role of the trade unions in this process and the extent to which these plans have been firmly implanted in enterprises in the tourism sector.
Key words: public programmes to support business training, accumulation of human capital, specialization and productivity.

Une des meilleures manières d'encourager le développement d'une région ou d'un pays consiste à favoriser l'accumulation de capital humain grâce à une augmentation de l'investissement des entreprises dans la formation de leurs travailleurs. L'auteur présente une étude de l'impact des plans de formation continue des travailleurs dans le secteur touristique. L'analyse est centrée sur les résultats d'une enquête réalisée dans les entreprises du secteur à deux époques distinctes, à savoir en 1993 (année de démarrage des plans FORCEM) et en 1995 (période de consolidation). L'étude analyse les motifs et conditions qui ont amené les entreprises touristiques à participer ou non aux plans de formation, le rôle des syndicats dans ce processus et le degré d'implantation de ces plans dans les entreprises du secteur touristique après leur mise en œuvre.
Mots-clés : programmes publics de soutien à la formation assurée par l'entreprise, accumulation de capital humain, spécialisation et productivité.

ANÁLISIS DE LOS PLANES DE FORMACIÓN EN LAS EMPRESAS DEL SECTOR TURÍSTICO

Amparo Sancho Pérez
Profesora Titular de la Universidad de Valencia

1. La formación en la empresa turística

Una de las formas más importantes de fomentar el crecimiento económico consiste en favorecer la acumulación de capital humano mediante el aumento de la formación en las empresas (Becker, 1964; Mincer, 1962 y Schultz, 1961). El sector turístico no es diferente en este sentido, y mucho más dadas las condiciones de cambio a las que está sometido en la actualidad.

La industria turística se mueve hacia requerimientos de habilidades más complejos que exigen una necesidad cada vez mayor de instrucción en el puesto de trabajo, la cual debe ser efectiva y sistemática. Debido a ello, en los últimos años la formación en la empresa turística ha adquirido una gran importancia en lo que respecta a la obtención de los niveles de competitividad deseados, en el marco del aumento de la globalización de la economía e interdependencia de los mercados.

La explicación es clara: el aumento de la formación en el trabajo mejora la especialización de este factor, que se adapta con mayor flexibilidad a procesos productivos más complejos, aumenta la productividad de la empresa y, por lo tanto, contribuye al crecimiento del sector. Por todo ello, cada vez son más importantes los programas públicos de apoyo a la formación empresarial y cada vez más las empresas turísticas se encuentran inmersas en procesos de formación más serios y rigurosos, lo cual es una de las explicaciones parciales de los mejores resultados económicos que se han alcanzado en el sector turístico en los últimos años.

Sin embargo, a pesar de las ventajas inherentes a los procesos de formación, tradicionalmente se observa que la óptica empresarial turística ha sido adversa a la inversión en formación por toda una serie de razones que se pueden resumir en las siguientes:

- Gran parte de las empresas turísticas consideran la inversión en formación realmente como un gasto.

La formación profesional y la especialización repercuten directamente en la productividad de las empresas y en el crecimiento de la industria turística. El apoyo público a la formación se convierte, por tanto, en elemento clave de la competitividad de las empresas del sector.

Tradicionalmente, las empresas del sector turístico se han mostrado reticentes a invertir en la formación del personal. La contratación temporal, la dificultad de acceso a los centros de formación, la experiencia y cuestiones presupuestarias han sido, entre otros, los principales factores determinantes de esta actitud.

- La escasa cualificación de los trabajadores, así como la gran cantidad de trabajadores a tiempo parcial, implica que la inversión en formación potencial realizada no sea considerada como una necesidad en las empresas.

- Muchas empresas argumentan que la experiencia es más importante que la formación.

- Numerosas empresas aducen problemas de acceso a la formación, bien por situación geográfica (empresa alejada de centros formadores), o bien por la dificultad que entraña conseguir formadores que acudan a la propia empresa.

- La aplicación de la tecnología punta hace que se dé más importancia a las inversiones en capital físico que a las inversiones en capital humano.

Motivados por esta idea, un grupo de profesores y profesionales de la Universidad de Valencia hemos realizado un estudio para analizar cuál es la situación del sector hostelería en el campo de la formación empresarial, basándonos en los resultados de una encuesta realizada en el seno de la Comunidad Valenciana.

2. Resultados del estudio

El estudio detecta una escasa motivación por parte de la empresa y sus trabajadores para realizar cursos de formación, así como una saturación de oferta educativa y una falta de adecuación de la misma a las necesidades reales del sector turístico.

El análisis de resultados detecta la escasa motivación por parte de la empresa y del personal que trabaja en ellas para realizar cursos de formación. Se resalta también la saturación por parte de todos los agentes implicados en el abanico de ofertas educativas, no representando ningún problema el coste de los cursos, aunque aún hay una cierta opinión (17%) de que son un tanto inadecuados para las necesidades del sector.

Las empresas del sector hostelero de la Comunidad Valenciana (un 84%) pertenecen a la categoría de pequeñas y medianas, es decir, empresas con menos de 50 trabajadores en plantilla; y el porcentaje mayoritario se mantiene si se estudia separadamente cada una de las tres provincias de la Comunidad.

Es interesante analizar los procesos productivos que se llevan a cabo en las empresas del sector turístico valenciano, ya que éstos pueden, en cierto modo, determinar o justificar las decisiones sobre la aplicación de procesos de formación. Un 75% de las empresas del sector han introducido en los últimos años cambios significativos en la forma de trabajar —bien sea en inversiones, en nueva maquinaria o en nuevos procesos productivos— y/o en los productos y servicios prestados, y puede deducirse que estas innovaciones han requerido unas exigencias especiales de formación para el personal, siendo Castellón la provincia donde se han llevado a cabo más innovaciones, con un 85% de empresas.

Con respecto a la evolución futura de la empresa, la mayoría (un 56%) afirma que tienen previsto realizar algún tipo especial de modificaciones en su estructura organizativa o sistemas de trabajo, a corto o a medio plazo, lo que puede redundar en la continuidad de los cursos de formación. Sigue

siendo la provincia de Castellón la que más se ha implicado en los cambios de los procesos productivos, con un 85% de empresas dispuestas a llevarlos a cabo en un futuro próximo.
Siendo la provincia de Castellón la que más se ha implicado en los cambios de los procesos productivos, con un 85% de empresas dispuestas a llevarlos a cabo en un futuro próximo.

Existe una relación entre el nivel de estudios de los gerentes de las empresas y la participación de éstas en los planes de formación.
A mayor nivel de estudio se da un mayor interés por la formación de los trabajadores.

Como se ha comentado en la introducción, el principal problema que encontramos en los aspectos formativos de las empresas turísticas es la escasa participación de éstas en los planes de formación. Ante esta actitud, se ha considerado un hecho favorable para la participación en los planes de formación el nivel de estudios del gerente de la empresa, puesto que a priori se puede considerar la existencia de una correlación positiva entre un alto nivel de estudio y una mayor inclinación de la empresa a la inversión en formación de sus trabajadores.

A la hora de comprobar si efectivamente se han llevado a cabo cursos de formación nos encontramos con la existencia de una importante diferencia entre los dos años objeto de estudio: en 1993 sólo habían llevado a cabo cursos de formación un 28% de las empresas, mientras que en 1995 este porcentaje aumenta hasta el 56%. El cambio más espectacular se da en la provincia de Alicante, donde el porcentaje de empresas que llevan a cabo cursos de formación pasa del 27% al 59%.

A través de los datos de que disponemos, podemos estudiar más a fondo cómo ha sido la formación llevada a cabo en los dos años anteriores: un 40% de las empresas no ha realizado ningún curso de formación ni en 1995 ni en 1993, y un 52% ha llevado a cabo cursos de formación en el último año, la mitad de las cuales también los realizó en 1993. Sólo un 4% llevó a cabo cursos de formación exclusivamente en el primer año objeto de estudio. Las empresas que han formado a sus trabajadores en ambos años son, sobre todo, empresas de más de 50 trabajadores, con un porcentaje de trabajadores poseedores de estudios medios superior al 25%, un porcentaje de trabajadores fijos inferior al 30% de la plantilla y un gerente con nivel de estudios superiores. Dichas empresas han alcanzado, además, un volumen de ventas superior a los 100 millones de pesetas, una masa salarial superior a los 20 millones y un tanto por ciento de beneficio aproximado superior al 10%, con convenios colectivos en los que aparecen específicamente cláusulas de formación.

Las empresas que no han llevado a cabo cursos de formación aducen diversas razones. La mayoría de ellas argumenta la falta de necesidad de llevar a cabo formación, seguido por la falta de motivación de personal y por la inadecuación del horario de los cursos propuestos. Sin embargo, no parece ser una de las razones el coste de los cursos, ni la ausencia de cursos adecuados, ya que sólo el 5% y el 3% de las empresas justifican de esta manera la ausencia de cursos, posiblemente debido a la recepción de diversos tipos de subvenciones públicas de ayuda a la formación. A esto se añade el hecho de que el 41% de las empresas no están dispuestas a asumir el coste de la formación, ni siquiera una parte y sólo el 7% estarían dispuestas a financiar la formación en su totalidad.

Por otra parte, hay que señalar que, aunque la mayoría de las empresas no conocen los proyectos europeos de ayuda a la formación, el 60% sí que estarían dispuestas a cofinanciarlos.

3. Conclusiones

Cada vez más, los empresarios son conscientes de la importancia de la formación de los recursos humanos para lograr objetivos de productividad. En este contexto, el sector público juega un papel vital tanto en la adecuación de los planes de formación a las necesidades del sector como en la financiación de la educación.

Tradicionalmente se ha considerado que la formación es una cuestión que implica a todos lo estamentos de la empresa. Tiene aspectos positivos de tipo individual para el trabajador que luego repercuten de forma colectiva en el desarrollo de la actividad productiva, por lo tanto, se espera que las cuestiones relativas a estos aspectos sean unas de las más relevantes en las relaciones laborales en la empresa, así como el que los trabajadores observen tanto interés como la propia empresa.

Efectivamente, se puede afirmar que las empresas del sector hostelero de la Comunidad Valenciana estarían dispuestas a cofinanciar la instrucción de sus empleados a través de cursos de formación, siempre y cuando la gestión de la enseñanza fuera realizada por las propias empresas o, indirectamente, a través de organizaciones empresariales. Además, estos cursos deberían ir encaminados mayoritariamente a adquirir nuevos conocimientos de los empleados cuyo nivel de instrucción es estudios medios y sin estudios. Este hecho nos induce a creer que existe una inadecuación entre la formación intermedia recibida por los trabajadores y las necesidades del sector.

Otra variable a tener en cuenta es el volumen de ventas de la empresa, ya que se ha comprobado que es un factor clave en el proceso de decisión de llevar a cabo o no cursos de formación, siendo las empresas con mayor volumen de negocio las que con mayor probabilidad participarán en el proceso de formación. Finalmente, también hay que señalar que tanto la clase de empresa como el nivel de estudios del gerente tienen una influencia positiva sobre el grado de esfuerzo en formación de la empresa. Con respecto a esta última premisa, cabría señalar que la valoración de la educación y el papel que juega el capital humano en la empresa son mejor comprendidos por los gerentes más cualificados y, en consecuencia, será más fácil que la empresa lleve a cabo procesos de formación. En general, los empresarios del sector consideran que los cursos de formación son importantes sobre todo para, por un lado, incrementar la calidad de los productos —en este caso los servicios al cliente— y, por otro, incrementar los beneficios de las empresas turísticas a través del aumento de la productividad.

Referencias

Becker, G. (1964): *Human Capital: A Theoretical and Empirical Analysis with Special Reference to Education*, Columbia University Press, New York.

Fayos, E. y Jafari, J. (1997): "Tourism human resources development", *Annals of tourism research*, XXIV.

Fuertes, A.; Sancho, A.; Maset, A.; y Marco, M. L. (1995): "La Formación Continua en las Pymes: Un Estudio sobre la Comunidad Valenciana", *V Congreso Nacional de Economía*, tomo 4, pp. 431-454, Las Palmas de Gran Canaria.

Maset, A. (1996): *La Inversión de las Empresas en Capital Humano: Importancia de la Formación en los Planes de Funcionamiento y Desarrollo de la Empresa*, trabajo de investigación, Departamento de Análisis Económico, Facultad de Ciencias Económicas y Empresariales, Universidad de Valencia.

Mincer, J. (1962): "On-the-job Training: Costs, Returns and Some Implications", *Journal of Political Economy*, vol. 70(5), pp. 50-79.

Myro, R. (1994): "Líneas de Orientación para una Política de Desarrollo Regional", *Revista Asturiana de Economía*, nº 1, pp. 50-79.

San, G. (1990): "Enterprise Training in Taiwan: Results from the Vocational Training Needs Survey", *Economic of Education Review*, nº 4, pp. 411-418.

Sancho, A.; Fossati, R.; Marín, A.; y Pedro, A. (1995): *Educando a Educadores en Turismo*, OMT, Madrid.

Schultz, T. (1961): "Investment in Human Capital", *American Economic Review*, nº 51, pp. 1-17.

The Impact of New Technology in Training for Tourism

Alan J. Parker

1. Introduction
2. University computer literacy
       2.1. Tools
       2.2. Information system concepts
       2.3. Technology in the classroom
3. On the job training
       3.1. Videotape
       3.2. CD's and CD-i's
       3.3. Distant learning
              3.3.1. Video telecomferencing to remote sites
              3.3.2 Internet courses
4. Summary

La revolución informática ha llegado antes que el nuevo milenio. ¿Cómo puede aprovecharse para la formación turística, tanto en el caso del estudiante tradicional que sigue un programa académico como en el de la persona que mantiene una formación continua? En este artículo no se estudian construcciones teóricas, sino resultados de la experiencia adquirida con la nueva tecnología. Se define el concepto de alfabetización informática en la educación turística de los estudiantes tradicionales y de los empleados del sector, y se estudian las posibilidades de la enseñanza a distancia, del CD ROM y de Internet como medios de formación. En los Estados Unidos, se mantiene la imposición del modelo industrial en las universidades ya que, en las legislaturas estatales, los "visigodos" usan incorrectamente las nuevas tecnologías para aplicar modelos de productividad industrial en los centros universitarios.

Palabras clave: revolución informática, nuevas tecnologías para la enseñanza a distancia, sistemas de información.

The computer revolution is with us before the new millennium. How should it be harnessed for tourism training for both the traditional student in an academic program and for the life-long learner? In this paper experiential results, not theoretical constructs, with the new technology are discussed. The concept of computer literacy vis-a-vis tourism education is defined for traditional students as well as for tourism employees. Distance learning, CD ROM, and the Internet as training modes are examined. In the United States, the imposition of the industrial model on universities continues unabated as the Visigoths in State Legislatures use the new technologies incorrectly to impose industrial productivity models on universities.

Key words: computer revolution, new technologies for distant learning, information systems.

La révolution de l'information est présente, avant même l'arrivée du nouveau millénaire. Comment l'exploiter dans la formation touristique, à la fois pour l'étudiant traditionnel d'un programme éducatif et pour la formation continue ? Ce document rend compte des résultats d'expériences, et non de constructions théoriques, réalisées avec les nouvelles technologies. Le concept de culture informatique en matière de formation touristique est défini pour les étudiants traditionnels ainsi que pour les travailleurs du secteur touristique. L'enseignement à distance, le CD-ROM et Internet sont analysés en tant qu'outils de formation. Aux États-Unis, le modèle de la productivité industrielle continue toujours d'être imposé aux universités, les ´ Wisigoths [a] des corps législatifs des États se servant indûment à cette fin des nouvelles technologies.

Mots-clés : révolution informatique, nouvelles technologies au service de l'enseignement à distance, systèmes d'information.

THE IMPACT OF NEW TECHNOLOGY IN TRAINING FOR TOURISM

Alan J. Parker
Director of the Center for Tourism & Technology
Florida International University

1. Introduction

The computer revolution is approximately fifty-two years old. Since the first electronic digital computer began operating, the changes that computers have wrought have been prodigious. From the time we read the morning newspaper (typeset by computer) until we go to sleep watching television (computer allocated programs), we are constantly using computers either directly or indirectly.

New technologies have changed our way of life. All areas of our society have been, and are being, touched by computers. Two hundred years ago, the Industry Revolution altered work and leisure time. Nowdays, Computer Revolution has spread all over the world and its effects can be compared to those of the Industrial Revolution.

The effect of the Computer Revolution can be compared to the Industrial Revolution, which also radically changed society. Both revolutions changed work and leisure activities. With respect to work, no occupations were left untouched by the Industrial Revolution, except artisan crafts (sculptors, painter, etc.). Now, approximately two hundred years after the beginning of the Industrial Revolution, there are no coopers (barrel makers), wainwrights (horse drivers), millers (flour makers) or weavers (cloth makers) in the sense of those occupations. The products or services are still supplied, but the methods of production have been radically altered. Work hours at the beginning of the Industrial Revolution were dawn to dusk, six days a week, leaving limited time for leisure activities. Now leisure is available during long weekends and after working hours. The impact of the Industrial Revolution may aid us in imagining the breadth of changes that will result from the computer revolution.

Initially, the few digital computers available were used for numerical calculations ("number crunching") by an elite group of mathematicians, engineers and scientists. Since then, radical changes in the cost, design, and use of computers have occurred. Today, computers are no longer the exclusive tool of mathematicians and scientists. More computers are used in tourism and businesses, such as insurance, banking, retailing, utilities, manufacturing and hospitals, than are used in scientific organizations. Almost daily, television and newspapers report new uses of computers. The computer has taken the drudgery out of calculating and printing bills, invoices, paychecks and other record keeping tasks, freeing people from many of the routine tasks of adding numbers together. With the shift of paperwork from people

■

We must not forget that computers are just tools so all of us decide the use of these new technologies.

to computers, some significant implications have become apparent. For society the use of computers is considered by some people to be a mixed blessing. However, blaming the computer for human failings is an error. The computer itself is a tool. It is simply a new technology and this technology will be used as society chooses. The first quarter century of the computer revolution has brought us:

- Computer controlled air-defense and air traffic control systems.

- The landing of men on the moon.

- Large scale and inexpensive use of checking accounts.

- Credit cards.

- Integrated reservation systems for travel.

- Computerized hospitals.

In the second quarter century, the major impact has been the micro-computer (personal computer) and the Internet.

2. University Computer Literacy

New tecnology will impact on tourism education at the university level as well as training at the job level. In fact, students have to manage with computer tools like word processors, electronic spreadsheets and e-mail in order to take advantage of new educational programs.

Programs in tourism should provide students with basic computer tools as well as information system concepts.

2.1 Tools

- Word processing is the easiest and most interactive tool to learn. It is basic typing without the use of whiteout.

- Electronic spreadsheets are the most sophisticated tool with the integration of charts and pictures.

- Presentation management is a useful tool for organizing and giving presentations.

- E-mail should be used for communications both within and outside the university.

2.2 Information system concepts

In addition to the above tools, it is important that the student understand the following concepts.

The World Wide Web has been one of the great communication concepts of the late twentieth century.

Depending on the area of tourism the student selects, the student should be exposed to the software for:

- Accounting systems.

- Marketing systems.

- Tour planning systems.

- Airline reservations systems.

- Destination management mystems.

- Property management systems.

- Restaurant management systems.

- Meeting planner systems.

Depending on their own interests, students on tourism can choose from a great variety of software system (i.e. accounting systems, airline reservations, destination management, etc.).

2.3. Technology in the classroom

The traditional method of a professor lecturing in a classroom of students has been with us since the Middle Ages. Today, one can have the role of the professor supplemented with video, CD's, CD-i's, multimedia and the Internet. What is being seen as a substitute for the professor is the use of distant learning. All of these technologies will be discussed in the next section.

3. On the job training

All of the above technologies have been and are being used by companies for training. The oldest form is videotape.

Videotape, CD, CD-i and the Internet are being used by companies for training. Obviously, these technologies can be the substitutes for the traditional professor in distant learning.

3.1. Videotape

This is an inexpensive training medium that can be used for individual or group training. This technology replaced the 16MM training films from earlier decades. The most important drawback is the non-interactive nature of the tape and the lack of tailoring the tape to a trainee's needs.

3.2. CD's and CD-i's

Compact discs and interactive compact disks work the same way. They are both interactive and can branch through different portions of material based on an employee's response to a question. The CD fits in your computer. The CD-i is a separate electronic unit that is attached to a television set.

Swiss Leading Hotels has a CD-i program entitled *Service Excellence*. It is used to simulate situations and then measure and record employee response. The correct response is shown (MacLeod, 1996:7).

ITT Sheraton has a CD Program SGSS2000. It combines service standards with customer service and uses animation, storytelling, interactive games, and audio prompts. This material was presented on videotape formerly. In its current format (CD) it has performed at a higher level with much better acceptance from employees (Tech News, 1996:37).

Companies like Swiss Leading Hotels and ITT Sheraton have developed training programs using technology CD and CD-i. Both edition systems are interactive and have a good acceptance from employees.

Some organizations that have gone from videotape to CD or CD-i have reported significant gains in training. Savings of time from 40% to 60% have been achieved (Stephenson, 1995:110).

3.3. Distant Learning

This is the latest method in information technology that ranges from video teleconferencing to Internet courses. It is important to note that these methods work well for mature, motivated learners. Traditional university students do not like this method (Moore & Kearsley, 1996:164).

3.3.1. Video Teleconferencing To Remote Sites

For traditional university students this has not been a successful method of increasing the productivity of a professor. Even for the non-traditional learner this method has not been as successful as others. At this point it is important to distinguish between two modes of distance learning: synchronous and asynchronous. Synchronous means that there are set times when the programs are given, asynchronous refers to no set time. The learner uses the material as and when he wishes. Asynchronous learning is much more successful than synchronous. (Hampton, 1997:233)

3.3.2. Internet Courses

These courses vary widely in quality. Typically they are taught in an asynchronous manner. Similar to video teleconferencing, these courses depend even more heavily on e-mail. The major problem that exists is with bandwidth. It is not sufficient in most locations to provide content rich interactive courses.

4. Summary

New technologies are playing a crucial role in tourism training. Of course, university education and on-the-job-training make use of these new information system where the Internet means a great advance in eduaction programs.

The rate of technological change requires a constant evaluation of these new technologies for tourism training. University education and on-the-job training make use of these new information technologies. The lessons that have been learned regarding interactive vs. non-interactive learning are significant. This is a result of the times in which we live. The 30–second soundbite, video games and MTV are shaping what our people will watch and how they will react.

References

Hampton, T.M. (1997): *An Investigation of the Relationship Between Learning Style, Selected Demographic Variables and Final Grades of College Students Enrolled in Distance Learning Courses Taught Using Video Conferencing Technology*, unpublished DED Dissertation, FIU, p. 233.

MacLeod, M. (1996): "CD-Program Simulates Real Experiences", *Hotel & Motel Management*, vol. 211, July 3, pp. 7+.

Moore & Kearsley: (1996): *Distance Education*, Wadsworth Publishing Company, p. 164.

Stephenson (1995): "Interactive Training", *Restaurants & Institutions*, vol. 105, April 1, pp. 110-114.

Tech News (1996): "ITT Sheraton Trains Employees with CD ROM" *Hotel & Motel Management*, vol. 211, September 16, pp. 37-38.

case studies

- The hospitality education and training program of the Nashville, Tennessee Convention and Visitors Bureau
  Elyse Wander
  Senior Vicepresident, Planning and Public Affairs, Travel Industry Association of America, TIA

- La formación de los recursos humanos en el turismo, el caso de México
  Miguel Torruco Marqués
  Vicepresidente de la Confederación de Cámaras de Comercio, Servicio y Turismo de México

- Atención al cliente y formación profesional: un camino sin final
  Ramón Pajares
  Managing Director, the Savoy Group of Hotels and Restaurants

- Motivación y cualificación de los empleados de la hostelería
  Pedro Galindo
  Presidente de la Federación Española de Restaurantes

- Creación de empleo en 15 regiones europeas como consecuencia de la actividad ferial: el caso de Madrid
  Juan Carlos Gómez
  Secretario General de IFEMA

panel B
estudio de casos

- Los recursos humanos en el subsector de las agencias de viajes
  Juan Careaga Muguiro
  Presidente de AEDAVE

- El papel de los recursos humanos como apoyo a la estrategia de expansión
  Javier Alonso Cases
  Director de Selección y Desarrollo, Grupo Hoteles Sol   Meliá

THE HOSPITALITY EDUCATION AND TRAINING PROGRAM OF THE NASHVILLE, TENNESSE CONVENTION AND VISITORS BUREAU

Elyse Wander

1. Preface
2. Genesis of the Program
        2.1. Other education and training programs at the time
3. Structure of the Nashville Program
        3.1. Execution of the program
        3.2. Results of the program
        3.3. Future of the program
4. Concluding observations

El artículo presenta el estudio de un caso de un programa de formación llevado a cabo por un destino turístico de los Estados Unidos. La Oficina de Turismo de Nashville, en Tennessee, descubrió que sus hoteles y otras atracciones sufrían falta de personal, y también escasez de empleados conocedores de su ciudad o incluso conscientes de formar parte del sector de los viajes y del turismo. Los cambios de paradigma descritos en el presente artículo se refieren a cómo llegó la Oficina de Turismo a la conclusión de que necesitaba desarrollar y ofrecer una formación propia, y a cómo ha redefinido todo el destino quién es miembro de la industria de los viajes y del turismo.

Palabras clave: competencias de servicio, conocimiento de recursos, reconocimiento de empleados, voluntarios de otros segmentos.

The paper presentes a case study about a training program implemented by one destination in the United States. The Nashville, Tennessee Convention and Visitors Bureau recognized that its hotels and other attractions were suffering from a labor shortage as well as a scarcity of workers who knew about their city or even recognized that they are a part of the travel and tourism industry. The paradigm shifts described in this paper speak to how the Convention and Visitor Bureau concluded they needed to develop and offer their own training and how the whole destination has redefined who is a member of the travel and tourism industry.

Keywords: service skills, resources knowledge, employees' recognition, volunteers from other segments.

Ce document présente une étude de cas relative au programme de formation mis en œuvre par une destination aux États-Unis. Le Nashville, Tennessee Convention and Visitors Bureau a reconnu que ses hôtels et ses centres d'intérêt souffraient d'une pénurie de ressources humaines ainsi que d'un manque de travailleurs connaissant leur ville ou ayant conscience d'appartenir à l'industrie des voyages et du tourisme. Les changements de modèle décrits ici montrent comment le Convention and Visitors Bureau a conclu à la nécessité de concevoir et de proposer sa propre formation et comment l'ensemble de la destination a redéfini l'appartenance à l'industrie des voyages et du tourisme.

Mots-clés : qualifications de service, connaissances des ressources, reconnaissance des salariés, bénévoles venant d'autres secteurs.

THE HOSPITALITY EDUCATION AND TRAINING PROGRAM OF THE NASHVILLE, TENNESSE CONVENTION AND VISITORS BUREAU

Elyse Wander
Senior Vicepresident, Planning and Public Affairs,
Travel Industry Association of America, TIA

1. Preface

As tourism enters a new millennium in which it will continue to grow and maintain its place as the largest industry in the world, it will be faced with the challenge of finding qualified employees to fill the many job positions that will open. Qualified employees at all levels of the tourism industry —from entry-level through senior management— are going to be necessary if the industry is going to maintain and improve the quality of the product it markets and promotes to the consumer. Consumers will return to purchase a product that gives them quality and a satisfying experience, and new consumers will be attracted to the product.

Recent experience in the United States indicates that traditional methods of training and educating employees must change —the paradigm must shift— if the tourism industry is to meet the challenge just cited. And indications are that, in businesses and organizations through the U.S. tourism industry, the paradigm is shifting. This report, which examines the case of a new education and training program used by the Nashville (Tennessee) Convention and Visitors Bureau suggests one example of how the paradigm is indeed shifting.

The education and training of employees and prospective employees is going to be a major challenge to the tourism industry in nations throughout the world as the industry strives to ensure the delivery of a quality product to consumers, increase revenues, and provide new and improved job opportunities for its base of employees.

2. Genesis of the Program

In April 1996, the Nashville Convention and Visitors Bureau decided to conduct a comprehensive examination of the tourism industry in order to determine what future needs might exist as the city and its tourism industry grew. The decision to proceed with this examination was not based on complaints by, or expressions of dissatisfaction from, visitors to the city. Rather, it was based on two other factors.

• The changing demographics of tourism industry employees. The U.S. population is a very transient society. Because the tourism industry has

The Nashville Convention and Visitors Bureau decided to examine the tourism industry in order to determine the future needs in the city.

The Nashville Bureau found a number of cities which had educational programs or carried out training activities: basic training and education courses and professional certitication programs which improve customer satisfaction and generate increased business as a result,

grown so much in Nashville, tourism employers in the city can no longer find enough employees who are from the area. It relies increasingly on a pool of employees from throughout the U.S. and the world.

• This mobile population and diverse employee base would have an effect on the "Southern Hospitality"—a way of treating visitors to the southern U.S. that the region is known to display— and on the special friendliness for which Nashville is known. Many employees have little knowledge about the city and its history and, as such, are not as likely as the native-born population to take a special pride in the city.

The Nashville Convention and Visitors Bureau conducted a national search for existing hospitality training and education programs that would address these concerns. The bureau found that a number of cities had education and training programs, or carried out activities that contained an employee training component.

2.1. Other education and training programs

• Basic education and training courses.
By 1996, more than 1,000 hospitality industry employees had completed The Mississippi Gulf Coast Hospitality Awareness Training Seminars. These seminars consist of four hours of specialized training for tourism industry front-line and entry level employees in telephone etiquette, listening and communications skills, and tourism product familiarization. The seminars were developed by the Mississippi Gulf Coast Community College, in conjunction with the Tourism Committee of the Mississippi Gulf Coast Chamber of Commerce, and the Mississippi Gulf Coast Convention and Visitors Bureau.

Employers have been satisfied with the program and it has been endorsed by the Mississippi Gulf Coast Hotel/Motel Association, Mississippi Gulf Coast Restaurant/Beverage Association, Casino Operators Association, Hospitality Sales and Marketing Association, and Mississippi Gulf Coast Attractions Association. Tourism officials in the region launched this education and training initiative because of the tremendous growth of tourism in the Mississippi Gulf Coast, resulting from the introduction of legalized casino gambling in the state of Mississippi.

• Professional certification programs.
Bordering the state of Mississippi is the state of Louisiana. In Louisiana, there is an example of another type of ongoing education and training program carried out by the Louisiana Travel and Tourism Promotion Association (LTPA). The LTPA has a membership of more than 950 different tourism businesses throughout the state. Owners, managers and employees of these businesses are offered programs that consist of educational seminars conducted throughout the year at the various conferences and tradeshows sponsored by the LTPA. The seminars cover different areas of interest and expertise. Those who take part in the seminars are tested. Once an individual has passed the tests in a required number of subjects, he or she becomes a Louisiana Travel Promotion Association Certified Travel Professional, or CTP.

The CTP designation is something that an LTPA member displays on all promotional materials, on business cards and in advertising campaigns. It indicates that the individual has achieved a high degree of professionalism and is better prepared to meet the needs of the consumer.

Certification programs such as that carried on by the LTPA are popular among national associations as well. As is the case with all education and training programs, the objective is to improve customer satisfaction and generate increased business as a result.

• **Employee recognition programs.**

Other communities throughout the United States have employee recognition programs; most of them are conducted during National Tourism Week, the first full week of May each year. National Tourism Week is a week in which the industry carries out tourism awareness activities nationwide. It was first observed in 1984. Employee recognition programs are a very popular part of National Tourism Week observances, because they help to draw attention to individuals who do not regularly receive attention in their communities —attention from either their fellow employees, the local news media, or friends and neighbors— because of their work. In some instances, employees receive gifts or cash awards.

Employee recognition programs provide an opportunity to express appreciation for, and acknowledgment of, the employees and they help to improve employee performance and create a higher degree of satisfaction for consumers.

• **Programs conducted by industry components.**

At the time Nashville launched a search for a program model that would meet its needs, the Educational Institute of the American Hotel & Motel Association had for years carried out a variety of training programs that dealt with education and training for both managers and their employees in hotels. They have complete programs on topics such as Hosting International Visitors and Diversity in the Workplace. These programs contain videotaped presentations that are accompanied by workbooks. Individuals who conduct or lead the programs play portions of the tape. After a program segment is completed, the program leader and participants discuss what they have seen as well as material contained in the workbooks.

All of the American Hotel & Motel Association Educational Institute training programs —as well as most of those carried out by other segments of the tourism industry— are designed, as are all education and training programs in the tourism industry, to improve the performance of both managers and employees in the hospitality industry and to increase customer satisfaction and generate business.

3. Structure of the Nashville Program

While education and training programs in other cities, as well as those conducted by national or regional tourism organizations, may have addressed a particular need of the Nashville tourism industry, none addressed what the Nashville Convention and Visitors Bureau believed were its special needs. That is, most programs in other cities focused on the requirements of particular segments of the industry, especially the hotel industry. Those programs that did deal with more segments of the industry, such as

The Nashville Program had to reach the wider number of tourism industry employees and also had to include residents who were not directly in the tourism sector but would like to help in the promotion of the region.

that in the Mississippi Gulf Coast, were endeavors whose educational elements were very basic in content or were aimed primarily at entry-level employees, not managers.

Officials of the Nashville Convention and Visitors Bureau wanted a program that would reach a wider number of tourism industry employees, including those at management levels. They also wanted one that would involve others in their community, that is residents who might not be directly involved in the tourism industry, but who were aware of the importance of tourism and would be willing to help promote the tourism product of the region, in particular businesses that would stand to benefit from the additional consumer spending that would result from the presence of additional visitors. Officials were anticipating late May 1997 when Nashville would host the TIA Discover America International Pow Wow, the most important Visit USA travel event in the world. It regularly brings nearly 1,800 tour operators from more than 70 nations together with marketing and sales professionals from 1,000 U.S. travel suppliers.

Hosting the International Pow Wow is a unique opportunity to showcase a destination and its tourism product unlike any other single event in the United States. Nashville wanted to have as many "ambassadors" for its area and its tourism product as possible.

The Bureau formed a partnership with TIA (Travel Industry Association of America) in order to develop an education and training program so that everyone was prepared enough to solve any enquiry visitors could have.

Finally, Nashville wanted its education and training program to make those who took part in it knowledgeable about all elements of the tourism product and to be personally familiar with that product so that every individual who completed the program would be able to assist visitors with any inquiry they had.

With these factors in mind, the Bureau then formed a partnership with TIA in order to develop such a program. The Bureau provided TIA with background information, tourism and tourism employment statistics, and desired goals and outcomes of a training and education program. TIA retained a professional trainer to help develop a program, and a preliminary program was tested with a representative group of tourism industry employees in June 1996.

Further refinements were then made, and in September 1996, the Bureau hired a full-time training director to administer the program on an ongoing basis.

3.1. Execution of the program

The training program consists of a 90-minute seminar with two distinct parts.

- This part focuses on customer service skills that employees should practice in order to create positive, lasting impressions for visitors to Nashville. It contains instructional materials and "role playing" exercises; that is, employees act out with a seminar instructor different situations portraying what visitors experience when they come to Nashville.

This part of the program was designed to be supervised by a professional trainer. There is available a training manual used in conjunction with the presentation that is available for $295 US to those organizations who prefer to conduct the seminar on their own.

- This part focuses on the tourism resources of the Nashville area. Every participant in the seminar receives an admission ticket for free visits for two persons to 30 different attractions in Nashville. The value of the tickets is $500. The purpose of this part of the program is to make employees aware of the tourism resources of the city so that they can answer inquiries from visitors and explain what is available to visitors.

The training focuses on customer services skills and also on the tourism resources of the area.

This second part of the program is unique. While attractions in a community might offer free admission to marketing and promotion partners, or to tour operators and travel agents who drive customers their way, there is not another destination in the U.S. that offers the employees within the local tourism community such access to so many attractions. Officials at the Nashville Convention and Visitors Bureau believed strongly that the best way to understand and explain what an attraction has to offer a visitor is to experience the attraction.

More significant was the fact that the Nashville program extended the free admission tickets to volunteers not employed by the tourism industry. In addition, taxi drivers in the Nashville area took the course (completion of the course is now required for individuals seeking taxi driver licenses).

Those with the tickets had additional incentive to use them since the tickets were valid for the admission of two individuals at each attraction; hence a spouse, family member or friend could accompany someone to the attraction, making the experience more enjoyable.

As employees completed the education and training seminar, Nashville launched another element to the program, a contest called "Who's Your Star?" ("Star" is a U.S. expression for an entertainment celebrity. There are many entertainment celebrities in the Nashville area.) Visitors to Nashville hotels were/are asked to complete response cards posted throughout hotels and attractions in Nashville, and nominate a "star" employee. Each month, a winner is chosen from among the nominations. Winners, as well as the visitors who nominated the winners, receive prizes and gifts.

Additionally, a local newspaper, *The Nashville Banner*, publishes an article on the tourism employee who is designated Star of the Month. At the end of each year, a grand prize winner receives tickets for two for free airline travel to any destination in the U.S.

The timing of the launch of the Nashville program coincided with the convening of the TIA International Pow Wow held in late May and early June 1997 in Nashville. By that time, every hotel employee at the nine hotels that hosted international visitors to the event, in addition to over 600 volunteers, including many who are not employed by the tourism industry, had completed the education and training program.

Stationed throughout nine hotels that housed both U.S. and international delegates to the event, these volunteers were able to answer inquiries regarding directions within the respective hotels and the Opryland Hotel Convention Center where the International Pow Wow was held, the cost of taxis, where and how to place long distance phone calls and send facsimiles, the location of shopping facilities and entertainment venues, etc. Volunteers were on duty from before 6:00 hours to beyond 24:00 hours. In the 28-year history of the TIA International Pow Wow, delegates had never before had such a pool of on-site volunteers to assist them.

3.2. Results of the program

Surveys showed that service skills had increased and also the employees' knowledge of Nashville. Because of the success of the program the seminar has been deployed to diferent sites throughout the USA.

Surveys of managers in the Nashville tourism industry taken two weeks after the first sessions of the program were conducted showed that more than 50% indicated that customer service skills had increased; many indicated employee knowledge of, and pride in, the Nashville area had increased; and most indicated that employees had become more aware of the impact of their enthusiasm on visitors.

Delegate surveys of those taking part in the TIA International Pow Wow conducted by TIA are proprietary material. TIA can report, however, that the presence of the volunteers was received extremely well by all delegates.

The success of the Nashville program received attention in the print news media that report on the tourism industry in the United States. The seminar that was conducted has since been conducted at various sites throughout the nation. Those taking part in these events have included destination and other tourism officials —all from management levels— in the states of Maryland, Wisconsin, Nebraska, Tennessee and Connecticut, the latter taking place on 20 November 1997.

In addition, the seminar was presented to meetings of the National Association of RV (Recreation Vehicle) Parks and Campground Owners and the International Association of Convention and Visitors Bureaus. More than 300 management-level tourism officials attended the conferences cited. On the basis of inquiries made to TIA, it is anticipated that the seminar presentation will continue to be deployed to sites throughout the U.S. in 1998. Managers who have completed the seminar have then conducted similar presentations to their own employees.

3.3. Future of the program

By December 1997, the Nashville Convention and Visitors Bureau had trained 3,402 tourism industry employees. In addition, the program has been extended to include non-tourism industry employees: more than 600 taxi drivers have completed the training. It will be extended in the future to include police officers. This is precedent-setting. Law enforcement personnel have always played an integral support role in helping a destination to accommodate visitors, particularly in the areas of security, traffic control and, where necessary, crowd control. But, historically, police have not been considered a part of the tourism industry. By being educated and trained in knowledge of a community's tourism product, police will be able to connect with visitors in a friendly manner. This is significant because, sometimes, the first contact between a visitor and a local police officer is an adversarial one; an automobile driver is stopped for a traffic infraction, an individual smoking a cigarette in an area where smoking is prohibited is issued a citation, etc. Henceforth, visitors will feel more comfortable in seeking the assistance of police.

By including taxi drivers, police and volunteers in its education and training program, Nashville has greatly broadened the understanding of the definition of a tourism community.

Now that the Nashville model program has been exported to other regions of the country, TIA will continue to analyze its impact and make every effort to increase the number of tourism businesses and organizations who want not just employees, but anyone who makes contact with a visitor, true ambassadors for the tourism product of their community and the United States.

4. Concluding observations

The program developed for and by the Nashville Convention and Visitors Bureau reflects a paradigm shift in tourism industry education and training in two ways. First, heretofore, individual sectors of the industry such as hotels, attractions, and airlines have had education and training programs; seldom, however, did they intersect or have qualities that were generic and, hence, portable throughout the tourism industry. Destination-wide programs mean that all tourism industry components in a destination will be promoting the whole of the industry in the destination; as a result, the industry should continue to grow in importance. This will mean more and better employment opportunities in the tourism industry, and a greater appreciation of the tourism industry by all segments of a community.

The Nashville program means a paradigm shift as it can be considered a destination-wide education program in which all tourism industry components promoteall tourist resoruces at the destination.

Second, this program reflects yet another paradigm shift in the tourism industry: partnership and cooperative marketing and promotional activities in the tourism industry have, in the past, been confined to entities within the industry. In the case of the Nashville program and similar programs now developing elsewhere in the U.S. tourism industry as a result, we see an expansion of the concept of partners that includes entities outside the industry, or not traditionally considered as a part of the tourism industry: that is, volunteers from other segments of a destination's business community, taxi drivers, police, and more.

In sum, the Nashville program suggests that every component of the tourism industry within a destination can derive benefit from a destination-wide education and training program and, second, those who market and promote the tourism product should begin to think outside the traditional boundaries of what defines the tourism industry, for the industry will come to rely on those not previously considered to be a part of the industry as important ingredients for future success.

LA FORMACIÓN DE LOS RECURSOS HUMANOS EN EL TURISMO. EL CASO DE MÉXICO

Miguel Torruco Marqués

1. Introducción
2. Escenario en el que se desarrolla la actividad turística
3. Problemática que presenta la formación de turismo
4. Calidad de la formación en turismo
5. Estrategia y recomendaciones

El problema social que afecta a la población mexicana es el llamado desempleo y también el subempleo, generados ambos por factores de tipo económico, social y político. Sin embargo, el turismo es un importante generador de empleos en el país. De hecho, entre empleos directos e indirectos, aproximadamente seis millones de trabajajores trabajan para la industria turística, lo que equivale al 16% de la población económicamente activa. La capacitación constituye un factor preponderante para la prestación de un servicio, sobre todo dentro de la actividad turística dado que el trato amable y eficiente a los turistas aumenta notoriamente la competitividad de un destino. La ordenación de la formación turística a nivel nacional acorde a las necesidades del sector, supone una estrategia clave para el desarrollo de México.
Palabras clave: generación de empleo, calidad del servicio, empirismo, planes y programas oficiales de educación, homologación de contenidos, capacitación de personal docente, marco legal específico y vinculación del sector productivo con el educativo.

The social problem afflicting the Mexican population is so-called unemployment and also underemployment, both generated by economic, social and political factors. Tourism, however, is a major generator of jobs in this country. Between direct and indirect jobs, the tourism industry employs approximately six million workers, the equivalent of 16% of the economically active population. Training is a overriding factor in the service industry, particularly where tourist activity is concerned, insofar as a destination's competitive edge stands to benefit considerably when tourists are treated courteously and efficiently. The organization of tourism training at national level as per the sector's requirements is a key strategy for Mexico's development.
Key words: generation of employment, quality service, empiricism, official education plans and programmes, standardization of subject matter, training teaching staff, specific legal framework and link between the productive sector and the educational sector.

Le chômage et le sous-emploi, dus tous deux à des facteurs de type économique, social et politique, constituent le principal problème social affectant la population mexicaine. Toutefois, le tourisme est une importante source de création d'emplois dans le pays. Emplois directs et indirects confondus, environ six millions de personnes travaillent en effet pour l'industrie touristique, soit 16 % de la population économiquement active. La qualification constitue un facteur prépondérant pour la prestation d'un service, en particulier dans le cadre de l'activité touristique, puisqu'il est notoire qu'un accueil aimable et efficace des touristes augmente la compétitivité d'une destination. La mise en place, au niveau national, d'une formation touristique en adéquation avec les besoins du secteur est une stratégie fondamentale pour le développement du Mexique.
Mots-clés: création d'emplois, qualité du service, empirisme, plans et programmes officiels d'éducation, homologation des contenus, formation du personnel enseignant, cadre légal spécifique et lien entre le secteur productif et le secteur éducatif.

LA FORMACIÓN DE LOS RECURSOS HUMANOS EN EL TURISMO. EL CASO DE MÉXICO

Miguel Torruco Marqués
Vicepresidente de Turismo de la Confederación de Cámaras
Nacionales de Comercio, Servicio y Turismo

1. Introducción

En México, el turismo se ha concebido como una de las actividades básicas y significativas para el desarrollo social y económico. Sin embargo, los esfuerzos institucionales y particulares que se realizan en su apoyo no son suficientes aunque se pretenda orientarlos hacia la consolidación de una estructura turística moderna y diversificada. Esto conlleva la necesidad de fortalecer la vinculación del sistema educativo en todos sus niveles y de profundizar las acciones de capacitación en y para el trabajo.

El turismo no escapa a la problemática de otras ramas de la economía. Hace falta el lazo de unión que permita integrarlo a la vida productiva, a la población que lo está demandando. La solución se encuentra en la evolución de la educación formal y de los sistemas de capacitación, entendidos ambos como el proceso intencional y sistemático para crear y transmitir valores, actitudes, conocimientos, habilidades y hábitos que además tienen como finalidad lograr que los seres humanos mejoren individual y colectivamente su calidad de vida.

La experiencia nos dice que los trabajadores vinculados al turismo requieren de una adecuada formación para lograr el óptimo cumplimiento de sus obligaciones laborales y el pleno ejercicio de sus derechos. En ese caso existe una razón mayor, superar el individualismo que conduce nuestra civilización, reemplazando dicho concepto por el de la colaboración entre los seres humanos que laboran en todos los sectores de nuestra economía.

La actividad turística no sólo genera riqueza económica, también contribuye al desarrollo de la sociedad. Tanto desde la iniciativa pública como de la privada, es preciso impulsar la formación en turismo e integrarla a la vida productiva.

2. Escenario en el que se desarrolla la actividad turística

La enseñanza turística se dió en México de forma tardía. Este hecho ha marcado un rezago y un déficit técnico por el cual todavía atraviesa el país; de ahí surge la improvisación de los recursos humanos, por lo que la formación profesional no marcha a la par que el desarrollo y las necesidades del sector.

En México, la formación no se ha desarrollado paralelamente al crecimiento turístico. Esto ha provocado una déficit técnico en los recursos humanos.

La distribución porcentual por actividades de población laboral que trabaja en el sector turístico es la siguiente: un 88% trabaja en la hostelería y restauración; las agencias de viajes y líneas aéreas representan el 6%; las transportistas el 3,5%; los guías el 1%; el personal docente especializado el 1% y los organismos oficiales el 0,5%.

El dinamismo que marca el progreso tecnológico está llevando a la obsolescencia el comportamiento de los cuadros medios del sector turismo, por lo que los gerentes y ejecutivos medios tienden a desaparecer provocando con ello que los planes y programas de estudio se rediseñen urgentemente de acuerdo a lo que realmente demanda el aparato productivo.

Cerca del 90% de la población dedicada al sector turístico trabaja en la hostelería y restauración. Es lógico, por tanto, que la enseñanza turística se haya centrado en la industria de la hospitalidad.

En la nación de la cultura, las tradiciones del sol, las hermosas playas color turquesa y selvas majestuosas, a partir de los años 70 se ha venido alentando vigorosamente la construcción de hoteles. Desde 1974 hasta la fecha se ha creado un promedio de 10.000 habitaciones por año; a ello hay que agregar las inversiones directas que realiza la iniciativa privada, señalando que por cada cuarto hotel que se construye de calidad turística —esto es de 3 a 5 estrellas— se generan de 0,9 a 1,7 empleos directos y de 2 a 2,5 indirectos, por este motivo es obvio pensar que la enseñanza turística ha radicado desde hace más de 30 años en las carreras de administración hotelera y de restauración, más conocidas como industria de la hospitalidad.

Por otro lado, en la búsqueda de la profesionalización y de la calidad en los servicios, así como en respuesta a la satisfacción de las necesidades del turista nacional o extranjero, en México se ha gestado una desmedida proliferación de escuelas de turismo con diversas especialidades y niveles, sumando un total de 526 centros educativos, de las cuales el 32% corresponde al nivel superior, el 56% al nivel medio y el 12% restante al nivel básico.

ESCUELAS DE TURISMO Y HOSTELERIA EN MÉXICO POR NIVEL ACADÉMICO

Existe un desequilibrio entre la oferta educativa y la estructura ocupacional del sector turístico. Asimismo, se detecta un elevado índice de deserción estudiantil que llega hasta el 74% en los niveles de educación superior.

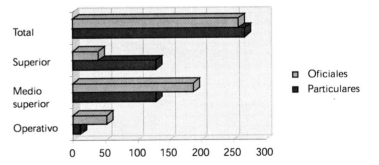

En el año 1997, la población estudiantil ascendió a 97.916 alumnos distribuidos como sigue: nivel superior 26%, nivel medio 69% y nivel básico 5%. Un aspecto importante a resaltar es el preocupante desequilibrio que existe entre la estructura ocupacional del sector y la oferta educativa en turismo. Al comparar ambas, resulta evidente su inadecuación ya que la pirámide se encuentra invertida: la demanda laboral requiere a nivel superior de un 8%, los mandos intermedios un 15% y el nivel básico el 77%.

El problema se agudiza aún más si tomamos en cuenta los elevados índices anuales de deserción estudiantil en donde el nivel básico representa el 13%, el medio superior el 68% y el superior el 74%, lo que da lugar a un marcado déficit técnico y subempleo de los recursos humanos enfocados al sector al que se hace referencia.

3. Problemática que presenta la formación en turismo

Una de las características más relevantes de la administración del turismo en nuestro país es el empirismo. La transmisión de conocimientos de superiores a subalternos sigue siendo la preferida por los empleadores para la formación de cuadros en todos los niveles ocupacionales. En consecuencia se genera un déficit técnico, sobre todo en los niveles básicos que son los que están en contacto directo con los turistas.

Por otra parte, un crecimiento desmedido y anárquico de los centros educativos creados principalmente con fines mercantilistas, así como una evidente improvisación de la planta docente, caracterizan a la enseñanza y a la capacitación turística. Tanto escuelas como planes y programas de estudio se crean y modifican constantemente con un escaso criterio rector, desconociéndose los requerimientos de la educación de acuerdo a la política de expansión de las futuras inversiones en oferta turística.

Asimismo, se acentúa la problemática con la falta de cursos de actualización sobre técnica y didáctica al personal docente en servicios, observándose a la vez una ausencia de instalaciones adecuadas para impartir las materias de gastronomía, enología y hospedaje; una carencia casi total de centros de capacitación a nivel básico y material didáctico especializado, igual que una desarticulación en las prácticas, servicio social y bolsa de trabajo; una limitada transferencia de tecnología, así como la falta de una evaluación y seguimiento educativo, una inadecuada orientación vocacional y una nula educación abierta para prestadores de servicios.

A lo anterior se añade el hecho de que la formación turística en México no cuenta con un marco jurídico específico, lo que crea una situación en la cual coexisten en el tiempo y espacio diversas normas que impiden la articulación de un sistema coordinado pues se faculta a diversas instancias administrativas a participar en la normación, regulación, control y coordinación de los contenidos y actividades por las que se instrumenta el proceso educativo y capacitador.

Esta situación da lugar a diversos conceptos sobre interpretación, conflicto de leyes, duplicidad de actuaciones e indefinición de competencias como consecuencia una deficiencia en los mecanismos de coordinación y actuación administrativa.

El empirismo y el crecimiento demedido de centros de enseñanza, además de una falta de vinculación entre los programas de estudio y el sector productivo son los principales problemas de la formación en turismo en México.

Es necesario un marco jurídico específico para la educación en turismo pues la indefinición provoca dispersión de acciones, conflictos y duplicidades que imposibilitan la articulación de un sistema coordinado.

4. Calidad de la formación en turismo

Para resolver la problemática de la formación de los recursos humanos, se proponen diversas acciones tendentes a conseguir la ordenación del sistema educativo en México.

La situación expuesta en el apartado anterior, nos lleva a la consecución de unos objetivos para el incremento de la calidad de la educación y capacitación en turismo:

• Profesionalizar los cuadros en todos los niveles ocupacionales para evitar el empirismo.

• Vincular el sector productivo con el educativo para satisfacer las necesidades del sector laboral.

• Reglamentar el funcionamiento de los centros de formación turística, tanto oficiales como privados.

• Normar el diseño de planes y programas oficiales de educación y capacitación turística, dando una homologación a sus contenidos.

• Fomentar y promover la creación de centros de capacitación turística a nivel básico.

• Adecuar jurídica y administrativamente los supuestos normativos que regulan la educación y capacitación turística para contar con un marco legal congruente en la materia.

5. Estrategia y recomendaciones

La estrategia pasa por el diseño de un sistema modelo de formación que identifique los pérfiles profesionales requeridas en los recursos humanos de acuerdo a los requerimientos de la demanda.

En primer lugar, se debe diseñar y establecer un sistema modelo con acciones de educación y capacitación manejando mecanismos de planificación, integración, dirección y control que defina con transparencia las acciones del sector y que impulse firmemente la formación de los recursos humanos de acuerdo con los requerimientos de la demanda.

Las recomendaciones para conseguir un sistema de formación, que permita el incremento de la competitividad del turismo en México, son las siguientes:

• Diagnosticar la oferta educacional y la demanda de trabajo para conocer los requerimientos de formación del personal de acuerdo a las diferentes empresas turísticas y sus niveles, así como la actualización de los perfiles ocupacionales.

• Implementar un programa de capacitación a instructores en todo el interior de la República, acorde a los directrices que señala la Secretaría de Trabajo y Previsión Social así como diseñar cursos de actualización en técnica y pedagogía para profesores.

• Readecuar los planes y programas de estudio en sus cuatro niveles: básico, medio, superior, postrado y especialización. Asimismo, también habría que desarrollar los contenidos de los planes y programas de estudio por niveles.

- Establecer los mecanismos de coordinación con las instituciones públicas y privadas para la edición de libros y material didáctico.

- Instrumentar una campaña de incorporación a la Secretaría de Educación Pública para que escuelas y centros de enseñanza turística se encuentren registradas. En línea con esta actuación, también se debería crear un sistema de financiación y estímulos fiscales para modernizar y fortalecer los centros educativos.

- Establecer un programa de prácticas y servicio social para los estudiantes de las diferentes carreras turísticas.

- Coadyuvar al fomento y creación de bibliotecas, hemerotecas y filmotecas con carácter turístico.

- Promover la celebración de convenios para incrementar la tecnología educativa e implementar su evaluación y seguimiento.

- Revisar todos los ordenamientos jurídicos que regulan la educación y capacitación turística, y proponer a las instancias correspondientes las adecuaciones —ya sea a través de reformas a los ordenamientos vigentes o a la instrumentación de nuevas disposiciones jurídicas.

- Establecer cursos de capacitación y actualización para prestadores de servicio y sector oficial e instaurar el sistema abierto a través de módulos especializados en cada área.

El estudio propone una serie de recomendaciones como la implementación de programas de capacitación del personal docente, programas de prácticas para los estudiantes, revisión de las leyes que regulan la formación en turismo, desarrollo y adecuación de programas de estudio en todos sus niveles, y apoyo a la modernización de los centros mediante un sistema de financiación y estímulos fiscales.

Las políticas y acciones a desarrollar requieren fundamentalmente de una responsabilidad en cuanto a su dirección, por lo que en el ámbito federal deberán desarrollarse los mecanismos de rectoría, pero con la estrecha coordinación de los diferentes elementos que integran el sistema educativo incluyendo desde luego al sector privado.

Referencias bibliográficas

Ramírez Blanco, M. (19...): *Teoría General del Turismo*, ed. Diana, México D.F.

Torruco Marqués, M. (19...): *Historia Institucional del Turismo en México*, Asociación Nacional de Estudiantes y Egresados de Turismo A.C. ANEEMT, México D.F.

Torruco Marqués, M. (19...): *El Turismo, la Industria de la Esperanza*, ed. Quinto Centenario, México D.F.

ATENCIÓN AL CLIENTE Y FORMACIÓN PROFESIONAL: UN CAMINO SIN FINAL

Ramón Pajares

1. Introducción
2. Estrategia desarrollada en el Grupo Savoy
3. Formación profesional y motivación en la industria turística
4. Marco laboral flexible
5. Conclusiones

El autor enfoca su análisis en la relación existente entre la formación profesional y la calidad del servicio que recibe el cliente. Para desatar el potencial humano de los empleados, estos han -de sentirse seguros y con oportunidades de progresar en la empresa. La estrategia aplicada en el Grupo Savoy se orienta, por una parte, hacia las necesidades de los clientes y, por otra, hacia las aspiraciones de los empleados. La industria turística precisa, asimismo, de una demarcación laboral flexible, necesaria para mejorar los servicios que recibe el cliente y las oportunidades profesionales del personal.

Palabras clave: formación profesional, retención del cliente y de los empleados, fuerza laboral movible, valor como industria exportadora.

This analysis focuses on the relationship between vocational training and the quality of customer service. In order to unleash the human potential of employees, they must be made to feel secure and that they have the opportunity to progress in an enterprise. The strategy applied in the Savoy Group is oriented towards meeting both customer requirements and employees' aspirations.

Likewise the demarcation of labour in the tourism industry must be flexible enough to enhance both customer services and the professional opportunities afforded to staff.

Key words: vocational training, client and employee support, personnel, mobile labour force, value as an export industry

L'auteur centre son analyse sur la relation entre la formation professionnelle et la qualité du service reçu par le client. Pour libérer le potentiel humain des employés, il faut que ceux-ci soient en confiance et qu'ils aient la possibilité de progresser au sein de l'entreprise. La stratégie appliquée dans le groupe Savoy est orientée, d'une part, vers les besoins des clients et, d'autre part, vers les aspirations des employés. En outre, il faut à l'industrie touristique un cadre de travail flexible qui favorise les services offerts au client et les possibilités professionnelles du personnel.

Mots-clés: formation professionnelle, fidélisation du client et des employés, personnel, mobilité des ressources humaines, valeur comme secteur exportateur.

ATENCIÓN AL CLIENTE Y FORMACIÓN PROFESIONAL: UN CAMINO SIN FINAL

Ramón Pajares
Director Gerente del Grupo Savoy

1. Introducción

El tema de mi presentación es atención al cliente y formación profesional, temas ambos de los cuales se habla mucho y a menudo son mal entendidos. Pues las personas y su actitud individual y colectiva son las que aportan el valor a las organizaciones y, en consecuencia, a través del buen manejo del personal o dirección de estos recursos se puede conseguir la excelencia en los servicios que reciben los clientes y añadir valor al negocio.

Muchos directores conocen hasta el último céntimo la repercusión en los costes generales del personal pero lo que muchos ignoran es el coste de los clientes que no vuelven por servicios ineficientes o una mala actitud de un personal inadecuadamente formado, profesionalmente mal preparado y sin un liderazgo ejecutivo que le permita prestar servicios excelentes con consistencia e integridad. Se necesita crear un ambiente donde el personal se sienta seguro y con oportunidades para progresar en su profesión.

Son los recursos humanos los que aportan valor añadido al negocio. La calidad en el servicio sólo puede conseguirse a través de una formación adecuada y una buena dirección del personal.

2. Estrategia desarrollada en el Grupo Savoy

Muy pronto me di cuenta de que necesitaba formular una estrategia para el futuro de la compañía, una estrategia que debía satisfacer tanto las necesidades de nuestros clientes como las aspiraciones de nuestros empleados, pues el trato que reciben los empleados repercute directamente en el servicio prestado a los clientes.

En sesiones de trabajo con la dirección y especialistas externos, desarrollamos una estrategia que había identificado más de 300 proyectos, incluyendo formación profesional a todos los niveles y relaciones humanas.

Uno de los objetivos era fomentar los valores y conocimientos de todo el personal, mantenerlos y transferirlos a todas las áreas de la compañía. Nuestra habilidad para organizar y compartir eficazmente los conocimientos sería uno

La estrategia desarrollada en el Grupo Savoy tenía el objetivo de desatar el potencial humano de todos los empleados.

La lealtad de los clientes está directamente ligada a la de los empleados pues es más barato retener clientes existentes que tener que buscar continuamente otros nuevos.

de los factores más importantes de nuestro éxito, pero esta estrategia carecía de sentido sin el apoyo del personal que necesitaba un ambiente de confianza y seguridad en la compañía.

Todo en el proceso de producción del servicio está sujeto a un riguroso procedimiento para asegurarnos de que su calidad se mantiene siempre. Así pues, la creación de unos estándares de calidad ofrece a los empleados un punto de referencia para comparar los resultados de sus esfuerzos y permite recompensarles o detectar deficiencias formativas a suplir.

Investigaciones recientes han demostrado que las compañías que persiguen la estrategia de retener tanto a sus mejores clientes como a sus empleados, consiguen beneficios más altos y alcanzan una media de crecimiento más rápido.

3. Formación y motivación en la industria turística

Tanto la formación profesional como la motivación son factores clave para el desarrollo de la industria turística.

Uno de los problemas más graves de la industria turística en Inglaterra es la escasez de personal, sobre todo en tiempos de expansión, si bien recientemente se han tomado varias iniciativas interesantes con la colaboración entre los empresarios y el gobierno local.

La industria turística en Inglaterra emplea un 10% de la fuerza laboral total, ofrece empleo contínuo y temporal. Además, el turismo tiene valor como industria exportadora. En 1996, el gasto efectuado en el Reino Unido por el turismo internacional recibido, excluyendo los gastos de viaje, alcanzó los 13.6 billones de libras. Se proyecta que el gasto crecerá a 20 billones de libras en el año 2000.

Nuestra industria cuenta con un 25% de las ganancias invisibles del extranjero. Vende más en valor de exportación que el petróleo del mar del Norte, los servicios financieros o la aviación civil.

Es una industria que requiere profesionales con una formación sólida. Profesionales capaces de manejar y entender bien la tecnología y los beneficios de su aplicación; capaces de integrar su experiencia profesional con habilidad para dirigir su compañía, hotel, restaurante o departamento. En este sentido, es importante fomentar la promoción de mujeres a puestos directivos de alto nivel.

La adaptación de los productos que ofrecemos a las necesidades y gustos de nuestros clientes es imprescindible para ser competitivo. Para ello, hay que desarrollar programas de formación profesional, y aplicarlos con integridad y determinación.

Pero para poder asegurar el potencial de los empleados, su creatividad y dedicación, necesitamos preocuparnos seriamente por sus necesidades, por su respeto y progreso, así como por su satisfacción personal en el trabajo; y para conseguir esto se necesita crear un ambiente de flexibilidad dentro de nuestra industria. Es necesario crear un ambiente donde los empleados reciban formación profesional en varias áreas y crear, asimismo, una fuerza laboral movible y con entusiasmo.

Empresarios, directores y profesores de educación profesional deben potenciar la formación general con conocimientos en varias áreas de la industria turística. Para ello, hay que crear programas de formación profesional que incluyan experiencia en varios departamentos y planes de sucesión.

Nuestra industria debe actuar rápidamente y crear equipos de personal que puedan desempeñar diversas funciones atendiendo a las necesidades de la empresa. Por ejemplo una persona debe estar debidamente capacitada para ejercer en cualquier momento en áreas como recepción, conserjería, caja, gobernanta de pisos, reservas y otras funciones similares.

El objetivo es contar con un número de personas mínimo en cada departamento y suplementarlo con miembros de un equipo móvil y bien remunerado.

Se necesita formar a personal multifuncional con experiencia en varios departamentos y crear equipos que puedan moverse con facilidad según la estrategia de la empresa.

4. Marco laboral flexible

Para conseguir una industria competitiva se necesita crear un ambiente de flexibilidad en las empresas. En primer lugar, las partes afectadas o interesadas deben apreciar que esta clase de flexibilidad favorece a los servicios prestados al cliente, al personal que tiene trabajos más variados e interesantes y al progreso de su carrera profesional.

Esto supone a largo plazo la creación de más puestos de trabajo, ya que los clientes reciben servicios de mayor calidad de un personal más cualificado, lo que repercute directamente en un aumento de los clientes.

El público hoy en día es más experto, sabe lo que debe recibir por su dinero y está dispuesto a cambiar de hotel, restaurante, agencia de viaje y hasta de país si cree que no recibe los servicios que le corresponden y, por tanto, escogerá otros destinos más favorables acordes a sus expectativas.

La realidad es que si no hay clientes no hay puestos de trabajo. En Inglaterra llevamos algún tiempo donde el ambiente laboral es propicio y quizás más favorable que en otros países europeos. Quizás, un día los partidos políticos y las organizaciones laborales reconocerán que unos sistemas sociales altamente punitivos son un freno para la creación de puestos de trabajo y el incremento del empleo.

La flexibilidad favorece la creación de puestos de trabajo y la calidad de los servicios prestados al cliente.

5. Conclusiones

En los próximos diez años, uno de los temas más importantes va a ser la selección de personal, cómo formar profesionalmente a los recursos humanos y cómo introducir las nuevas tecnologías en los procesos productivos.

La atención al cliente y la formación profesional son un camino sin fin. Aquellos que siguen con entusiasmo y dedicación en esta dirección estarán siempre más cerca que sus competidores.

La formación del personal y la atención al cliente deben ser los objetivos a perseguir por todas aquellas empresas que quieran ser competitivas en la industria turística.

MOTIVACIÓN Y CUALIFICACIÓN DE LOS EMPLEADOS DE LA HOSTELERÍA

Pedro Galindo

1. Cultura de calidad en la hostelería
2. El caso: la cadena Ritz-Carlton
      2.1. Objetivos y estrategia
      2.2. El *empowerment* y la salud de la organización
      2.3. Formación para la cualificación profesional

El análisis confirma la importancia que tienen las habilidades sociales de los empleados de la hostelería en la consecución de la satisfacción del cliente. Las empresas deben invertir en la formación de sus trabajadores con el fin de desarrollar los aspectos más valorados del personal que está en el *front line*. El autor presenta en caso de la cadena Ritz Carlton que, a pesar de haber sido galardonada con el premio Malcom Baldrige National Quality Award, renuncia a la complacencia a través del *empowerment* o potenciación del personal. Hay que anticiparse a las expectativas de los clientes con equipos de mejora autodirigidos que aprovechen la experiencia de los profesionales en beneficio de la excelencia. Para ello es necesario que los empleados tengan la formación, autoridad y responsabilidad necesarias.
Palabras clave: cultura de calidad orientada al cliente, habilidades sociales de los empleados en el *front line, empowerment*, formación cualitativa y reconocimiento.

This analysis substantiates the importance of hotel employees' social skills in terms of obtaining client satisfaction. Enterprises should invest in training their employees as a means of developing the most highly rated aspects of front-line staff. The author examines the case of the Ritz Carlton which, despite having already been awarded the Malcom Baldrige National Quality Award, is continuing in its implacable pursuit of staff empowerment. Hotels must strive to stay one step ahead of client expectations by self-guided improvement teams/units which avail themselves of the experience of professionals with a view to achieving excellence. To this end, employees must be provided with the necessary training, authority and responsibility.
Key words: client-oriented quality culture, social skills of front-line employees, empowerment, qualitative training and recognition.

L'analyse confirme l'importance des aptitudes sociales des employés de l'hôtellerie pour parvenir à satisfaire le client. Les entreprises doivent investir dans la formation de leurs employés afin de développer les aspects les plus valorisés du personnel qui se trouve ´ en première ligne ª. L'auteur analyse le cas de la chaîne Ritz-Carlton qui, bien qu'ayant reçu le prix Malcom Baldridge National Quality Award, n'en a pas moins renoncé à l'autosatisfaction en pratiquant l'empowerment, c'est-à-dire en renforçant les compétences de son personnel. Pour atteindre l'excellence, les attentes des clients doivent être anticipées, à l'aide d'équipes autodirigées chargées d'améliorer la situation en mettant à profit l'expérience des professionnels. Pour ce faire, il faut que les employés possèdent la formation, l'autorité et la responsabilité requises.
Mots-clés: culture de la qualité orientée vers le client, aptitudes sociales des employés ´ en première ligne ª, empowerment, formation qualitative et reconnaissance.

MOTIVACIÓN Y CUALIFICACIÓN DE LOS EMPLEADOS DE LA HOSTELERÍA

Pedro Galindo
Presidente de la Federación Española de Restaurantes

1. Cultura de calidad en la hostelería

En la hostelería la inquietud por la satisfacción de los clientes se manifiesta en la fórmula:

cualificación + motivación de los empleados

Algunas organizaciones han creado sólidas culturas de orientación al cliente y constituyen una referencia de éxito en la aplicación de los postulados de excelencia.

Un reciente estudio de la Comisión Paritaria Sectorial de Hostelería llevado a cabo con el patrocinio de FORCEM y el Fondo Social Europeo, abundaba en los aspectos más valorados del perfil común de los trabajadores de *front line*; como en realidad son todos los de hostelería.

* Capacidad de comunicación verbal y gestión;

* habilidad para percibir las expectativas del cliente;

* cuidado del aspecto exterior;

* amabilidad, atención y simpatía;

* comportamiento homogéneo;

* capacidad y actitud de asesoramiento e información,

* conocimiento de los deseos de los clientes habituales; y

* lealtad a los intereses de la empresa.

Estamos ante una lista de habilidades sociales; por supuesto que las cualificaciones base dependerán de cada puesto de trabajo: camarero,

Las llamadas "habilidades sociales" son altamente valoradas entre los trabajadores de "front line". La cualificación para la función desempañada en el puesto de trabajo y la motivación dan como resultado la excelencia en el servicio y la atención al cliente.

recepcionista, *maitre*, conserje, etc. El perfil aquí descrito nos viene a confirmar que, además de la formación técnica correspondiente al desempeño de cada puesto de trabajo, se requiere en los hombres y mujeres de la hostelería una voluntad intrínseca de satisfacción de los clientes; una energización o motivación. La necesaria para poner en funcionamiento permanente estas habilidades sociales por encima de ocasionales problemas personales, frustraciones profesionales u otros sentimientos o estados de ánimo. Las empresas cuidarán de que esta energización resulte más bien una sinergización en beneficio de los resultados.

En la hostelería, el éxito de las empresas pasa por consolidar una cultura de calidad y satisfacción del cliente.

Las referidas habilidades pueden ser objeto de desarrollo mediante acciones formativas convenientemente concebidas bajo la etiqueta de "atención al cliente", "empatía", "habilidades interpersonales" o incluso "inteligencia emocional", que parece un tema de gran actualidad.

En mayor o menor medida, los planes de formación que a estos colectivos de *front line* dirigen las instituciones públicas y privadas de la hostelería y el turismo, toman muy en consideración estas importantes habilidades que hemos denominado sociales. Desde luego, están también en el ánimo de las iniciativas de formación que orquesta la FER. Pero, en la práctica cotidiana los efectos esperados de los comportamientos que generan satisfacción en los clientes no se consiguen plenamente sin la presencia de algunos agentes catalizadores que propicien las voluntades personales. Porque el efecto se multiplica cuando el cliente observa, no un comportamiento individual plenamente satisfactorio, sino un clima visible de satisfacción de los clientes. Parece evidente que la excelente actuación del camarero se vería deslucida por una deficiencia generada en la cocina y al revés.

¿Cómo asegurar que todos los eslabones del servicio al cliente sumen valor en la mayor medida posible? ¿Cómo consolidar una cultura de calidad y satisfacción del cliente, que prestigie el establecimiento o la cadena de hoteles o restaurantes? Se trata ciertamente de consolidar una cultura de calidad que se realimente a sí misma de la proactividad de los miembros de la organización. Aquí caben las buenas iniciativas de nuestros empresarios y directivos, y caben también las experiencias ajenas dentro del sector, tanto dentro como fuera de nuestro país. Porque, aunque hubiésemos alcanzado los ambiciosos objetivos de calidad de nuestros establecimientos, no podríamos renunciar a nuestra permanente inquietud de mejora que nutriera nuestra competitividad. Hemos de evitar la complacencia.

2. El caso: la cadena Ritz-Carlton

2.1. Objetivos y estrategia

La cadena Ritz Carlton constituye un modelo de empresa que ha apostado por la calidad. El "empowerment" es la técnica empleada por esta compañía que renuncia a la complacencia.

Encontramos un buen ejemplo de renuncia a la complacencia en la cadena Ritz-Carlton; no porque carezcamos de ejemplos más próximos en algunos de nuestros hoteles y restaurantes de reconocido prestigio, sino porque la cadena Ritz-Carlton constituye una referencia en lo concerniente a la puesta en marcha del denominado *empowerment*. El *empowerment* o potenciación del personal constituye una práctica que si se orquesta con el rigor exigido genera beneficios en la satisfacción de los clientes, en la satisfacción y proactividad de los empleados, y en la salud de la organización.

La cadena Ritz-Carlton obtuvo el Malcolm Baldrige National Quality Award de 1992 pero, impulsada por su propio prestigio y por las crecientes expectativas de los clientes, puso en marcha nuevas iniciativas. Analizó a fondo las expectativas reales de los clientes y los sistemas de medida y mejora de su satisfacción y fidelidad, apostó por el desarrollo profesional de los empleados y desarrolló esta cultura de potenciación de las atribuciones del personal: *el empowerment.* Se trataba, por una parte, de anticiparse a las expectativas de los clientes mediante la creación de equipos de mejora autodirigidos que aprovecharan toda la experiencia de los profesionales en beneficio de la deseada excelencia. Por otra parte, se trataba también de que los empleados tuvieran la formación, la autoridad y la responsabilidad necesarias para atender adecuadamente a los clientes en las cuestiones que les planteaban: problemas, atenciones especiales o contingencias.

La fórmula puesta en práctica por Ritz-Carlton en relación con la gestión de su personal contenía tres elementos: formación cualificativa, "empowerment" y reconocimiento por parte de la empresa.

Los grandes objetivos a cuya consecución se dedicó esta cadena hotelera fueron, efectivamente:

* Evitar la complacencia y prevenir otras posibles enfermedades clásicas de las organizaciones: inmóvilismo, pusilanimidad, falta de orientación del mando, lentitud funcional, etc.

* Profundizar en lo que realmente es importante para los clientes, siendo conscientes de aquello de que "la hospitalidad es el arte de conseguir que los huéspedes se sientan cómodos en casa ajena".

* Proporcionar formación, autoridad y reconocimiento a los empleados para que quieran, sepan y puedan satisfacer a los clientes.

2.2. El *empowerment* y la salud de la organización

Los denominados *self directed teams* o equipos autodirigidos constituyen seguramente una de las expresiones más edificantes del postulado "trabajo en equipo" y también una manifestación de la apuesta de las organizaciones por la capacidad y experiencia de los empleados. En definitiva, un aspecto del *empowerment.* Pero otro aspecto más inmediato es la capacidad de resolver un problema planteado por un cliente sin llevarlo al jefe.

Algunos mandos del sector dicen que en la gestión de las personas se cumple la ley del 80/20, principio de Pareto. Parecen dedicar el 80% de su tiempo a la atención del trabajo del 20% de sus subordinados: los menos preparados. Esta desproporción, aunque fuera más moderada, puede resultar también negativa para los empleados que sí saben resolver sus problemas, pero que ven reducida su cota de atención y sus dosis de comunicación. De modo que, por un lado, es fundamental la preparación o formación de las personas y, por otro, es igualmente fundamental que los mandos se dediquen a las propias funciones que se reservan, incluyendo la justa medida del ejercicio del liderazgo.

El ejercicio del liderazgo por los mandos y directivos constituye un requisito fundamental para el desarrollo del "empowerment" y, en general, para la mentalización, motivación y eficacia de las personas dentro de las organizaciones de cualquier tamaño.

En la cadena Ritz-Carlton había que facilitar la realización de los profesionales no sólo por la consiguiente mejora inmediata de su satisfacción sino, sobre todo, por la repercusión deseada en la calidad del servicio y la modernización cultural.

Venimos observando que el papel del empleado dentro de las empresas tiende a responder a un nuevo reparto de poderes. Han llegado, ciertamente, nuevas culturas empresariales. Por una parte se viene postulando el liderazgo como valor a cultivar en los directivos y mandos, y por otro se practica —aunque con desigual ortodoxia— el denominado *empowerment*. Esta última tendencia parece apuntar a la asunción de una mayor responsabilidad y protagonismo de los trabajadores, sin perjuicio de su propia satisfacción profesional. Más bien: "en beneficio de su propia satisfacción profesional y de la de los clientes".

Ambos conceptos, liderazgo y *empowerment*, se pueden desvirtuar fácilmente y son objeto en ocasiones de diferentes puestas en escena. Los propios subordinardos se muestran a veces reticentes a la asunción de mayor protagonismo o poder porque piensan que simplemente se les quiere hacer más responsables sin que, en realidad, el cambio suponga mayor capacidad de decisión ni tampoco mayor categoría profesional. Y es que estos nuevos conceptos —liderazgo y *empowerment*— en ocasiones se han postulado por los directivos a modo de nuevas panaceas o nuevos mantras, quizás sin una explicación conveniente. A veces, parece haberse dejado un amplio espacio para que se interpreten al gusto de cada cual y no siempre se aplican bien.

A primera vista, prolongando sólo un poco esta digresión, diríamos brevemente que un buen líder es alguien que conduce —gestiona— bien su equipo, sin siquiera detenernos a analizar a qué meta los lleva. Este aspecto de conducir hacia la Tierra Prometida, es decir, de contribuir a fortalecer la empresa de cara al futuro, haciéndola más competitiva y menos vulnerable, es una cualidad que no debe pasar desapercibida en un líder, incluso en niveles intermedios de las organizaciones. Seguramente, visto desde el lado de los subordinados, las características del jefe-líder aludirían a su capacidad de motivar, a su accesibilidad e incluso a su sentido del humor.

Los hoteles Ritz-Carlton ya constituían una referencia de máxima calidad de servicio cuando se propusieron alcanzar el reconocimiento "Malcom Baldrige" y, desde luego, cuando lo obtuvieron hace ahora cinco años. Pero decidieron apostar más por sus personas. No había, por ejemplo, por qué someter al director del hotel al menú de la cena de fin de año. No había por qué subordinar, en definitiva, las correctas decisiones de los buenos profesionales a la autoridad. El conocido principio de autoridad, del que se abusa con frecuencia en tantas organizaciones todavía hoy, debía dejar paso —definitivamente— a la experiencia y competencia de los profesionales de las diferentes disciplinas. Ritz Carlton lo sabía y —aunque tenía ya un alto nivel de calidad de servicio— apostaba ahora por la salud de su organización para asegurar su permanencia en la vanguardia de la excelencia. Y es que la medida de la salud de las organizaciones puede resultar insuficiente a través de sus cifras de resultados.

El concepto de "empresa sana" apunta, como sabemos, al futuro y recoge la enseñanza de que más vale prevenir que curar. Podríamos hablar —para quien lo prefiera— de "eficiencia duradera" en vez de salud. La preocupación por la salud de la organización llevó a los directivos de Ritz-Carlton a profundizar en qué es importante para lograr la fidelidad de los clientes y qué es importante para obtener el compromiso de los empleados. Hoy todos nos apuntaríamos a esta estrategia de calidad, aunque somos bien conscientes de que la dificultad no está tanto en la formulación de los objetivos sino, sobre todo, en cómo conseguir su consecución. Porque ciertamente se corren riesgos. Pensemos que el concepto de *empowerment* conlleva la incondicional confianza en los empleados, ya sean de *front line*, de *back office*, de *housekeeping,* etc. Muchos de nosotros somos más partidarios de "delega bien, pero mira a quién" porque sin duda esta primera idea de otorgar confianza en los colaboradores dentro de las organizaciones produce grandes reservas y dubitaciones. Pero si tenemos a cada persona bien preparada para su puesto de trabajo y profesionalmente satisfecha, no hay razón para prolongar el control.

Los empleados del Ritz-Carlton disponen, por ejemplo, de una aportación presupuestaria variable entre 200 y 500 dólares para hacer frente a la solución inmediata de los problemas de los clientes. Pero esto es sólo un detalle. Lo importante es que los empleados son conscientes de la confianza cualitativa que en ellos deposita la organización y actúan en consecuencia tomando decisiones, sintiéndose contribuyentes a la deseada satisfacción de los clientes y sintiéndose también parte de la organización. Una de las consecuencias de la política de *empowerment* de los hoteles Ritz-Carlton ha sido la reducción de la rotación del personal (a veces casi a la mitad) y esto de la rotación no es asunto baladí, porque cuesta bastante tiempo y dinero a las empresas.

2.3. Formación para la cualificación profesional

Los empleados de esta cadena reciben formación en los aspectos de satisfacción de los clientes durante al menos dos semanas al año y también reciben la formación necesaria para la realización de sus tareas y para su desarrollo profesional.

Sin la formación adecuada no hay *empowerment* posible. ¿Y si se dedica un gran esfuerzo a la formación de un empleado y luego se va? A esto respondería un conocido gurú del sector, Jim Sullivan, diciendo:"¿Qué pasaría si no se le forma y se queda?"

La experiencia Ritz Carlton, como la de otras organizaciones que apuestan sincera y honradamente por sus personas, viene a demostrar que esta estrategia puede funcionar porque los empleados parecen liberar unas capacidades, actitudes y comportamientos de gran profesionalidad e incuestionable contribución a la causa; parecen liberar la inteligencia sumergida. Los indicadores así lo demuestran. La cadena hotelera asiste a un incremento paralelo de la satisfacción de los empleados y de los clientes que, obviamente, se extiende a la alta dirección.

Recordemos lo que vamos buscando: incrementar la satisfacción y fidelidad de los clientes, e incrementar la satisfacción y eficiencia de los empleados.

El concepto "empowerment" también significa depositar confianza en las personas que trabajan en la organización. De esta forma, los empleados son conscientes de esta confianza y actúan con responsabilidad sintiéndose parte de la organización.

El "empowerment" sólo es posible si los empleados tienen la formación adecuada. En busca de la eficiencia deseada, las empresas deben proporcionar a sus trabajadores la formación profesional que les permitirá satisfacer a los clientes.

CREACIÓN DE EMPLEO EN 15 REGIONES EUROPEAS COMO CONSECUENCIA DE LA ACTIVIDAD FERIAL: EL CASO DE MADRID

Juan Carlos Gómez

1. Oferta y demanda en el mercado ferial
2. EMECA -European Mayor Exhibition Centres Association
3. Estudio KPMG sobre la actividad ferial europea
       3.1. Datos generales comparativos EMECA-Madrid
       3.2. Impacto económico de la actividad ferial
       3.3. Repercusión de la actividad ferial sobre el empleo

En la ponencia se presentan los resultados del estudio realizado por la consultora KPMG por encargo de la European Major Exhibition Centres Association (EMECA), en el cual se analiza el impacto global sobre la economía y el empleo de la actividad de 15 recintos feriales europeos en sus regiones de influencia. Junto con los datos globlales, se presentan los datos específicos obtenidos correspondientes al impacto generado por IFEMA, Feria de Madrid, en su área de influencia económica. El estudio de KPMG es el primero realizado a escala europea, en las más importantes ciudades con actividad ferial, y contribuye a ofrecer una panorámica del impacto de esta actividad.
Palabras clave: organizadores de certámenes, recintos y servicios feriales, impacto económico, repercusión sobre el empleo.

This paper presents the results of the study carried out by KMPG on behalf of the European Major Exhibition Centres Association (EMECA) which analyses the global impact of the activity of 15 European exhibition centres on economy and employment in their regions of influence. The author present both global data and data corresponding to the impact of IFEMA, the Madrid trade fair, in its area of economic influence. The KMPG study, the first to have been conducted at European level in the most important cities with exhibition centre activities, contributes to providing an overview of the impact of this type of activity.
Key words: organization of exhibition events, exhibition centres and services, economic impact, impact on employment.

Le rapport présente les résultats de l'étude réalisée par le cabinet-conseil KPMG à la demande de la European Major Exhibition Centres Association (EMECA). Cette étude analyse l'impact global de l'activité de quinze parcs d'expositions européens sur l'économie et l'emploi dans leurs zones d'influence. En même temps que les données globales sont présentées les données spécifiques obtenues sur l'impact produit par IFEMA, Feria de Madrid, dans sa zone d'influence économique. L'étude de KPMG est la première réalisée au niveau européen, dans les principales villes où sont organisés des salons. Elle contribue à un panorama de l'impact de cette activité.
Mots-clés: organisateurs de salons, parcs d'expositions et services liés aux salons, impact économique, répercussion sur l'emploi.

CREACIÓN DE EMPLEO EN 15 REGIONES EUROPEAS COMO CONSECUENCIA DE LA ACTIVIDAD FERIAL: EL CASO DE MADRID

Juan Carlos Gómez
Secretario General de IFEMA

1. Oferta y demanda en el mercado ferial

Antes de entrar a revisar el impacto económico de la actividad ferial, conviene precisar el funcionamiento de la oferta y la demanda en el mercado. Como oferta se encuentran los organizadores de certámenes, los recintos feriales (a menudo organizadores de ferias a su vez) y los servicios feriales relacionados con el recinto o las ferias. La demanda está compuesta tanto por las empresas expositoras de productos que participan en los certámenes como por los visitantes que acuden a las ferias. Oferta y demanda se dan cita dentro de un entorno local, con una determinada oferta hotelera y turística, y que hace uso de la infraestructura existente y se apoya en los sectores económicos locales o nacionales e, incluso, en las administraciones públicas que apoyan las ferias.

La actividad ferial se ha convertido en un importante generador de turismo. Se trata de un turismo de negocios, con un elevado nivel de gasto.

2. European Major Exhibition Centres Association

La actividad ferial en Europa es muy intensa, y se produce en numerosas ciudades. Según un estudio de Eurostat, en el año 1990 se tenía constancia de más de 150 ciudades con ferias dentro de la Europa de los 12. Muchas de estas ferias tienen carácter local. Sin embargo, existen 25 ciudades con destacada actividad, que cuentan con recintos feriales con grandes superficies de exposición y servicios de calidad, así como un calendario de ferias sectoriales de ámbito nacional o internacional y se apoyan en una infraestructura adecuada de la ciudad: transporte, alojamiento, etc.

Un total de 25 ciuddes europeas desarrollan una destacada actividad ferial. Cuentan con todo tipo de instalaciones y servicios así como un intenso calendario de ferias, reuniendo en cada celebración a profesionales de todos los sectores económicos.

La European Major Exhibition Centres Association —EMECA— integra a 18 de los principales recintos feriales de Europa. Tiene como objetivos el intercambio de información para la mejora de los servicios ofrecidos, la elaboración de estadísticas homogéneas de la actividad ferial y comunicar la relevancia de la actividad ferial a organismos públicos, asociaciones y empresas privadas.

Los recintos feriales miembros de EMECA se encuentran en ocho países, y actualmente son: Barcelona, Basilea, Birmingham, Bolonia, Bruselas, Düsseldorf, Frankfurt, Leipzig, Londres, Lyon, Madrid, Milán, Nuremberg, París, París norte, Utrecht, Valencia y Verona.

RECINTOS FERIALES MIEMBROS DE EMECA

EMECA —Major Exhibition Centres Association— integra a 18 de los principales recintos feriales europeos. Esta asociación permite el intercambio de información de sus asociados y elabora estudios acerca de la trascendencia económica y social de esta actividad turística.

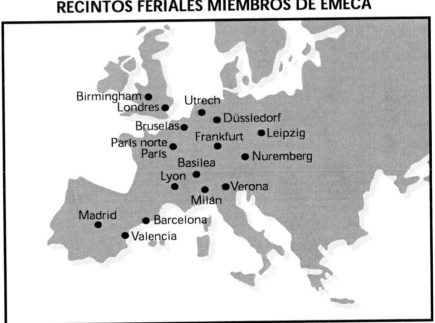

3. Estudio sobre la actividad ferial europea

En el año 1995, EMECA encargó la realización de un estudio sobre la actividad ferial de sus asociados para determiar el gasto generado y la creación de empleo producida.

Aunque existían algunos antecedentes sobre estudios del impacto económico de la actividad ferial, no había estudios a escala europea con datos homogéneos. Sin embargo, hay que destacar la existencia de amplios estudios previos, como el estudio global realizado por Luis Rubalcaba para Eurostat[1], que parte de datos nacionales sin homogeneizar, o el realizado por Francesca Golfetto[2], de la Universidad Bocconi, sobre el área de Lombardía.

En 1995, EMECA encargó un estudio KPMG a través del cual se pudiera conocer la repercusión económica de la actividad ferial en las zonas de influencia de los quince recintos que entonces eran miembros de la aso-

---

[1]Rubalcaba, L. (1994): *Fairs and exhibitions in the European Economy,* Office of Official Publications of the European Communities, Luxembourg.

[2]Golfetto, F. (1991): *L'imptatto economico delle manifestazioni fiertistiche,* GEA, Milan.

ciación (los antes citados salvo Valencia, Düsseldorf y Nürnberg), para determinar el gasto total generado por la actividad ferial, incluyendo los *spin-off effects* y la creación de empleo producida, utilizando datos estadísticos fiables y homogéneos.

Al centrarse en la actividad ferial, no se analizan en el estudio de KPMG otros puntos importantes, como son las ventas realizadas por los expositores, el impacto de otros actos no feriales (congresos, espectáculos, convenciones, etc.) que se pueden celebrar en los recintos feriales. El estudio de KPMG se centra en los datos disponibles de 1995, agrupando los resultados de los entonces 15 miembros de EMECA.

3.1. Datos generales comparativos EMECA-Madrid

En relación con los recintos de EMECA, Madrid cuenta con un parque ferial de superficie inferior a la media, si bien tuvo mayor ocupación y mayor número de visitantes que la media de los recintos asociados.

	Sup. bruta exposición (m²)	Sup. bruta ocupada (m²)	Nº de ferias	Nº de empresas expositoras	Nº de visitantes
EMECA	2.282.241	22.015.793	874	299.045	28.878.466
MADRID	102.600	1.144.525	52	10.693	2.054.885

Evidentemente, esta actividad supone una alta inversión en infraestructuras y servicios en el caso de las ciudades receptoras; ahora bien, los ingresos fruto de la actividad ferial se reflejan de forma positiva en las economías regionales.

3.2. Impacto económico de la actividad ferial

Las conclusiones derivadas del estudio realizado por KPMG revelaron los siguientes resultados sobre el impacto económico:

	Gasto directo total (millones de Ecus)	Gasto directo de expositores	Gasto directo de visitantes	Ingresos en la región (millones de Ecus)
EMECA	7.783	56 %	44 %	2.733 (35%)
MADRID	524	30 %	70 %	194 (37%)

El gasto total de la actividad ferial en los recintos miembros de EMECA ascendió a 7.783 millones de ECUs, de los cuales se retuvo en la región un 35%. En el caso de Madrid, se generaron 524 millones de ECUs, de los cuales se retuvieron en Madrid un 37%, equivalentes a 194 millones de ECUs. La menor superficie media de los stands de las empresas expositoras y el mayor número de visitantes en relación con la superficie de exposición hacen que en el caso de Madrid, el peso del gasto directo de los visitantes sea muy superior al que representa el gasto de los expositores (70% frente al 30% del total), mientras que en la media de los recintos miembros de EMECA la relación está más equilibrada.

3.3. Repercusión de la actividad ferial sobre el empleo

El estudio de KPMG también analiza la repercusión de la actividad ferial sobre el empleo, y ha obtenido los siguientes resultados :

De nuevo la actividad de Madrid es superior a la media de los miembros de EMECA, tanto en términos de empleos creados por cada mil metros cuadrados de superficie de exposición como en relación con el empleo total existente en la región, por la mayor ocupación que se hace de las instalaciones y al mayor número de visitantes en relación con la media.

	Puestos de trabajo creados en la región	Porcentaje sobre empleo total en la región	Empleos creados por cada 1.000 m^2 de sup. bruta de exposición
EMECA	155.500	0,47 %	68
MADRID	14.767	0,9 %	144

En cualquier caso, estos datos reflejan la gran importancia que ha alcanzado la actividad ferial dentro de las economías regionales que acogen a los grandes parques feriales, con el consiguiente efecto favorable en lo que respecta a la creación de empleo.

La tipología del empleo generado por la actividad es muy diversa, y abarca desde la organización de certámenes y la gestión del recinto, con los servicios relacionados, hasta los empleos generados en el conjunto de la región, en los servicios de ocio, transporte, hostelería, etc. En el estudio de L. Rubalcaba citado antes, se hace un desglose del empleo generado, distinguiendo cuatro funciones:

• Función de producción, que incluye la organización de ferias y gestión de recintos, la logística y los trabajos de consultoría.

• Función de información, relacionada con la promoción, la comercialización, las finanzas y las estadísticas.

• Una función auxiliar, que abarca los servicios de acogida y traducción, limpieza, seguridad, mantenimiento interno y otros servicios.

• Por último, una función de apoyo externo, que incluye el alojamiento, el transporte, la restauración, las telecomunicaciones, la cultura y el ocio.

LOS RECURSOS HUMANOS EN EL SUBSECTOR DE LAS AGENCIAS DE VIAJES

Juan Careaga

1. Actividad turística y creación de empleo
2. Datos sobre la población laboral del sector turístico
3. El futuro de las agencias de viajes
      3.1. Formación y cualificación profesional de los recursos humanos. Valor añadido
      3.2. La calidad en las agencias de viajes
      3.3. Modificación de las estructuras empresariales
4. Conclusión

La actividad turística desarrolla un papel fundamental desde el punto de vista económico, social y político en todos los países del mundo. Las agencias de viajes, al inicio del nuevo milenio, se enfrentan a una situación diferente por lo que deberán adaptar sus actividades para continuar siendo pieza clave en el desarrollo turístico y eslabón imprescindible entre el producto turístico y el consumidor. Por este motivo, los profesionales del subsector de agencias de viaje precisan de una formación mucho más completa y profunda que les permita aconsejar de la forma más eficaz al cliente, aportando un valor añadido fundamental para atraer al usuario hacia los productos y ofrecérselos de la forma más adecuada y atrayente.
Palabras clave: empleo directo y empleo indirecto, nuevas tecnologías, especialización y profesionalidad, valor añadido, eficiencia empresarial y modernización del sector.

From an economic, social and political standpoint, tourist activity plays a key role in all the countries of the world. With the new millennium about to begin, travel agencies are facing a different situation which requires them to adapt their activities in order to continue playing a key role in tourism development and acting as an indispensable link between the tourism product and the consumer. Consequently, professionals in the travel agency sub-sector require far more comprehensive and in-depth training in order to advise clients as efficiently as possible, contributing the added value required to attract users to products and offer them in the most suitable and attractive manner possible.
Key words: direct employment and indirect employment, new technologies, specialization and professionality, value added, business efficiency and modernization of the sector.

Dans tous les pays du monde, l'activité touristique joue un rôle fondamental du point de vue économique, social et politique. À l'aube du nouveau millénaire, les agences de voyages sont confrontées à une situation différente en ceci qu'elles devront adapter leurs activités pour demeurer une pièce-clé du développement touristique et un maillon indispensable entre le produit touristique et le consommateur. C'est la raison pour laquelle les professionnels du sous-secteur des agences de voyages ont besoin d'une formation beaucoup plus complète et approfondie qui leur permette de conseiller le client de la manière la plus efficace, en apportant une valeur ajoutée fondamentale afin de l'attirer vers les produits et de les lui proposer de la façon la plus adéquate et la plus séduisante.
Mots-clés : emploi direct et emploi indirect, nouvelles technologies, spécialisation et professionnalisme, valeur ajoutée, efficacité professionnelle et modernisation du secteur.

LOS RECURSOS HUMANOS EN EL SUBSECTOR DE LAS AGENCIAS DE VIAJES

Juan Careaga
Presidente de la Asociación Empresarial de Agencias de Viajes Españolas

1. Actividad turística y creación de empleo

La reunión de Luxemburgo de los pasados 4 y 5 de noviembre de 1997 sobre el empleo y el turismo, y el estudio que en ella se hizo acerca de los obstáculos que limitan la creación del empleo en las empresas turísticas o que frenan la mejora de la calidad del trabajo en el turismo, ha logrado uno de sus objetivos más importantes que es orientar las acciones más convenientes en favor del empleo en el turismo.

El problema del paro es uno de los mayores desafíos a los que se enfrenta el mundo de este final de siglo y también de la primera década del 2000. Las cifras del sector turístico en materia de empleo siempre son difíciles de estudiar, hasta para los técnicos de la OIT, puesto que si ya es difícil calcular cuáles son los empleos directos que el turismo produce, aún es más difícil calcular los empleos indirectos que crea el turismo y que si no fuera por él no existirían.

En cuanto a los empleos directos, no deseo hacer un estudio profundo de las cifras en que nos movemos porque además la metodología estudiada por los diferentes países no es homogénea y ello todavía dificulta aún más su análisis. En cualquier caso, el turismo ha sido uno de los sectores económicos de más rápido crecimiento en las últimas décadas por lo que lógicamente el empleo ha aumentado en una proporción superior al promedio.

Asimismo, la contratación cíclica fruto de la estacionalidad de la demanda dificulta la realización de un análisis riguroso. Las estaciones de invierno para el ski demandan lógicamente empleo en la temporada invernal, y el sol y la playa hacen lo mismo en los meses de verano. La estacionalidad del turismo conlleva contrataciones temporales y discontinuas dificultando el estudio de la población laboral.

Sin embargo, podemos afirmar que todas las diferentes modalidades de practicar el turismo están en un período de crecimiento y la actividad arroja incrementos en todas ellas.

El sector turístico ha registrado un rápido crecimiento en las últimas décadas, ejerciendo un destacado papal como generador de empleo, si bien resulta difícil disponer de cifras exactas tanto por la creación de empleos indirectos como por las contrataciones cíclicas de la actividad turística.

Todos los años hablamos del boom o crecimiento que se produce, y que lleva consigo un incremento porcentual y fijo de una demanda de mercado de trabajo cada vez más importante. También los estudios para mantener explotaciones durante la temporada baja han aumentado la continuidad del empleo. Por ejemplo, montaña en verano frente a ski en invierno; clima suave en invierno frente a baños de playa en verano; buscando, naturalmente, segmentos de mercado distintos para realizar estas nuevas ofertas.

De todas formas, un estudio del empleo en un país que no se dedica de forma importante al desarrollo turístico, en relación con otro de gran actividad turística, nos indicaría no sólo las actividades directas del turismo, sino que nos demostraría el aumento de otras actividades no turísticas que crecen para atender el tirón de la demanda que produce el sector turístico.

2. Datos sobre la población laboral del sector turístico

En la actualidad, el turismo emplea de forma directa e indirecta a más de un 10% de la población laboral y se espera que para el año 2005 esta cifra aumente entre el 15 y el 20%.

De acuerdo con la World Travel and Tourism Council (WTTC), el turismo suministra empleo directo e indirecto al 10,7% de la población laboral. La fuerza de trabajo podría crecer todavía de forma importante llegando en el 2005 a cifras entre el 15% y el 20%. Puede que estos números de la WTTC se basen en estudios realizados con una metodología que no todos comparten, pero no hay duda de que marcan una tendencia clara.

La aparición de nuevos países en el mercado del turismo, con la creación de ofertas originales y atractivas, harán crecer de forma importante los porcentajes de población laboral trabajando en el sector turístico. Lo hemos visto ya con Extremo Oriente, con el Caribe, con el crecimiento que se está realizando en Iberoamérica, con las expectativas de los países del Este y de un coloso que ha empezado ya a despertar, pero que sólo está en el comienzo, como es China.

Los empleos creados en todos estos países, directos e indirectos, sin duda cambiarán el marco de las actividades laborales de todos ellos y el porcentaje de población laboral activa del sector turístico crecerá de una forma tan importante como ha crecido en el Caribe, donde alcanza actualmente el 23% y se espera que en el 2005 llegue al 27%. Un dato importante de este sector es la composición de las fuerzas de trabajo, con un volumen muy importante en el empleo de la mujer y también en el empleo de jóvenes con edades inferiores a los 25 años.

Según datos de la WTTC, los empleos en turismo alcanzarán un 19,4% de la población laboral de la Unión Europea en el año ...... A esta cifra hay que añadir que los salarios de la Unión Europea relacionados con el turismo son un 6% más elevados que la media de las industrias europeas.

Por otra parte, si bien todavía existe mucho empleo a tiempo parcial y con elevadas tasas de rotación, también es cierto que los empresarios tienden, cada día más, a la especialización y a la formación de los trabajadores, lo que supone una mayor estabilidad laboral.

3. El futuro de las agencias de viajes

3.1. Formación y cualificación profesional de los recursos humanos. Valor añadido

Las nuevas tecnologías y los avances informáticos están facilitando, más que nunca, el acceso de las ofertas turísticas al usuario y esto parece indicar que el eslabón de las agencias de viajes ya no es necesario. Yo creo exactamente lo contrario. Es precisamente en estos momentos en los que las ofertas turísticas son más fáciles de crear, realizar y presentar al mercado de la demanda, cuando el subsector de agencias de viajes tiene más posibilidades de conducirla de la forma más eficaz al consumidor, en tiempo real, con éxito y con un alto grado de profesionalidad, aportando un valor añadido, fundamental para atraer al usuario hacia estos productos y ofrecérselos de la forma más adecuada y atrayente.

Para todo ello es imprescindible que el sector esté cada vez más preparado profesionalmente y por ello una de las inquietudes que estamos teniendo todas las asociaciones de agencias de viajes es la formación profesional porque, hoy día, sólo con una alta preparación tecnológica se pueden conseguir los objetivos que nos proponemos.

En el Congreso Nacional de Turismo de los pasados 25 y 26 de noviembre, el Secretario de Estado de Comercio, Turismo y Pyme, Sr. Fernández Norniella, presentó un plan de 23 medidas encaminadas a sentar las bases del turismo en España de cara al comienzo del próximo siglo y la medida novena se refiere a la redacción de un inventario de enseñanzas turísticas, con especificación de sus programas, contenidos, medios, instalaciones y necesidades, realizado con la participación de todos los sectores, administración y universidades.

Se trata de mejorar la formación y cualificación profesional de los recursos humanos del sector mediante la articulación de un esquema que ofrezca los niveles de formación necesarios, garantizando así una mayor profesionalidad. Esto va a conseguir que al producto le demos un valor añadido, lo que sólo un profesional cualificado podrá aportar.

3.2. La calidad en las agencias de viajes

Hoy día, cada vez es más necesario que calidad e innovación formen parte de la estrategia del futuro en el subsector de agencias de viajes. Por este motivo, debemos incrementar la satisfacción de los usuarios como consecuencia de una mejor planificación y actuación de las agencias de viajes. Asimismo, hemos de ofrecer a los clientes una buena imagen a través de una mayor flexibilidad y dinamismo en las empresas y también hemos de perseguir un estadio de mayor eficiencia empresarial y de modernización del sector. Para ello, se realizarán los seminarios necesarios con el fin de introducir este proyecto de calidad en las agencias de viajes.

Las nuevas tecnologías han acercado las ofertas turísticas a la demanda. En este contexto, la función del agente de viajes es fundamental, ofreciendo la oferta de la manera más adecuada y asesorando al consumidor.

La calidad, como objetivo en el subsector de las agencias de viaje para incrementar la satisfacción del cliente, sólo puede conseguirse mediante la cualificación profesional de los recursos humanos.

Esta calidad nos permitirá la creación de nuevos destinos turísticos, la apertura de los mismos por los diferentes touroperadores que puedan crear viajes a destinos turísticos nuevos, tales como el Caribe, Iberoamérica, China, Países del Este, etc.

3. 3. Modificación de las estructuras empresariales

Las nuevas tendencias de mercado requieren una modificación de las estructuras empresariales. La aplicación de las tecnologías juega un importante papel, facilitando la creación de grupos de gestión que puedan competir con las grandes empresas.

Vemos cómo se están produciendo concentraciones de grandes empresas (Havas American Express, Carlson Wagonlit) y también empresas que están actuando con explotaciones de tipo vertical que son propietarias de los medios de transporte, de los hoteles y también cuentan con un canal de distribución propio. Esto está modificando el mercado de las agencias de viajes. Asimismo, los grandes proveedores buscan distribuidores que puedan vender sus productos de la forma más eficaz y, por el deseo de atraer a una fidelización de su oferta, se están estrechando las relaciones entre las grandes empresas y los proveedores.

Esto lleva consigo una modificación del mercado similar a la producida en el comercio con la aparición de grandes superficies y la situación que ha provocado en relación con el pequeño comercio. Por todo ello, consideramos que las agencias pequeñas necesitan hacer uniones de grupos de gestión para así estar en una línea de competitividad con las grandes.

Unos grupos de gestión bien organizados pueden conseguir los mismos objetivos que las grandes empresas. Con los sistemas actuales de informatización se consiguen las reservas necesarias en tiempo real de cualquier producto en cualquier lugar del mundo. Para ello hay que implementar estos avances tecnológicos en el *front-office*, teniendo un sistema informatizado en el *back-office* que permita resolver los problemas de liquidación y administración de todas las ventas que se realicen.

4. Conclusión

En definitiva, las agencias de viajes pueden mantener el desarrollo que se profetiza sobre el turismo mundial. Pueden seguir siendo piezas claves para acercar el producto al cliente de la forma más efectiva y lograr con la creación de nuevos productos que el desarrollo del turismo mundial sea una realidad, lo cual llevará consigo la creación de más agencias de viajes y de más personas que trabajen en el sector, así como la mejora de ofertas de empleo que este subsector pueda lograr en un futuro próximo.

Las agencias de viaje juegan un destacado papel acercando la oferta más adecuada al cliente, dentro de un mercado caracterizado por la globalización de los productos.

EL PAPEL DE LOS RECURSOS HUMANOS COMO APOYO A LA ESTRATEGIA DE EXPANSIÓN

Javier Alonso Cases

1. Selección y formación de personal del Grupo Sol Meliá
2. Metodología para la selección y preparación del personal
3. Preparar profesionales para la expansión de la empresa
4. Adaptación a las necesidades de la empresa

Sol Meliá ha experimentado durante los últimos tiempos un importante crecimiento y descentralización. Estas dos situaciones han obligado a todas las direcciones de servicio a adaptar sus estratégias, políticas y procedimientos a una estructura menos jerárquica, más descentralizada y lo que es más importante, en constante expansión. En esta Conferencia, la Dirección de Recursos Humanos presentará cuáles están siendo sus principales funciones dentro de un marco de contínua expansión y qué mecanismos se han puesto en funcionamiento para garantizar que la organización pueda ser más ágil para crecer.
Palabras clave: formación, integración, dominio de idiomas, expansión, descentralización y manuales de procedimiento.

The Sol Melia hotel chain has recently undergone a process of major growth and decentralization. This combination of circumstances has forced all its service departments to adapt their strategies, policies and procedures to a less hierarchized and more decentralized structure and, more importantly, one that is continuously expanding. In this paper, the Human Resources Department explains the nature of its main tasks within a framework of ongoing growth and what mechanisms have been put into operation to ensure that the organization is more agile and growth-oriented.
Key words: training, integration, language skills, expansion, decentralization and procedure manuals.

Sol Meliá a connu ces derniers temps une croissance importante et une décentralisation. Ces deux situations ont obligé toutes les directions de services à adapter leurs stratégies, leurs politiques et leurs méthodes à une structure moins hiérarchique, plus décentralisée et, ce qui est plus important, en constante expansion. Lors de cette conférence, la Direction des Ressources humaines présente ses principales fonctions dans un contexte d'expansion continue et les mécanismes qui ont été mis en place pour garantir à l'organisation une plus grande souplesse de développement.
Mots-clés : formation, intégration, maîtrise des langues, expansion, décentralisation et manuel des nouvelles méthodes.

EL PAPEL DE LOS RECURSOS HUMANOS COMO APOYO A LA ESTRATEGIA DE EXPANSIÓN

Javier Alonso Cases
Director de Selección y Desarrollo del Grupo Hoteles Sol Meliá

1. Selección y formación de personal del Grupo Sol Meliá

Una de las funciones que tiene asignadas el Departamento de Selección y Desarrollo del Grupo Hoteles Sol Meliá es tener personal formado para apoyar en la apertura de nuevos hoteles. Esto supone una rigurosa evaluación interna en la que debemos identificar jefes de departamento que disfruten compartiendo sus conocimientos con empatía y dotes de liderazgo.

Una de las funciones del Departamento de Selección y Desarrollo de Sol Meliá es la de preparación de personal capaz de apoyar la apertura de nuevos hoteles incorporados al Grupo.

Una vez identificados, les impartimos un curso de formación de formadores durante dos o tres semanas, les preparamos técnicamente como formadores así como en idiomas, de forma que en el momento necesario estén dispuestos a apoyar aperturas de nuevos hoteles.

El personal seleccionado debe conocer los manuales de procedimiento a la perfección para poder implementarlos allí donde sea necesario y regresar a su hotel de origen.

Otro servicio que como departamento damos es la formación de directivos y mandos intermedios en los procedimientos internos de la empresa y, en este caso, no me estoy refiriendo a los cursos de reciclaje para directivos o mandos intermedios que actualmente trabajan en Sol Meliá sino a aquellos cursos que debemos dar cuando un hotel pasa a ser gestionado por Sol Meliá. Cuando esto sucede los jefes de departamento del hotel de nueva incorporación vienen a España, se les imparten cursos de procedimientos y seguidamente se incorporan a hoteles donde Sol Meliá dispone de formadores-tutores especializados en técnicas de *training on the job*.

2. Metodología para la selección y preparación del personal

En primer lugar identificamos formadores —o formadores potenciales— que tengan características personales de orientación a los compañeros de trabajo, capacidades interpersonales de comunicación y que disfruten con la formación. En segundo lugar, otro de los requisitos es el dominio de idiomas, especialmente el inglés, y en tercer lugar otros aspecto al que concedemos valor en la selección de estos formadores que deben ser no

En el proceso de selección de futuros formadores se valora la capacidad de comunicación y relación interpersonal con los compañeros así como el dominio de idiomas.

También es función del Departamento la actualización de los manuales de procedimiento de la empresa y la coordinación de los cursos técnicos para su implementación.

sólo transmisores de procedimientos y formas de trabajo, también y más importante, embajadores de la filosofía y valores Sol Meliá.

Para realizar una primera selección de posibles formadores, se invitó a todos los jefes de departamento Sol Meliá que llevaban varios años en la compañía y que estuviesen interesados en el proyecto, tener la posibilidad de ser formadores de Sol Meliá. Sol Meliá tiene actualmente 90 formadores divididos por diferentes áreas operativas.

Otra de las tareas que hacemos en el departamento de RRHH es actualizar los manuales de procedimientos. Cada dos o tres años los procedimientos se actualizan y es labor del departamento su puesta al día y la coordinación de los cursos técnicos de actualización.

Pero no sólamente son estos los servicios que cubrimos, también cubrimos las necesidades de personal de directores y subdirectores, directores comerciales, interventores y jefes de departamento. Lógicamente, debido a la dificultad y volumen de esta tarea, el trabajo se ha dividido en varias etapas. La etapa en la que nos encontramos ahora es la de cubrir las necesidades de directores y subdirectores de hotel, que más adelante veremos cómo desarrollamos.

3. Preparar profesionales para la expansión de la empresa

La estrategia de expansión del Grupo Sol Meliá requiere, asimismo, que los puestos gerenciales se impliquen identificando y formando a colaboradores con potencial para desempeñar cargos superiores.

Cuando en el Grupo Sol Meliá estábamos con la estrategia de expasión, una de las acciones que tuvimos que acometer fue comunicar a los directores gerentes de los hoteles lo importante que era la implicación en la expansión de la compañía. Hasta entonces, cada director gerente sí se implicaba en la formación de sus colaboradores. Nuestra nueva labor era sensibilizar a los directores con la idea de que no sólo deben apoyar la formación para la cobertura de sus propias necesidades, también para las de Sol Meliá en su conjunto. Es decir, en formar gente para otros establecimientos, para expansionarnos, para ser más ágiles en la expansión.

Lógicamente, esta tarea no sólo se consiguió con sesiones informativas. A los Directores Gerentes se les impartieron sesiones formativas para identificar a futuras personas con potencial para desempeñar cargos superiores y para formarles en el puesto de trabajo. Se implementaron las herramientas apropiadas para que pudieran desempeñar estas funciones y después se hizo un seguimiento del trabajo realizado.

Pero quisimos ir más allá todavia. Si a un directivo le pedíamos que se implicase con la estrategia de expansión de la compañía, se lo debíamos decir también de una manera directa. Se cambió el sistema de retribución variable de Sol Meliá y se estipuló que los directivos debían ser retribuidos económicamente no sólo por la evolución del hotel o por su calidad, sino también por la aportación que cada director hace a la expansión, es decir, al número de personas que se formaban y preparaban para asumir responsabilidades en otros hoteles de la compañía.

4. Adaptación a las necesidades de la empresa

Como departamento también nos tuvimos que adaptar. Fue un reto porque teníamos una estructura que había que adaptar a las nuevas necesidades de la compañía.

Uno de los cambios fue separar los trabajos del día a día de los proyectos a medio o largo plazo. Gracias a esto, en la actualidad Sol Meliá es de las pocas organizaciones donde el departamento de formación está desligado del departamento de desarrollo.

El departamento de formación cubre las necesidades de un año y ofrece asistencia a los hoteles del Grupo. Por otra parte, el departamento de desarrollo se oritenta a la expansión, trabaja a dos años vista, con el objetivo de identificar futuros directores y hacerlos directores en dos años.

Entre otros cambios, también tuvimos que modificar los criterios de selección interna y promoción. Asimismo, para que el mensaje fuera coherente y los empleados tuvieran la motivación y reconocimiento deseados de la empresa, se creó un departamento de compensacion salarial para dar coherencia a la estrategia de expansión del Grupo de Hoteles Sol Meliá.

La gestión de los recursos humanos de Sol Meliá se realiza mediante el departamento de formación, que cubre las necesidades en materia de personal a un plazo vista de un año y que además ofrece asistencia a los hoteles del Grupo; y mediante el departamento de desarrollo, responsable de los proyectos a medio y largo plazo.

workshops

- Turismo y tecnología de la información
  Information technology and tourism
  Richard Teare

- Educación y formación en turismo
  Education and training in Tourism
  Donald Hawkins

- El turismo y la globalización de la economía
  Tourism and the globalization of the Economy
  Amparo Sancho

- Organización y ejercicio multicultural en el lugar de trabajo
  Organization and workplace crosscultural exercise
  Mª Teresa Gonzalo - Chuck Y. Gee

talleres

turismo y tecnología de la información

INFORME DE GRUPO

por Richard Teare

El grupo debatió los retos actuales y futuros en lo que respecta a la integración de la tecnología de la información (TI) con el turismo internacional.

Puntos clave de la situación actual:

ఴ La inversión en TI puede cuantificarse fácilmente en mejoras de productividad.

En general, la industria considera que la TI es un gasto necesario para apoyar las actividades, si bien —en opinión del grupo— raramente es considerada como inversión a largo plazo. Mirando hacia el pasado, hace unos diez años, se observaba un modelo de desarrollo tecnológico con el paso de los sistemas mecánicos a los automatizados, un impacto de la tecnología informática y CD-ROM (en especial para la enseñanza abierta) y, ahora, la tecnología más rápida y global existente en el mercado. La tecnología futura (en los próximos 2 o 3 años) será totalmente interactiva y tendrá un alcance mundial. Transformará las comunicaciones, las pautas de trabajo y todos los aspectos de la distribución. Así pues, para alentar a la industria a invertir en la tecnología "futura" es fundamental superar la propensión a centrarse en costes a corto plazo, estimulando una investigación que muestre cómo la TI podría utilizarse para obtener ahorros efectivos (tiempo, esfuerzo, duplicación de la actividad laboral) y producir una rentabilidad de las inversiones que pueda cuantificarse en mejoras de productividad.

El grupo estudió la amplia gama de aplicaciones de la TI en los establecimientos hoteleros. Aunque la tecnología en habitaciones hoteleras mejora, existe una falta de consenso en las especificaciones internacionales de la tecnología hotelera basada en la fibra óptica, lo cual dificulta los adelantos en este campo. El consumo de energía cara y los sistemas de gestión de la propiedad varían considerablemente en todo el mundo. Los ejemplos de prácticas más adecuadas se localizan por lo general en regiones en las que escasean los recursos energéticos o naturales. Por ejemplo, los sistemas de conservación del agua en hoteles están más adelantados en Oriente Medio que en otras regiones.

ఴ Los sistemas de distribución basados en la TI aumentan el margen de beneficios por la venta directa a los clientes.

En cuanto a las actividades relativas a los viajes, el grupo opinó que el papel tradicional del agente de viajes se ve amenazado por los sistemas de distribución de "venta directa" basados en la TI, que se encuentran en desarrollo o que ya están actualmente en uso. Los tour operadores y las compañías aéreas pueden incrementar sus márgenes de beneficios vendiendo directamente al cliente, y parece probable que los agentes de viajes tengan que crear servicios específicos basados en su conocimiento de los destinos.

Puntos clave para el futuro:

El grupo entendió que se plantearán retos y oportunidades en el futuro. En particular, se hizo referencia al potencial de uso de la última tecnología basada en Internet para complementar el papel tradicional del profesor de enseñanza superior. Internet también abre la perspectiva de un acceso mucho más amplio a los recursos de aprendizaje y formación en turismo y hostelería, al permitir ahora la entrega de material docente y la enseñanza interactiva. En la práctica, esto significa que el lugar de trabajo puede convertirse en una verdadera universidad, sin restricciones geográficas ni financieras del acceso al "cuerpo de conocimientos".

El grupo también entendió que los gobiernos podían hacer mucho para fomentar una mayor inversión de los empleadores en TI. En particular, se apuntó a una política paneuropea de fomento de la inversión mediante desgravaciones fiscales para incrementar el gasto en TI, especialmente en el contexto de la formación y del desarrollo de recursos humanos en el lugar de trabajo.

☞ Internet permite establecer una educación interactiva, y lograr el aprendizaje en el lugar de trabajo. Amplía enormemente el acceso a los recursos de aprendizaje y formación en hostelería y turismo.

Resumen

✓ La problemática de la inversión determina el grado en que se aplica y desarrolla la TI. La industria parece reticente a considerar como una inversión el suministro de material y programas para la TI.

✓ Las tecnologías destinadas a la hostelería avanzan en tres campos: servicio al cliente, sistemas de gestión de la propiedad y sistemas de gestión energética.

Sería útil definir las "prácticas recomendables" en estos campos: por ejemplo, los sistemas de gestión de recursos para supervisar el uso eficiente del agua están más avanzados en Oriente Medio que en otros lugares, porque el agua es allí un recurso relativamente escaso.

✓ La TI en el sector de los viajes está bien integrada en:
  • Operaciones de las agencias de viajes —con unos completos sistemas y servicios en línea para información y reservas en "tiempo real".
  • Sistemas de optimización de la ocupación en compañías aéreas (gestión de rendimiento de vuelos).

✓ El adelanto más importante es el determinado por la aparición y la rápida expansión de Internet. Aún no se ha estudiado exhaustivamente el potencial de las comunicaciones y del aprendizaje basados en Internet e Intranet (redes de organización interna).

✓ Es imprescindible lograr una unidad de propósito y la armonización de políticas entre la UE y los gobiernos para fomentar la inversión de las organizaciones en sistemas de TI y en formación basada en la TI. Son inversiones fundamentales para el futuro, y es más probable que los empleadores las hagan si se les ofrecen incentivos fiscales.

Information Technology and Tourism

GROUP REPORT

by Richard Teare

The group debated current and future challenges for information technology (IT) integration with international tourism.

Key points emerging of the current situation are:

IT is generally viewed by Industry as a necessary form of expenditure in support of operations but the group felt that it was rarely seen as a long term investment. Looking back it is possible to see a pattern of technological development with the movement from mechanical to automated systems some ten years ago, a more recent impact of computer-based and CD-ROM-based technology (especially for open learning) with newer, faster, global technology appearing on the market now. Future technology (next 2-3 years) will be fully interactive and global in scope. It will transform communications, patterns of working and all aspects of distribution. So, to encourage industry to invest in "future" technology, it is important to over come a propensity to focus on short term costs, by encouraging research that shows how IT might be used to achieve real savings (time, effort, duplication of work activity) and produce a return on investment that can be quantified in terms of productivity gains.

> ✑ IT investment can be easily quantified in terms of productivity gains.

The group considered the wide range of IT applications in hotel settings. Guest room technology is improving, but a lack of consensus about international specifications for hotel-based fibre optic technology is hindering progress. The uptake of expensive energy and property management systems varies considerably around the world. Best practice examples are generally located in regions where sources of energy or natural resources are in short supply. For example, water conservation systems in hotels are more advanced in the Middle East than elsewhere.

> ✑ IT based distribution systems increase profit margins by selling direct to customers.

In travel operations, the group felt that the traditional role of the travel agent is threatened by "direct sell" IT-based distribution systems under development or currently in use. Tour operators and airlines can increase their profit margins by selling direct to customers and it seems likely that travel agents will have to develop specialist services, based on what they know about destinations.

Key points emerging of the future situation:

The group felt that there were a number of challenges and opportunities emerging in the future. In particular, the potential for utilizing latest Internet-based technology to supplement the traditional role of the college teacher. The Internet also offers the prospect of much wider access to learning and training resources in hospitality and tourism, with delivery of materials and interactive tuition now possible. In practice this means that the workplace can become a meaningful campus with no geographical or financial restrictions on access to the "body of knowledge".

The group also felt that much could be done at Government level to encourage employers to invest more significantly in IT. In particular, a pan-European policy that encourages investment in the form of tax concessions for increased expenditure on IT, especially in the context of training and human resource development in the workplace.

☞ Internet allows interactive education, and workplace learning. It means a much wider access to learning and training resources in hospitality and tourism.

Summary

✓ Investment issues and concerns determine the extent to which IT is applied and developed. The industry seems reluctant to view IT hardware and software provision as an investment.

✓ Hotel-based technologies are advancing in three areas: guest services. property management systems. and nergy management systems.

It would be helpful to identify "best practice" in these areas —for example, resource management systems for monitoring the efficient use of water resources are more advanced in the Middle East than elsewhere because water is a comparatively scarce resource.

✓ IT in travel is well integrated in:
  • Travel agency operations —with full online systems and services for "real time" booking enquiries and reservations.
  • Airline systems for optimizing occupancy (yield management).

✓ The single most significant advance is the advent and rapid expansion of the Internet. The potential for Internet and Intranet (internal organization networks) based communications and learning has yet to be fully explored, especially in relation to on-campus learning and off-campus work-based development.

✓ There is an urgent need to achieve unity of purpose and the harmonization of EU/Govt. policy so that organizations are actively encouraged to invest in IT systems and IT-based training. These are key investments for the future and employers are more likely to invest if tax incentives are provided.

educación y formación en turismo

INFORME DE GRUPO

por Donald Hawkins

Para estudiar las cuestiones clave a las que se enfrentan la educación y la formación en turismo y hostelería, el grupo original se dividió en dos: un grupo de habla inglesa y otro de lengua española. Aunque trabajaron de forma independiente, los dos grupos llegaron a planteamientos y propuestas para el futuro muy similares. Las cuestiones clave que señalaron fueron las siguientes:

- Actitud/cultura de servicio.
- Relación entre la oferta de educación y formación y el tipo de demanda del sector.
- Necesidad de una política enérgica del sector público para el desarrollo de recursos humanos en hostelería y turismo.

Actitud/Cultura de servicio:

Se trató el tema de la dificultad de atraer a estudiantes y empleados con cultura y actitud de servicio. En particular, se manifestó que una parte de las personas que ingresan en el sector es inadecuada para ese tipo de trabajo. El programa propuesto para el futuro se centraba en tres campos:

✓ Las escuelas y otros centros docentes deben seleccionar cuidadosamente a sus alumnos. Además, deben ofrecer una amplia base de comunicación y contenido humanístico en sus cursos para inculcar habilidades interpersonales. Por último, deben programar períodos de prácticas que permitan al personal y a los estudiantes adquirir experiencia en empresas y sensibilizarse con respecto a las realidades del sector.

> ☞ Las escuelas deben centrarse en las habilidades interpersonales y proporcionar experiencia empresariaL

✓ El sector del turismo debe asegurarse de que se asignen funciones definidas a los empleados y de que se les inculque cierto sentido de propiedad.

✓ El sector público (ONT) debe organizar campañas de relaciones públicas, especialmente en las escuelas, para dar a conocer a los estudiantes potenciales la naturaleza de las oportunidades de empleo que se dan en el sector turístico.

Relación entre la oferta de educación y formación y el tipo de demanda del sector:

Este tema suscitó un importante debate. Se señaló que la orientación de la educación y de la formación a veces no logra ajustarse a las necesidades del sector y, por ejemplo, se centra en la formación en el plano directivo en detrimento de puestos más funcionales. En particular, el grupo de habla española indicó que se debería establecer una distinción clara entre la enseñanza para directivos y los cursos más prácticos centrados en habilidades específicas.

Las actividades propuestas para el futuro se centraron en la necesidad de abrir cauces de comunicación entre los educadores y el sector del turismo -mediante grupos especiales, por ejemplo- y la conveniencia de que las universidades examinen la organización de cursos próximos al mercado, como los cursos para empresarios.

Política enérgica por parte del sector público para el desarrollo de recursos humanos en turismo y hostelería:

Los dos grupos reconocieron la función crucial que puede desempeñar el sector público. En cuanto a la creación de una estructura política para el desarrollo de recursos humanos en turismo, se consideró que la OMT podía desempeñar un papel influyente ofreciendo directrices y proyectos divulgativos de prácticas adecuadas (por ejemplo, en el campo de los créditos y de los incentivos para la formación). Se llegó en los dos grupos al acuerdo general de que la orientación política debía determinarse en colaboración entre el gobierno y la industria del turismo.

↝ El sector público puede desempeñar un papel crucial creando un marco político para el desarrollo de los recursos humanos.

education and training in tourism

GROUP REPORT

by Donald Hawkins

Two breakout groups considered the key issues confronting tourism and hospitality education and training: a Spanish and English speaking groups. Both groups, although working independently, came up with similar issues and agendas for the future. The issues identified by the groups were as follows:

- Attitude/service culture.
- The relationship between the supply of education and training and the nature of demand from the sector.
- The need for a robust public sector policy for tourism and hospitality human resource development.

Attitude/Service Culture:

↩ **Schools should focus on interpersonal skills and provide industry experience.**

The difficulty of attracting both students and employees with a service culture and attitude was discussed. In particular it was felt that a proportion of entrants to the sector is unsuited to the type of work. The suggested agenda for the future focused upon three areas:

✓ Schools/educational institutions must carefully select students. In addition, they should ensure a broad base of communication and humanistic content in their courses to inculcate inter-personalskills. Finally, schools should program in periods of industry experience for both staff and students and ensure that all are sensitized to the realities of the sector.

✓ The tourism sector should ensure that employees are given clear roles and a sense of ownership.

✓ The public sector (NTOs) should develop PR campaigns, particularly in schools, to expose potential students to the nature of employment opportunites in the tourism sector.

The relationship between the supply of education and training and the nature of demand from the sector:

This topic gave rise to considerable discussion. It was felt that the emphasis of education and training sometimes fails to take into account the needs of the sector- by focusing on management level training at the expense of more functional positions, for example. The Spanish group in particular felt that a clear distinction should be made between management education and the more practical, skill-oriented courses.

Future agendas focused on the need for the opening of communication channels between educators and the tourism sector —through task forces for example— and the need for universities to examine the provision of near-market course provision, such as those for entrepreneurs.

A robust public sector policy for tourism and hospitality human resource development

Both groups recognized the pivotal role that can be played by the public sector. In terms of setting a policy framework for human resource development in tourism, it was felt that the WTO could play an influential role here by providing guidelines and demonstration projects of good practice (for example in the area of training credits and incentives). General agreement was reached in both groups that policy guidance should be provided by a partnership of both government and the tourism industry.

∽ The public sector can play a pivotal role by developing a policy framework for human resource.

el turismo y la globalización de la economía

INFORME DE GRUPO

por Amparo Sancho

La actividad turística es muy sensible a los cambios que se generan en su entorno, debido a *su dependencia de* las relaciones internacionales. En este contexto, uno de los cambios que está produciendo mayores implicaciones dentro del sector turístico son los procesos de globalización de la economía.

Efectivamente, la globalización de la economía ha producido profundas transformaciones dentro del sector turístico tanto en aspectos estructurales, como tecnológicos, educativos, institucionales y monetarios. Este hecho ha supuesto una adaptación por parte del turismo ante los nuevos movimientos que surgen dentro de la dinámica de la economía.

El grupo analizó diferentes aspectos que afectan a los procesos de globalización dentro del marco de la actividad turística, tales como:

✓ Globalización *versus* regionalización.

✓ Efectos de la globalización dentro de las compañías multinacionales, las pequeñas y medianas empresas, y los recursos humanos.

✓ El papel de la OMT ante los procesos globalizadores.

Los aspectos fueron ampliamente debatidos y se exponen a continuación los resultados para cada tópico.

La globalización de los mercados implica una gran movilidad de la mano de obra de unos países a otros, así como de unas áreas geográficas a otras. Esta movilidad debe llevar, necesariamente, a la estandarización de conocimientos y a la participación activa de los gobiernos en los procesos de formación de la mano de obra mediante programas de becas y ayudas.

La universidad juega, asimismo, un papel de liderazgo en los procesos de investigación y educación turística con el fin de proporcionar unos estándares de profesionalización y de investigación turísticas.

En el futuro se incrementará el valor de aspectos tales como la seguridad y la protección medio ambiental, ya que son dos bases importantes para el desarrollo turístico.

Las pequeñas empresas deben prestar especial atención a los procesos innovadores que surgen dentro de ellas. e incentivar la formación. Deben preservar su cultura e identidad con el fin de proporcionar un producto diferenciador. En todo caso, adquiere un papel muy importante la función de

☞ El sector turístico necesita una estandarización de los conocimientos de los profesionales. Los gobiernos y las academias juegan un papel vital en este proceso.

las mujeres en las áreas rurales como medio de potenciar la creación y consolidación de pequeñas empresas.

Las compañías multinacionales deben diferenciar su producto a través de diversas ramas de actividad. En ellas la organización y la formación de su personal juega un papel de vital importancia. Deberían proveer igualmente a sus organizaciones de rasgos culturales diferenciados según los países de actuación.

La Organización Mundial del Turismo debe continuar la labor iniciada para incrementar el nivel de formación dentro del sector, incidiendo en las áreas de menor posibilidades económicas.

☞ **Preservar la cultura e identidad propias de las empresas permite ofrecer al cliente un producto diferenciador.**

organización y ejercicio laboral intercultural

INFORME DE GRUPO

por M. Teresa Gonzalo y Chuck Y. Gee

La dinámica del cambio

☞ **Las empresas necesitan nuevas ideas y valores para responder a los mercados mundiales.**

Las empresas y organizaciones turísticas deben adaptarse para competir y responder a los mercados mundiales. Para llevar a cabo un cambio organizacional, la alta dirección debe cambiar de mentalidad y estar dispuesta a aceptar nuevas ideas. Estas ideas y valores se transfieren mediante los niveles medios de gestión hasta el personal operativo. Por otra parte, para que el personal acepte el cambio debe estar condicionado y preparado para ello a través de una formación orientativa:

- Las finalidades y objetivos han de comunicarse con claridad para que todo el personal de la organización adquiera un entendimiento completo de lo que se espera y actúe hacia el logro de unos objetivos comunes.

- Los canales de comunicación interna deben ser descentralizados, abiertos y accesibles en toda la organización con miras al desarrollo de una mejor relación y cooperación y un buen trabajo en equipo.

Es necesaria una educación y formación continuada para la realización de cambios dinámicos.

Estructura organizacional:

La estructura piramidal de las organizaciones debe dar paso a modelos más novedosos de estructuras horizontales, basadas en la competencia profesional, en objetivos comunes y en la confianza.

Los procesos de trabajo que actúan entre todas las líneas departamentales son más eficaces que las estructuras funcionales, que promueven el control territorial y el comportamiento burocrático.

El apoyo y el compromiso de la alta dirección son fundamentales para el desarrollo organizacional.

Nuevos paradigmas de dirección:

Los directores del futuro deben ser promotores de ideas creativas y no controladores de conducta.

Un director eficaz ha de dar prioridad al desarrollo de un entorno laboral que promueva la confianza y la automotivación, la autodirección y una satisfacción mayor de los empleados, que provenga de la participación, de la contribución y de un sentido de progreso hacia objetivos comunes.

☞ **Si aspiran al éxito, los nuevos directivos deben promover la confianza, automotivación y autodirección.**

Importancia de la formación lingüística:

La formación lingüística en el lugar de trabajo es esencial para una comunicación intercultural que producirá niveles más altos de satisfacción para el cliente.

Los idiomas son también esenciales porque favorecen el entendimiento intercultural del comportamiento, los valores, las necesidades y los deseos del cliente en el mercado internacional.

organization and workplace cross-cultural exercise `GROUP REPORT`

by M. Teresa Gonzalo and Chuck Y. Gee

Dynamics of change:

Tourism enterprises and organizations must adapt themselves in order to compete and respond to global marketplaces.

↪ **New ideas and values are necessary by companies to respond to global marketplaces.**

In order to effect organizational change, senior management must undergo a change of mindsets and be willing to accept new ideas. These ideas and values are passed through middle-managers down to the operating staff. In order for staff to accept change they must be conditioned and prepared for change through orientational training:

- Goals and objectives must be clearly communicated so that everyone within the organization has a full understanding of what is expected and will work towards the same common goals.

- The channels of internal communication must be decentralized, open and accessible throughout the organization for the development of better relationships, cooperation and good teamwork.

Continuous education and training are necessary for the accomplishment of dynamic changes

Organizational structure:

The pyramid structure of organisations must give way to the newer models of horizontal structures which are based on professional competencies, common goals and trust.

Work processes which cut across departmental lines are more effective than functional structures which promote territorial control and bureaucratic behaviour.

Top management support and commitment are key to organizational development.

New paradigms for management:

Tomorrow's managers must be the promoters of creative ideas and not the controllers of behaviour.

Effective managers will give priority to developing workplace environments that promote confidence, self-motivation, self-direction and greater satisfaction for workers which comes from participation, contribution and a sense of progress towards common goals.

☞ In order to succeed, new managers must promote confidence, self-motivation, satisfaction and self-direction for workers.

Importance of languages:

Language training in the workplace is important for cross-cultural communication which provides higher levels of guest satisfaction.

Languages are also important for the reason that they also promote cross-cultural understanding of guest behaviour, values, needs and desires in the international marketplace

conclusions

El empleo en el *TURISMO:*
hacia un NUEVO PARADIGMA

Human resources in TOURISM:
towards a NEW PARADIGM

conclusiones

el empleo en el TURISMO:
hacia un NUEVO PARADIGMA

CONCLUSIONES
II Conferencia Internacional de Profesiones Turísticas

por Eduardo Fayos Solà

Un cambio de siglo —y de milenio— es una buena razón para reconsiderar cuestiones fundamentales en el funcionamiento de una actividad económica tan importante como el turismo.

En este contexto, la II Conferencia Internacional de Profesiones Turísticas, que en su segunda edición se ha denominado *El Empleo en el Turismo: Hacia un Nuevo Paradigma*, ha tenido lugar en Madrid, España, el 26 y 27 de enero de 1998, con la participación de más de 30 ponentes y 350 asistentes procedentes de 28 países. La Conferencia ha analizado la situación actual de las recursos humanos en la actividad turística y la oportunidad de crear un marco conceptual alternativo para la calidad y la eficiencia del capital humano en el turismo.

La Conferencia ha continuado el trabajo teórico iniciado hace dos años que se centraba en la educación y formación turísticas. En esta ocasión los ponentes se han situado en un espacio teórico más amplio para considerar aspectos diversos de la problemática de los recursos humanos en el turismo, incluyendo temas clave como la capacidad de empleo en el sector, el mapa de profesiones turísticas con su complejidad subsectorial y de niveles profesionales, la definición de puestos de trabajo y senderos profesionales y su traducción en términos de necesidades formativas, los aspectos organizativos en las empresas e instituciones turísticas y la necesidad de responder a distintos retos internos —la calidad, la eficiencia y la estrategia— y externos —la globalización, la tecnología, la sofisticación de la demanda, las expectativas profesionales y la aceleración del cambio.

La exposiciones de los ponentes han permitido establecer las siguientes consideraciones:

1.- El turismo tiene una gran capacidad de creación de empleo en las próximas décadas puesto que es ya una de las primeras industrias mundiales, goza de elevadísimas tasas de crecimiento y es intensivo en el uso del factor trabajo **(Frangialli)**. Adicionalmente, el turismo dinamiza el empleo en otros sectores por sus elevados efectos indirectos **(Gallego)**. Sin embargo, existe preocupación por la calidad de los empleos turísticos en el momento actual, la igualdad de oportunidades de hombres y mujeres y la corrección de situaciones socialmente injustas **(Winberg)**. El turismo se configura claramente como una actividad que relaciona personas con personas y donde la calidad depende, consiguientemente, de la formación y la motivación de sus protagonistas **(Pimentel)**.

2.- Existen, sin embargo, obstáculos estructurales en la creación y consolidación de empleo en el turismo: la falta de calidad en la formación, una política informativa mal desarrollada y un exceso de burocracia. Como resultado, el coste del factor trabajo supera al valor añadido creado por él mismo, situación que conviene superar con un nuevo paradigma **(Fayos-Solà)**. Un requisito para la formalización de este paradigma es la actuación concertada de los actores públicos y privados que se pueden potenciar jurídicamente **(Valencia Válquez)**. Un factor clave para la supervivencia y el éxito de las organizaciones turísticas en el nuevo paradigma va a ser la consolidación de las habilidades nodulares como fuente de ventajas competitivas **(Brackenbury)**.

3.- La globalización de la competencia es fuente de retos y oportunidades en el nuevo paradigma. Esto se hace patente no sólo en la demanda de oferta sino en los métodos y procesos de las organizaciones turísticas, y afecta de lleno a la problemática de los recursos humanos en turismo, siendo paradigmático el caso de Ásia-Pacífico **(Gee)**.

4.- El acelerado cambio tecnológico es causa profunda de redefinición en las redes de valores turísticos. Las nuevas tecnologías no añaden valor por sí mismas sino a través de su adecuado uso por equipos humanos competitivos. En este contexto, es especialmente importante la tecnología de la información y sus aplicaciones a la capacitación y organización de los recursos humanos **(Teare)**. Los horizontes de nuevas tecnologías hasta el 2020 fueron explorados en un ejercicio prospectivo **(Hawkins)**.

5.- La educación y formación ocupan un papel central en la consecución y eficiencia en el turismo. Se reconoce que lo importante no es sólo la cantidad de formación sino su buena adecuación a las expectativas de las organizaciones turísticas. Es evidente la necesidad de lograr una mayor transparencia en los contenidos curriculares de las enseñanzas turísticas para garantizar su relevancia y la movilidad de estudiantes y profesionales. A este respecto, son esenciales los instrumentos desarrollados por la OMT para la calidad en la formación —TEDQUAL— y para la estandarización de contenidos curriculares y diagnóstico de niveles formativos adquiridos por los profesionales —GTAT. Las particularidades del GTAT fueron analizadas **(Cooper)**. Las necesidades de estandarización en el caso paradigmático de Canadá fueron estudiadas, explicitando el funcionamiento de sistemas de certificación de ámbito regional **(Bédard)**.

6.- Los temas referentes a la organización de recursos humanos en las empresas e instituciones turísticas fueron tratados por muchos de los ponentes. En este aspecto, es evidente la necesidad de un nuevo marco de percepciones y conceptos **(Payeras)**. No es suficiente la mejora de los procesos usados actualmente sino que se impone la adopción de un nuevo paradigma que potencie la descentralización en la toma de decisiones, el flujo de ideas sin fronteras y las habilidades nodulares de los equipos humanos.

7.- Terminadas las exposiciones magistrales, la Conferencia *El Empleo en el Turismo: Hacia un Nuevo Paradigma* abordó (a) el estudio de metodología y (b) el estudio de casos en paneles especializados.

PANEL A

- El *Libro Blanco de las Enseñanzas Turísticas* destaca cinco aspectos: programas formativos a empresarios, turismo sostenible concertado entre sector público y privado, ayudas a jóvenes titulados, políticas antiestacionalidad y adecuada formación para fomentar el autoempleo **(Feito)**.

- Resulta necesario adecuar la formación a las necesidades de las empresas, resultando así la formación como inversión, que no gasto **(Pascual)**. Se evidencia en estudios empíricos la utilidad de encuestar las necesidades de formación directamente en las empresas **(Sancho)**.

- La utilidad de la educación y la formación en turismo se centra en tres tipos de destinatarios: enclaves, industria e individuos **(Gee)**. En la misma línea, el futuro mercado laboral en turismo se configura con la interacción entre nuevas tecnologías, mercados laborales y educación turística **(Cooper)**.

- La implementación de las nuevas tecnologías debe realizarse en dos ámbitos: la educación en la universidad y la formación contínua en la empresa **(Parker)**. Resulta necesario, además, fomentar una visión más internacional de la formación universitaria, incluyendo el conocimiento de idiomas **(Bédard)**.

PANEL B

- El Programa de Educación y Formación Hostelera de la Oficina de Convenciones y Congresos de Nashville logra implicar a clientes, trabajadores y población residente en la promoción turística de la ciudad **(Wander)**.

- Es fundamental la adecuación de la formación turística a las necesidades de las empresas **(Torruco)**. En este sentido, el departamento de recursos humanos de la cadena Sol Meliá —que gestiona más de 200 hoteles en todo el mundo— realiza un gran esfuerzo en la formación de todos sus empleados **(Alonso)**. Resulta de vital importancia que los equipos humanos tengan capacidades múltiples, elevada autonomía decisoria y un ambiente empresarial de confianza profesional **(Pajares)**. Asimismo, es necesaria la flexibilización del mercado laboral en el sector turístico con el fin de adaptarse a las fluctuaciones del mercado **(Marco)**.

- A nivel subsectorial, se han trazado los rasgos panorámicos de la restauración en la nueva era del turismo **(Galindo)**. Además, se ha subrayado la capacidad creadora del turismo en el subsector de agencias de viaje, en donde la introducción de nuevas tecnologías debe suponer un paso adelante en la profesionalidad **(Careaga)**.

8.- Por todo lo expuesto y en el contexto de entornos crecientemente globalizados, se evidencia la necesidad de actuaciones coordinadas de política turística en el campo de los recursos humanos. La OMT ha asumido conscientemente este papel en tres aspectos prioritarios :

a) Por lo que se refiere a la información, hace falta un papel coordinador en la definición, recogida, elaboración y difusión de estadísticas del empleo y los recursos humanos en el turismo. Son evidentes las dificultades conceptuales y metodológicas de esta tarea **(Figuerola)**. Pero también es notoria la experiencia adquirida por la OMT desde que en el año 1991 impuso un sistema normalizado de estadísticas turísticas a nivel mundial.

b) El exceso de burocracia es un obstáculo importante en la creación de empleo. Para cambiar esta situación es necesaria la investigación y el saber- hacer en reingeniería y procesos turísticos, así como el diálogo con autoridades en política laboral para la adopción voluntaria de nuevos métodos. El papel privilegiado de la OMT como foro de gobiernos configura a esta organización como actor fundamental de esta tarea.

c) Finalmente, hay que estimular la cantidad y calidad de empleo, creando capital humano de auténtico valor para las empresas. Aquí juega un papel central la formación turística, siendo necesario configurarla alrededor de las habilidades nucleares de los equipos humanos, que están demostrando ser la razón profunda de supervivencia y éxito de las instituciones y empresas turísticas.

Declaración de Madrid sobre el Empleo en el Turismo

(1) El turismo posee una gran capacidad potencial para crear empleo en las próximas décadas.

(2) A pesar de esa potencialidad, existen importantes obstáculos para la creación de empleo en turismo: la falta de calidad en la formación, una política informativa mal desarrollada y un exceso de burocracia. Ello origina un aumento en los costes del factor trabajo y una disminución de su valor añadido.

(3) Para afrontar esos problemas, es esencial la acción concertada de actores públicos y privados en todos los aspectos de la actividad turística, inclusive el desarrollo de los recursos humanos (RRHH).

(4) Los RRHH son el factor más importante para el logro de calidad en el turismo. Es condición *sine qua non* la propia calidad en la gestión de los recursos humanos en turismo.

(5) Los retos internos y de entorno en la Nueva Era del Turismo imponen un cambio paradigmático para los RRHH en turismo. Lo vital no es la gestión del coste de los mismos, sino la reingeniería de los procesos para lograr una contribución máxima en términos de valor añadido.

(6) La globalización de los mercados turísticos implica paradojas que deben resolverse con creatividad: el mundo se convierte en un escenario transparente donde compiten diferentes fórmulas adaptativas a los retos del entorno; las soluciones se encuentran en ese escenario global, pero deben aplicarse localmente.

(7) En este contexto, la información y la tecnología tienen cada vez menor peso como fórmulas de supervivencia y éxito empresarial; son elementos necesarios, pero no suficientes. Lo importante son las habilidades nodulares de las instituciones y empresas, que confieren auténticas y *quasi*-permanentes ventajas competitivas: la cualificación y compenetración de los RRHH en la empresa; el flujo sin fronteras de información, conceptos e ideas en el seno de nuestras organizaciones; la cultura de la calidad, la eficiencia y el cambio permanente en las instituciones; la educación y formación dirigidas a potenciar esas habilidades nodulares; así como la habilidad de nuestros RRHH para comprender la red de valor en que operamos y su consiguiente capacidad estratégica.

Madrid, 27 de Enero de 1998
OMT
FITUR
AEDH

TOURISM employment:
towards a NEW PARADIGM

CONCLUSIONS

II International Conference of Tourism Professions
by Eduardo Fayos Solà

A change of century —and of millennium— is a good reason for reconsidering fundamental issues and the operation of an economic activity as important as tourism.

In this connection, the II International Conference on Tourism Professions, which took as its theme *Tourism Employment: Towards a New Paradigm*, was held at Madrid, Spain on 26 and 27 January 1998, with the participation of more than thirty speakers and 350 people from twenty-eight countries. The Conference analysed the present situation of human resources in the tourism industry and the advisability of creating an alternative conceptual framework for the quality and efficiency of human capital in tourism.

The Conference continued the theoretical work begun two years ago which focused on tourism education and training. On this occasion, the speakers took a broader theoretical base to consider various aspects of human resources in tourism, including key topics like the sector's employment capacity, the map of tourism professions in all its subsectoral complexity and professional levels, the definition of jobs and professional careers and how they are perceived in terms of training needs, the organizational aspects of tourism enterprises and institutions and the need to meet various internal challenges, such as quality, efficiency and strategy and external challenges, such as globalization, technology, the sophistication of demand, professional expectations and the increasing pace of change.

The presentations of the speakers served to highlight the following:

1.- Tourism has a great capacity for creating jobs in the forthcoming decades since it is already one of the world's leading industries, enjoys extremely high growth rates and is labour-intensive **(Frangialli)**. Moreover, tourism stimulates employment in other sectors owing to its considerable indirect effects **(Gallego)**. There is however concern for the quality of tourism jobs at present, the equality of opportunity between men and women and the need to redress socially unjust situations **(Winberg)**. Tourism is clearly a person-to-person activity, and its quality therefore depends on the training and motivation of its staff **(Pimentel)**.

2.- There are however structural obstacles to the creation and consolidation of tourism employment: the lack of quality training, a poorly developed information policy and too much red tape. As a result, the cost of the labour factor exceeds the value added it itself creates, situation that should be remedied by a new paradigm **(Fayos-Solà)**. For the formulation of this paradigm it is necessary for the public and private players to take concerted action that can be strengthened legally **(Valencia)**. A key factor for the survival and success of tourism organizations in the new paradigm will be the consolidation of nodular skills as a source of competitive advantage **(Brackenbury)**.

3.- The globalization of competition gives rise to challenges and opportunities in the new paradigm. This is plain to see not only in the demand for supply but also in the methods and processes of tourism organizations, and it affects considerably the issue of human resources in tourism, the case of Asia-Pacific being paradigmatic **(Gee)**.

4.- Swift technological changes give rise to a profound need to redefine tourism values. The new technologies do not add value by themselves but rather through their appropriate use by competitive human teams. Information technology and its applications to the training and organization of human resources are especially important **(Teare)**. The prospects for new technologies to the year 2020 were explored in a forecasting exercise **(Hawkins)**.

5.- Education and training occupy a central role in achieving efficiency in tourism. It is recognized that what is important is not only the quantity of training but also its proper tailoring to the expectations of tourism organizations. It is obviously necessary to achieve greater transparency in tourism curricula to ensure their relevance and the mobility of students and professionals. In this respect, the instruments developed by WTO for quality in training —TEDQUAL— and for the standardization of curricular contents and the evaluation of training levels achieved by professionals —GTAT— are essential. The special attributes of the GTAT were analysed **(Cooper)**. The needs for standardization in the paradigmatic case of Canada were reviewed and the functioning of regional certification systems explained **(Bédard)**.

6.- Issues relating to the organization of human resources in tourism enterprises and institutions were raised by many of the speakers. There is an obvious need for a new framework of perceptions and concepts **(Payeras)**. It is not enough to improve the processes currently used, but rather it is essential to adopt a new paradigm that promotes decentralization in decision-making, the flow of ideas without frontiers and the nodular skills of human teams.

7.- Once the lecturers had concluded their presentations, the Conference on *Tourism Employment: Towards a New Paradigm* discussed (a) the methodological study and (b) case studies in specialized panels.

PANEL A

- The *White Paper on Tourism Training* focuses on five aspects: training programmes for employers, sustainable tourism coordinated between the public and private sectors, assistance to young graduates, anti-seasonality policies and training appropriate for fostering self-employment **(Feito)**.

- It is necessary to tailor training to company needs, thereby making it an investment rather than an expense **(Pascual)**. There is clear proof from empirical studies of the desirability of conducting direct surveys of companies on their training needs **(Sancho)**.

- For tourism education and training to be useful, it must be aimed at three different targets: destinations, the industry and individuals **(Gee)**. Similarly, the future tourism labour market will reflect the interaction between new technologies, labour markets and tourism education **(Cooper)**.

- The implementation of the new technologies should be carried out in two spheres: university education and continuous on-the-job training **(Parker)**. It is also necessary to promote a more international vision of university training, including the knowledge of languages **(Bédard)**.

PANEL B

- The Hotel Education and Training Programme of the Convention and Congress Office of Nashville has succeeded in involving customers, workers and the resident population in the city's tourism promotion **(Wander)**.

- It is essential to adapt tourism training to the needs of enterprises **(Torruco)**. With this in view, the human resource department of the Sol Meliá chain — which manages more than 200 hotels worldwide—makes a strenuous effort to train all its employees **(Alonso)**. It is vital that human teams should have many skills, a high level of autonomy in decision-making and a working environment of professional trust **(Pajares)**. It is also necessary to flexibilize the labour market in the tourism sector so that it may adjust to market fluctuations **(Marco)**.

- At the subsectoral level, the broad characteristics of catering in the new age of tourism were outlined **(Galindo)**. The creative capacity of tourism in the travel agency subsector, where the introduction of new technologies must entail a step forward in professionalism, was also underscored **(Careaga)**.

■

8.- In view of all the discussions and against the background of increasingly globalized environments, the need for coordinated tourism policies in the field of human resources became evident. WTO has consequently taken on this role in three priority areas:

(a) So far as information is concerned, a coordinating role is needed for the definition, collection, processing and dissemination of statistics on employment and human resources in tourism. The conceptual and methodological difficulties of this task are obvious **(Figuerola)**. But WTO is also famed for the experience it has gained since 1991 when it introduced a worldwide standard system of tourism statistics.

(b) Red tape is an important obstacle to job creation. To change that situation, it is necessary to undertake research and gain know-how in tourism re-engineering and processes, as well as to establish dialogue with authorities on labour policy for the voluntary adoption of new methods. WTO's distinguished role as a governmental forum makes it the obvious choice as the fundamental player in this area.

(c) Finally, the quantity and quality of employment must be fostered and human capital of real value for enterprises created. Here tourism training plays a central role and must necessarily be based on the nuclear skills of the human teams that are proving themselves to be the lifeblood of enduring and successful tourism institutions and enterprises.

Madrid Declaration on Human Resources in Tourism

(1) Tourism has considerable potential for creating jobs in the coming decades.

(2) In spite of this potential, there are important obstacles to the creation of tourism employment, viz.: the low quality of training, a poorly developed information policy and too much red tape. This gives rise to increased costs in the labour factor and a decrease in its value added.

(3) To tackle these problems, the concerted action of public and private players is essential in all aspects of tourism activity, including human resource development.

(4) Human resources are the most important factor for achieving quality in tourism. Quality itself is an indispensable condition for the management of human resources in tourism.

(5) The internal and external challenges in the New Age of Tourism demand a paradigmatic change for human resources in tourism. What is vital is not so much the management of the related costs but rather the re-engineering of processes to achieve a maximum contribution in terms of value added.

(6) The globalization of tourism markets entails paradoxes that must be resolved with creativity: the world is being transformed into a transparent stage where various formulas to meet the challenges of the environment compete with each other; the solutions are to be found on that global stage but must be applied locally.

(7) In this connection, information and technology are increasingly important as formulas for business survival and success; they are necessary but insufficient elements. It is the nodular skills of institutions and enterprises that are important, skills that confer true and virtually permanent competitive advantages: the qualification and mutual influence of the company's human resources; the flow within our organizations of information, concepts and ideas without frontiers; the culture of quality, the efficiency of and constant change in institutions; education and training geared to enhancing these nodular skills; as well as the ability of our human resources to understand the value system in which we operate and their consequent strategic capacity.

Madrid, January 27th 1998
WTO
FITUR
AEDH